지구상의 마지막
비무장지대를 걷다

지구상의
마치막
비무장지대를
걷다

서재철 지음

민간인 최초, DMZ 248km 탐사의 기록

Humanist

역사가 서린 길 248킬로미터, 비무장지대 철책선을 걷다

2006년 여름, 비무장지대 남방 한계선 철책선이 이어진 길 전 구간을 걸었다. 서쪽 끝에서 동쪽 끝까지 오롯이 발품으로 살폈다. 1953년 여름 비무장지대가 생긴 이래 푸른 옷을 입은 청춘들이 밤낮을 가리지 않고 지켜 온 길이다. 긴장한 채 부릅뜬 눈으로, 단 하루도 쉬지 않고 국군과 인민군 들이 순찰과 경계를 하고 있는 곳이다. 그렇지만 비무장지대 전체를 걸어서 하나의 시선으로 살펴본 적은 없었다. 단 하루도 긴장이 해소된 적 없었던 이 땅을 걸으면서 많은 생각과 고민을 했다. 그 고민의 흔적이 바로 이 책의 출발이다. 걸어서 구석구석 살펴보고 체험한 비무장지대는 알면 알수록 구체적인 이해가 필요했다. 정전 체제라는 역사와 비무장지대라는 공간을 함께 조망하기 위해 이것저것 살펴보았다. 이 책은 그런 노력에 대한 현장의 기록이다.

그해 산림청이 주관하고 국방부가 지원한 '비무장지대 일원 산림실태 조사연구' 프로젝트를 수행했다. 생태환경 관리 계획을 마련하기 위해 철책선이 이어진 남방 한계선을 도보로 조사했다. 더불어 '산림 재해'를 방지하고, 훼손된 자연을 복원하기 위한 목적도 있었다. 녹색연합에서 일하면서 지난 1997년부터 비무장지대와 민통선을 답사하고 조사할 기회가 있었지만 일부 현장만을 둘러보았을 뿐이었다. 그래서 전체를 제대로 들여다보면 비무장지대 생태환경의 실체가 어렴풋이나마 잡히지 않을까 하는 기대를 품고 있었다. 그러나 군사시설 보호구역과 정전협정이라는 규정은 민간인은 물론이고 국방부를 제외한 행정기관의 접근조차 어렵게 했다. 1980년대 이후 비무장지대와 관련한 담론과 논의가 있었지만 현장에 대한 접근과 이해는 언제나 제한적이었다.

2000년 남북정상회담과 이어진 경의선과 동해선 등의 남북철도·도로사업으로 비무장지대에 대한 관심이 높아졌다. 언론과 전문가 들의 논의도 활발했다. 그렇지만 현장을 전면적으로 고찰하기 위한 접근은 쉽게 이루어지지 않았다. 비무장지대는 어떤 모습일까? 어떤 산림과 숲, 혹은 습지가 펼쳐져 있을까? 산과 하천은 어떠하고, 비무장지대의 안쪽과 철책 바깥으로 연결된 민통선은 어떤 모습일까? 서부전선과 중부전선, 동부전선은 각각 다른 경관과 생태계를 가지고 있을까? 질문은 끝없이 이어졌지만 비무장지대 전 구간 248킬로미터의 공간을 온전히 살펴보기 전에는 그 실체를 짐작하기 어려웠다.

비무장지대와 백두대간은 한반도의 생태축이다. 백두대간은 여러 차례의 탐사와 조사를 통해 실체가 상당히 규명되고 있다. 보전과 관리의 이정

표도 세워졌으며, 정부도 산림 정책과 자연환경 정책으로 수렴했다. 이런 노력으로 2004년에는 '백두대간보호법'이 탄생했다. 아울러 2005년부터는 백두대간 보호구역이 국가에서 가장 중요한 보호지역으로 관리되고 있다. 한반도 자연 생태계의 종축인 백두대간은 법에 의해 보호되고 있으며, 역사적 실체도 체계적으로 밝혀지고 있다. 그러나 비무장지대는 상황이 달랐다. 그곳의 실체는 부분만 알려졌으며, 본격적인 현장 조사를 통해 비무장지대의 가치를 규명하는 것은 많은 학자와 관련 기관, 환경단체 그리고 언론의 관심 대상이었다. 비무장지대는 한반도 생태축 중 횡축에 해당하며 정치·사회적으로는 안보의 제1선으로 설정되어 있는 군사시설 보호구역이다. 자연환경의 관점에서는 한반도뿐 아니라 국제적 생태보고다. 이곳은 대부분 숲과 산지 그리고 평원과 습지로 형성되어 있다.

비무장지대의 생태적 가치는 1990년대 초부터 조금씩 주목받기 시작했고, 2000년대 초반부터 관심이 본격화되었다. 그러나 비무장지대에 대한 관심이 생태환경으로 시작하든 문화역사로 시작하든 어느 지점에 이르면 커다란 장벽과 마주하게 되는데, 바로 한국전쟁이다. 한반도 전역을 죽음의 도가니로 몰아간 아수라장이 3년간 펼쳐졌다. 그 기억과 잔영을 결코 피해 가지 못하고 다시 끄집어내야 하는 곳이 비무장지대라는 공간의 역사적 실체다. 비무장지대는 아직도 규명되지 않은 냉전의 아픈 기억이자 불가피한 타협의 산물이다. 하지만 타협은 또 다른 기만으로 이어졌고, 무수한 충돌과 적대로 점철되었다. 이러한 정전의 역사에 대해서도 이제 기억해야 한다. 조사를 다니면서 생태와 산림 외에도 군인들의 생활과 역사적 사건의 현장 들을 생생하게 목격했다. 어릴 때부터 들었던 비무장지대와 매개된 개별적인 사건과 현장이 강력한 이미지와 역사적 무게로 다가온 것이다. 그런 경험과 기억을 녹이고 역사적 사실과 정보에 대한 확인을 보탠 것이 이 책의 기본적인 내용이다.

2006년 비무장지대 종주 이후 비무장지대를 걸으면서 보고 들은 정전의 기억을 세상과 공유해야 한다는 야무진 생각이 자라났다. 전쟁과 정전의 가장 구체적인 현장이자 유산이 비무장지대이기 때문이다. 나아가 비무장지대라는 특수한 곳에서 살아가는 군인들의 삶도 놓칠 수 없는 관심 사항이었다. 비무장지대를 조사하면서 남방 한계선 철책선을 지키는 각 부대의 군인들이 구간마다 동행했다. 또한 여러 초소와 관측소에서 많은 군인을 만났다. 물론 이 또한 반쪽짜리 기록에 불과하다. 남방 한계선을 걸었지만 북방 한계선은 가보지 못했기 때문이다. 남방 한계선에서 북방 한계선을 관찰할 수는 있었지만 북쪽에서 바라본 비무장지대는 여전히 숙제로 남아 있다. 아울러 북쪽 비무장지대에서 생활하고 있는 군인과 주민 들에 대한 정보 역시 극히 일부에 그치고 말았다. 그래서 군사분계선 한가운데에서 양쪽을 바라보는 것은 비무장지대를 이해하고 해석하는 데 빼놓을 수 없는 미래의 숙제다.

248킬로미터의 거리를 둘레길이나 올레길로 걸으면 20~30일 정도면 완주할 수 있다. 그런데 비무장지대의 남방 한계선 철책선은 서부전선과 중부전선 일부만 평지이고 나머지는 구릉성 산지로 되어 있다. 더욱이 동부전선은 첩첩산중이다. 남방 한계선 철책선의 전 구간은 군사적 목적으로 시야를 확보하기 위해 철책 북쪽 방향으로 폭 50미터가량의 모든 수목과 풀이 제거되어 있다. 그래서 여름에는 사막이나 도시의 그늘 없는 콘크리트 바닥처럼 뜨겁다. 게다가 비탈길 계단을 수백 개 정도 오르내리는 것은 흔한 풍경이다. 땀 흘리며 관찰하고 기록하고 군의 허락 범위에서 사진을 찍는 것만 해도 하루가 벅찼다. 경이롭고 벅찬 풍광이 수없이 많았다. 반면 무겁고 엄중한 역사적 현장도 수없이 마주했다.

비무장지대는 한반도에서 유일하게 국제법이 관철되는 공간이다. 전쟁의 결과로 정치·군사적 진공 상태와 같은 지대가 60년 넘게 이어졌다. 국제사회가 한반도를 주목하는 곳 가운데 가장 중요한 곳이 바로 비무장지대다. 한국전쟁은 냉전의 여명기를 연 전쟁이다. 전쟁이 완결되지 못하고 중단되어 동서 진영의 적대적 긴장을 대표하는 곳이 비무장지대였다. 매일 밤낮으로 수만 명의 병사가 총부리를 겨눈 채 서로를 응시하고 있다. 그 적막 사이에는 수많은 교전과 응전 그리고 냉전과 분단의 기억이 존재한다. 전쟁이라는 유령은 전쟁이 일시적으로 중지된 1953년 7월 27일부터 지금까지 이곳을 배회하고 있다.

정전협정이 발효된 날부터 남과 북의 병사들은 하루도 빠짐없이 이 철책선을 순찰하며 냉전과 분단의 최일선에 펼쳐진 길을 걷고 있다. 그 길을 따라 무수한 초소와 벙커, 관측소, 지휘소 등이 있다. 그리고 한국 어디에서도 보기 힘든 아름다운 경치가 파노라마처럼 펼쳐진다. 습지와 하천을 비롯해 평원에 펼쳐진 숲과 초지, 사방으로 울창한 숲이 열린 곳까지 대자연의 경이로움 그 자체다. 이 땅이 본격적인 개발로 몸살을 앓기 전의 풍광들이 그대로 펼쳐져 있었다. 하지만 거기에는 60여 년간 우리 삶을 근본에서 규정한 전쟁과 대립의 질서가 강력하게 형성되어 있었다. 서쪽 임진강 하구에서 동쪽 동해안 바다까지 이어진 철조망은 한 치의 흐트러짐과 물러섬도 용납할 수 없다는 국가안보의 상징이었다. 그 길을 걸으며 반세기 넘는 분단 역사의 실체를 오롯이 살펴보게 되었다.

그러므로 여전히 이 책은 반쪽짜리다. 어떤 평가가 내려지든 남쪽의 관점과 시선에 가깝다. 평화협정이 체결되어 북한 동포들도 철책선을 걷게 되는 날, 한반도 관점에서 온전하게 완성된 비무장지대의 실체가 세상에 드러날 것이다. 그때까지는 반쪽의 기록이고 보고일 뿐이다. 북한 비무장지대에 대한 담론은 정치·외교·군사 등에만 국한되어 있다. 실제 북방 한계선 주변의 실태와 실상은 아직 밝혀지지 않았다. 군사분계선 이북 지역, 북방 한계선 주변에서 있었던 60여 년간의 기억이 밝혀질 때 진정한 비무장지대의 역사와 실체가 드러날 것으로 기대한다. 우리는 그날을 기다리지만 말고 차분하게 적극적으로 준비해야 한다. 막연히 기다리면 그날은 영원히 오지 않을 수도 있다. 힘겹지만 우리의 일상에서 인내를 가지고 그날을 마주할 준비가 필요하다. 통일은 한반도 구성원 모두가 외면할 수 없는 과제다.

이 책은 전남 여수에서 정신의학과 의사로 일하는 김건종, 대전에서 산업보건학과 의사로 일하는 서정철, 백두대간을 누비며 야생동물을 연구하는 국립생태원의 우동걸 박사 등이 함께 걸으며 땀 흘린 결과로, 나는 다만 정리를 했을 뿐이다.

2015년 정전협정에 즈음하여
서재철

차례

3부 **동부전선** — 고지가 마주한 전선

비무장지대 철책선 종주 구간

평강고원o

철원군

황해북도

철원평야 ● 철원 땅굴

● 역곡천

● 군사분계선 표지판

금천군

한탄강

예성강

연천군

장단군

임진강

개풍군

● 사미천 습지

● 판부동 습지

황해남도

개성 기정동 ● 판문점

배천군

● 대성동

개성공단o

● 경의선 철도·도로

포천시

연안군

● 임진강 하구

경기도

파주시

김포시

서울

한강

---- 휴전선
▨ 비무장지대
● 탐사코스

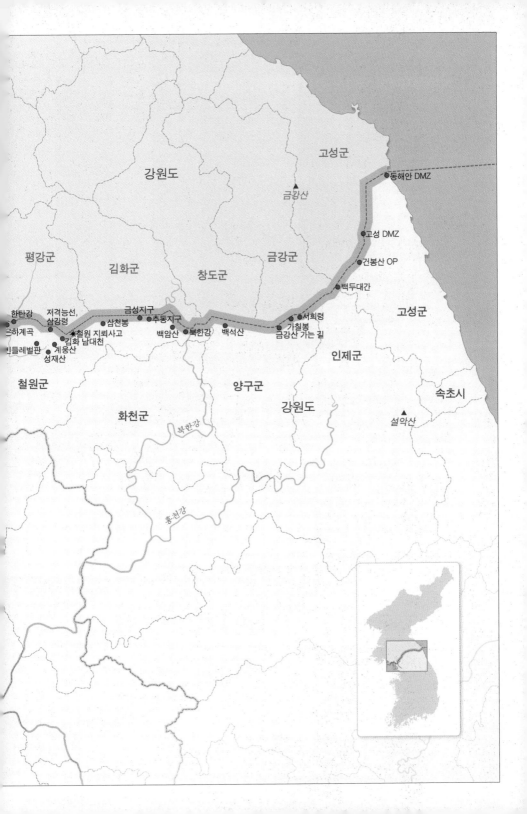

비무장지대의 역사는 정전협정에서 시작되며,

더 들어가면 한국전쟁이 놓여 있다.

남북한은 각자의 방식으로 한국전쟁을 기록하고 있다.

한국전쟁의 원인을 살필 때,

그 뿌리를 들여다보면 해방과 함께 민족 스스로

근대국가를 형성하려는 노력이 있었으나,

미국과 소련을 비롯한 국제 질서의 중심축에 의해

한반도의 운명이 좌우되면서 바람대로 성사되지 못했다.

1부

서부전선

— 정전이 시작된 곳

첫걸음부터 역동적인 풍광

임진강 하구

출발은 물에서부터 시작되었다. 비무장지대의 철책은 바다처럼 드넓은 임진강 하류에서 동쪽을 향해 끝없이 이어진다. 강물을 등진 채 펼쳐진 비무장지대는 빈틈없이 견고한 모습이다. 1사단 작은 초소에서 시작되는 비무장지대 남방 한계선의 서쪽 끝은 하천변에서 시작된다. 경기도 파주군 장단면 석곶리 나루터 근처가 그 출발 지점이다. 지금은 나루터의 흔적을 거의 찾아볼 수 없다. 다만 한강 하구를 흐르는 거대한 물줄기만 눈에 들어올 뿐이다. 유유자적 흐르는 강물의 태평함과는 달리 남방 한계선의 철책과 초소 그리고 관측탑 같은 군사시설은 삼엄한 기세로 주변의 정적을 빨아들이고 있었다.

남방 한계선이라 불리는 철책선이 들어선 경계 지역은 경의선 도로 진입 관문과 도라산전망대를 거쳐 동쪽으로 끝없이 이어진다. 그 누구도 통과시키지 않겠다는 듯 완강해 보이는 이중 철책은 힘껏 잡아당긴 활시위처럼 팽팽한 긴장을 뿜어내며 한반도의 허리를 따라 동부전선 끝까지 이어져 있다.

비무장지대 남방 한계선 주변 지역을 둘러본 것이 처음은 아니다. 경의선과 동해선 등 남북을 연결하는 철도와 도로의 환경영향평가를 위한 정부와 민간 합동 생태 조사단의 일원으로 경의선과 동해선 지역의 비무장지대에 들어간 적이 있었다. 하지만 그동안 몇 차례 방문한 비무장지대의 경험은 모두 일부 지역에 국한되었다. 그 때문에 남방 한계선을 따라 전 지역을 살펴본다는 사실만으로도 긴장과 흥분이 교차했다.

2006년 7월 10일, 서부전선 1사단 장단반도 안쪽 지점 고가초소에서 시작된 비무장지대 일원 산림환경 실태조사는 4명의 조사원들이 참여한 가운데 시작되었다. 주요 업무는 비무장지대 내부의 주요 생태계 서식지와 법적 보호 동식물의 서식 여부를 비롯해 산림 생태계와 산림 재해 그리고 자연경관 등을 조사하는 것이었다. 정밀도는 다소 떨어지더라도 전체 윤곽만이라도 잡을 수 있으리란 기대를 가지고 조사에 착수했다.

당초 조사의 기획은 산림청에서 주관하고, 국방부가 지원했다. 산림청에서 이런 조사에 선뜻 나선 것도 의미 있는 일이었지만, 국방부의 지원이 결정적인 도움이 되었다. 특히 국방부 환경과가 주도적으로 나서 준 것이 계기가 되었다. 군도 공무원 조직이라 새로운 무언가를 시도하는 것에 다소 주저하는 경향이 있다. 그런데 국방부 환경과에서 조사 계획서를 검토한 후 '잘해 봅시다'라는 답변과 함께 '비무장지대 남방 한계선 전 구간에 대한 출입 허가'를 내주었다. 관련 절차 역시 적극적으로 지원해 주었다. 국방부 환경과 관계자들이 지원을 결정하게 된 동기는 비무장지대 일원, 특히 남방 한계선 일대와 민통선 지역 등 군사시설 보호구역에 발생한 산사태를 비롯한 산림 훼손 때문이었다. 이미 국방부의 일부 군수 분야 장교들 사이에서는 민통선 전술 도로의 산사태 위험이 높다는 인식이 있었고, 적극적인 대책이 필요하다고 공감하고 있었다. 그런 분위기가 군수 분야인 환경과에도 영향을 주었는지 조사에 대한 적극적인 협조를 얻을 수 있었다.

조사를 착수하기 위한 준비는 약 6개월이 걸렸다. 무엇이든 처음엔 시행착오도 있고, 무모한 실수도 있는 법이다. 이를 최소화하기 위해 현장 조사에 앞서 비무장지대와 민통선에 관한 책과 논문, 보고서 등을 다양하게 수집하여 꼼꼼히 살펴보았다. 그러나 정작 조사에 나서고 보니, 나름 준비한 자료들이 별반 도움이 되지 않거나 불필요한 경우도 있었다. 그중에서도 현장을 기반으로 한 조사 보고서는 여러모로 유용하여 심층적인 접근을 하는 데 보탬이 되었다. 특히 공간 정보는 조사에 큰 도움이 되었다. 다만 비무장지대 전 지역을 온전하게 조사한 보고서는 정부 기관이나 대학교, 연구소 등에서도 찾기 힘들었다. 적어도 2006년 이전 비무장지대는 물론이고 민통선을 대상으로 조사한 보고서 중 그나마 서부, 중부, 동부에 걸친 전 지역을 대상으로 광역적인 접근을 한 현장 조사 보고서는 국립산림과학원이 1995년부터 2000년까지 조사하여 2001년에 발표한 〈비무장지대 및 인접 지역 생태계 현황 보고서〉가 유일했다.

나름대로 사전 준비를 했지만, 막상 첫걸음을 내딛고 보니 책과 자료를 통해서는 상상할 수 없었던 역동적인 자연 풍경이 눈앞에 펼쳐졌다. 구릉성 산지에 가까운 지형 위에 숲이 있고, 그 사이사이에 습지와 초지가 평원처럼 들어차 있었다. 남한 어디에서도 만나 보지 못한 풍경이었다. 물론 농촌에 가면 구릉성 산지의 숲과 숲 사이에 논과 밭이 들어선 모습을 쉽게 찾아

볼 수 있다. 그러나 자연 상태의 습지와 초지가 이처럼 평원에 가깝게 펼쳐진 곳은 거의 없다. 또 농경지로 사용하다가 방치된 묵정밭은 제법 있으나 학교 운동장만 한 넓이의 빈 평원은 찾기 어렵다. 그런데 서부전선의 비무장지대가 시작되는 곳에서 불과 1킬로미터가량 철책을 따라 걸으면, 숲과 초원 사이로 드넓은 습지가 펼쳐졌다. '이런 모습이 바로 비무장지대의 실체였구나' 하는 느낌이 가슴에서 머리로 강하게 전해졌다. 첫날 오전부터 기대를 뛰어넘는 경관을 보니 가슴이 벅찼다. 비무장지대의 풍광에 압도된 것이다.

조사는 아침 8시 전후에 시작하여 오후 6시 전후에 마치는 일정이었다. 안내를 맡은 연대 군수장교는 사진 촬영을 해서는 안 되는 시설과 위치를 일러주었다. 주간에는 야간보다 근무 형태가 완화되어 병사를 초소마다 볼 수는 없었다. 하지만 주요 지점의 초소에서는 주간 근무를 서는 병사들이 하나같이 북쪽을 응시하고 있었다. 얕은 구릉의 숲과 평원으로 형성된 이곳은 철책선만 아니면 긴장감을 찾아볼 수 없을 만큼 평화로워 보였다. 하지만 철책선을 중심으로 형성된 각종 군사시설은 이곳이 전쟁으로 인한 대치의 현장이라는 사실을 단박에 느끼게 해 주었다.

비무장지대의 상징인 철책선

1953년 7월 27일, 중국 인민해방군 및 조선 인민군 측과 유엔군 사이에 '한국 군사 정전에 관한 협정'이 체결되면서 군사분계선이 그어졌다. 2년 이상 무의미하게 끌던 전쟁이 끝났지만, 미국과 중국이 국제정치 차원에서 맺

경기도 파주시 장단면 일대의 모습. 비무장지대의 출발은 물에서 시작된다. 임진강 하구에서 철책선이 이어지면서 동쪽으로 향해 간다.

은 정전협정이었다. 남북이 대치하던 한가운데에 군사분계선을 정하고, 이 기준선을 중심으로 양측이 각각 2킬로미터씩 물러나면서 남방 한계선과 북방 한계선이 설정되었고, 그 결과 비무장지대가 형성되었다. 이때만 해도 군사분계선은 지도상에 그어진 선이었고, 실제 현장에 선이 그어지거나 울타리가 세워진 것은 아니었다. 다만 군사분계선을 알리는 표지판이 간간이 세워졌을 뿐이었다. 총 길이 248킬로미터에 걸쳐서 1,292개의 군사분계선 표지판이 세워졌다. 그것이 지금까지 60년 넘게 지속되어 온, 비무장지대의 한가운데를 표시하는 이정표이자 기준이다. 파주 임진강변에 세워진 군사분계선 0001호 표지판에서부터, 임진강을 지나 연천과 철원평야, 그리고 한북정맥과 적근산, 화천 백암산을 지나 양구 백석산, 인제의 백두대간을 거쳐 고성 동해안에 이르러 마지막 1,292번째 표지판이 말뚝처럼 박히면서 비무장지대는 시작됐다. 한국전쟁의 피를 머금은 자리에서 냉전의 상징은 그렇게 세상에 모습을 드러냈다.

군사분계선은 비무장지대 안에 세워져 국군 수색대대와 인민군 민경대대 등의 군인들 외에는 아무도 볼 수가 없다. 그러나 남방 한계선 지역에 들어오면 철책선과 비무장지대의 전경이 한눈에 들어온다. 임진강변의 비무장지대는 여름철에는 온통 녹색으로 뒤덮여 남방 한계선 전체가 녹색이 된다. 그런데 유독 철책선을 중심으로 한 폭 50미터 내외의 경계 관측 지역에는 붉은 황토가 펼쳐진다. 우리나라 곳곳에 붉은 황토가 있지만 서부전선이 시작되는 철책선 양쪽의 황토빛은 남도 땅에서 제일 비옥한 농토의 붉은빛 황토에 견주어도 뒤지지 않을 정도로 선명한 빛깔이다.

철책선을 중심으로 북쪽은 시야 확보 때문에 '사계청소'를 하여 폭 50미터가량의 흙이 맨살을 드러내고 있었다. 맞닿아 있는 남쪽 면은 순찰로다. 대한민국 사람이라면 누구나 텔레비전이나 신문 등에서 숱하게 보아 온 최전방을 지키는 군인들이 완전 무장을 한 채 소총을 들고 있는 곳, 팔뚝에는 검은 바탕에 흰 글자로 '헌병 MP'라고 쓴 완장을 차고 걸어다니는 이곳이 바로 철책선 순찰로다. 군대에서는 'GOP 순찰로' 또는 그냥 'GOP 라인'이라 부른다. 철책선을 따라 이어진 순찰로는 경계 근무와 순찰 임무를 수행하는 군인들의 이동로다. 248킬로미터에 이르는 남방 한계선 전 지역은 이 철책선이 이중으로 쳐져 있다. 철책선은 폭 4~5미터 간격으로 두 개의 선이 평행하게 이어지며, 이런 모습은 서부전선에서 동부전선 끝까지 계속된다. 순찰로는 이 두 개의 철책선 중 좀 더 견고하고 정밀하게 만들어진 바깥 철책선을 따라 평행하게 이어진다. 철책선은 비무장지대를 상징하는 가장 대표적인 군사시설이다. 철책선이 처음 세워진 것은 한반도 안팎에서 냉전이 깊어진 1967년부터였다. 전선의 서쪽 끝에서 동쪽 끝까지 철책을 세웠고, 그 위에는 왕관처럼 철조망까지 얹었다.

1965년 무렵부터 남한과 북한은 비무장지대를 중심으로 소규모 충돌과 도발을 빈번하게 반복하고 있었다. 북한은 남파 공작원을 보내 비무장지대는 물론이고 남방 한계선 전후를 정찰하거나 공격했다. 남한도 소위 북파 공작원이라 불리는 군인들을 파견했다. 아울러 비무장지대 안에서 정찰 또는 수색을 담당하는 인민군 민경대대와 국군 수색대 사이에서도 잦은 충돌이 있었다. 이런 분위기 속에서 중동부 전선 비무장지대를 책임지는 1군 사령부는 철책 조성 사업을 시작했다.

정전협정이 체결된 1953년부터 1960년대 중반까지는 남방 한계선에 철조망이 설치되었다. 지금의 철책선에 비하면 허술하기 그지없는 수준이었고 GP(전방초소)와 초소 주변에만 철책에 가까운 촘촘한 철조망이 둘러

처져 있었다. 그러던 것이 1964년에 목책이 도입되면서 본격적인 경계 울타리 형태가 되었고, 냉전이 격화되고 남북의 적대와 대립이 치열해지면서 곧바로 목책은 철책으로 바뀌었다.

처음에는 미군의 지원으로 철책 공사가 시작되었다. 주한미군이 보유한 철책 장비와 오키나와에 주둔한 주일미군이 태평양전쟁 때 쓰고 남은 군수물자가 동원되었다. 그러나 철책 공사는 쉽지 않았다. 철주와 철망, 가시철조망 등 철책선 설치 물자를 현지로 옮기는 일부터 난제였다. 비무장지대는 중동부 전선부터 첩첩산중에 비탈이 거칠고 굴곡이 가파른 지형이었다. 일부 구간은 헬기로 설치 시설물을 운반했지만 대부분은 비무장지대로 연결되는 군작전로를 통해 트럭으로 이송했다. 동부전선의 높은 고지대는 차량이 진입할 수가 없어서 병사들이 직접 등에 설치 물자를 짊어지고 옮겨서 설치한 구간도 많았다. 지형이 험악한 철원 일부 지역부터 화천, 양구, 인제, 고성 등의 중동부 전선에는 전투만큼이나 힘겨운 과정을 거쳐 철책선이 들어선 것이다.

1967년에 시작된 철책선 설치 작업은 1980년대까지 이어져 지금의 모습이 되었다. 처음에는 단선 철책으로 시작했다가 1980년대 들어서부터는 2선 철책이 기본이 되었고, 경계에 민감한 일부 지역은 3선 철책까지 세워졌다. 북한은 정전협정을 체결한 직후부터 철책선을 설치했다고 한다. 북한은 1950년대 중반부터 북방 한계선에 목책과 철책을 설치했고, 1970년대부터는 비무장지대 북측 GP 앞쪽 선을 따라 북방 한계선 전 지대에 걸쳐 철책선을 설치했다. 북측은 남측보다 철책선이 훨씬 공격적인 형태로 군사분계선 가까이 들어서 있다.

북녘으로 펼쳐진 비무장지대는 북쪽 개성 송악산 일대부터 남쪽 도라

철책선은 비무장지대를 상징하는 가장 대표적인 군사시설이다.

산전망대까지 부챗살처럼 펼쳐진 풍광 사이로 철책선이 구불구불 길게 뻗어 나간다. 비무장지대 내부는 군사분계선을 중심으로 양쪽의 풍경이 사뭇 다르다. 남쪽 지역은 GP와 GP 진출입용 비포장도로 이외에는 오직 자연만이 머무르는 지대다. 반면 북쪽 지역은 대부분이 농경지로, 특히 경의선 도로 바로 전 군사분계선을 기준으로 100~200미터 바로 뒤쪽까지 논으로 경작되어 있다. 군사분계선을 따라 드넓게 펼쳐진 농경지는 구획이 잘 짜여 있는데, 북한에서는 비옥하기로 소문난 농지로 알려져 있다. 가을이면 군사분계선 바로 뒤쪽 논에서 추수하는 주민과 인민군의 모습이 국군 초병의 관측 장비에 쉽게 포착되곤 한다.

철책선을 기준으로 전면이 비무장지대 풍경이라면, 뒤는 민통선 지역

도라산전망대 일대의 철책선 모습. 파주에서 시작되는 비무장지
대 철책선은 시원한 평원 사이로 이어진다. 왼쪽은 숲과 초원의
이색적인 무대가 펼쳐지고, 오른쪽은 민통선 지대다.

이다. 민통선은 비무장지대가 형성된 다음 해인 1954년부터 비무장지대의 경계를 목적으로 만들어진 '민간인 출입 통제선(Civilian Control Line, CCL)' 이다. 철책선으로부터 남쪽으로 5~20킬로미터가량의 지역으로 주한미군 사령관과 국방부 장관이 공동으로 설정하여 지도상에 선을 긋고 공표했다. 실제 민통선 경계 지역은 별다른 철조망이나 울타리 등 경계 표시가 따로 없다. 다만 민통선 경계 지역 중 차량이 들어갈 수 있는 모든 곳에 해당 지역 작전부대가 초소를 만들었고, 군인들이 지키는 검문소가 세워져 있다. 최근에는 비무장지대와 민통선 이북까지 포함시켜 흔히 '비무장지대 일원' 이라 부르기도 한다.

파주의 민통선은 대부분이 구릉성 산림을 형성하고 있고, 그 사이로 농경지가 빈틈없이 들어차 있는데 주로 논과 인삼밭이 많다. 2009년까지는 숲을 무단으로 훼손하여 농지로 전용하는 사례가 많았다. 또한 파주와 연천에서 생각보다 광범하게 불법으로 산림을 훼손하는 행위가 이어졌다. 문제가 심각해지면서 산림청과 경기도가 나서서 단속을 시작하자 훼손 행위가 많이 사라졌다. 철책선 남쪽의 민통선은 야산을 빼고는 대부분 평지에 농지가 펼쳐져 있다. 이런 흐름은 파주 장단면에서 시작하여 군내면, 진서면, 진동면을 거쳐 연천 장남면과 백학면까지 이어진다.

비무장지대가 열렸다

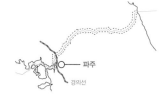

파주
경의선

　　　　　　　　　　　도라산전망대까지 일직선으로 뻗은
길을 걷는다. 임진강 변에서 시작된 비무장지대 철책선은 시원한 평원 사이
로 이어진다. 안쪽은 숲과 초원의 이색적인 무대가 펼쳐져 있고, 바깥 민통
선 지역은 대부분 논이다. 어떤 길이든 평지를 걸으면 쉽사리 무료해진다.
그런데 분위기 탓일까, 아니면 비무장지대라고 인식해서 긴장한 탓일까. 몸
이 느끼는 피로감은 있어도 지루함을 느낄 새가 없다. 눈앞에 펼쳐진 경관
과 자연의 아름다움 이전에 이 공간이 주는 존재감이 워낙 커서인지 아니
면 세상에서 가장 특수한 곳 중 하나인 군사시설 보호구역, 그중에서도 긴
장이 가장 첨예한 군 작전 지역이라는 인식 때문인지 다리의 무거움보다
더한 가슴과 머리의 묵직함이 느껴졌다.
　긴장을 하거나 마음속에 큰 생각이 깊게 자리 잡으면 몸의 고통을 잊게

경의선 철도와 도로의 전경. 비무장지대 철책선을 가르며 남과 북을 연결하는 길이 열렸다. 경의선은 정전협정 이후 최초로 비무장지대 군사분계선을 통과하는 길이다.

되는 경우가 있다. 햇살이 강렬해 땀이 목과 등줄기에 배어드는 와중에도 머릿속에선 여러 생각이 교차한다. '실제로 저 안에서는 어떤 일들이 펼쳐지고 있을까?' 출발 후 한나절이 못 되어 '대자연'이라는 단어가 불현듯 떠올랐다. 비록 원시림은 아니지만, 우리나라 어느 곳에서도 보기 힘든 특별한 자연의 모습을 간직하고 있는 것만은 분명하다. 이런 실체를 목전에 두고 '역동적이다' 또는 '드라마틱하다'라고 표현하는 게 가장 잘 어울릴 것이다. 뇌리에 또렷이 박히는 '비무장지대의 독특한 풍광과 의미'를 곱씹으며 철책선을 따라 약 3시간 남짓 걷다 보니, 순찰로 앞으로 큰 관문이 펼쳐진다. 경의선 도로와 철도에서 비무장지대로 들어가는 관문이다. 한국전쟁 이후 비무장지대가 본격적으로 열린 최초의 도로와 철도다.

경의선은 언제나 민통선 검문소가 있는 통일대교에서 차로 접근해 들어갔다. 도라산역을 거쳐 관문을 넘어 살펴보거나 관문을 통과해 개성공단을 다녀왔다. 혹은 도라산전망대에서 바라보던 그 길, 민통선 도라산 역사와 출입국 관리소부터 개성공단까지 길게 이어진 도로와 철도를 이용했다. 경의선은 도로나 도라산전망대로 접근했지 이렇게 철책선을 따라 걸어 옆으로 접근한 적은 거의 없었다. 뒤에서 차로 접근한 것과 달리 옆에서 접근해서 마주한 경의선은 또 다른 감회가 들었다. 2000년 8월 뜨거웠던 그 여름, 필자가 난생처음 비무장지대에 들어간 것도 이 경의선 도로를 통해서였다. 그때는 예정부지였던 현장이었다.

2000년 남북정상회담이 개최되면서 사람들은 기대에 부풀어 있었다. 정상회담의 결과인 6·15선언의 실천 사업이자 결정판이 바로 이 경의선 사업이었다. 전쟁 전, 비무장지대가 형성되기 이전에 서울과 신의주를 이어 주던 국도 1호선과 경의선 철도를 복원하는 것이 주요 내용이었다. 경의선 사업을 통해 판문점을 통과하여 이어지던 '구 국도 1호선'을 그대로 둔 채 새롭게 4차선 도로를 조성했고, 비무장지대 안에서 잠자고 있던 노반을 깨워 침목과 레일을 놓았다. 경의선 철도는 일제시대에는 '경의본선'이라는 노선으로 경성에서 의주까지 운행되었으며, 역시 전쟁으로 끊겼던 민통선 일부 구간과 비무장지대를 이번에 연결한 것이다.

경의선 사업은 분단의 암흑기를 걷어 낸 새로운 역사였다. 남과 북이 50년 가까이 비무장지대를 사이에 두고 철저히 단절 속에 살다가 최초로 빗장을 연 것이다. 2001년 경의선에 이어 금강산 가는 길인 동해선 연결 사업도 2003년부터 시작되었다. 경의선과 동해선을 건설하면서 비무장지대

경의선 도라산 역사 전경. 개성으로 향하는 철도와 도로가 시작되는 남측의 출발점이다.

서쪽 끝과 동쪽 끝에 길이 열리게 되었다.

비무장지대는 장벽이고 단절이었다. 군인들도 그렇지만 남북한 주민 누구라도 분단의 현실을 가장 직접적으로 체감할 수 있는 상징적 공간이었다. 이산가족에게는 특히 그랬다. 그러므로 경의선과 동해선 연결 사업은 남과 북 모두에게 상징성이 큰 사업이었다. 서울과 평양을 연결하는 한반도 운송의 심장이던 국도 1호선의 연결은 산업과 경제의 측면을 뛰어넘어 정치적으로 매우 의미가 큰 발걸음이었다.

경의선 공사는 2000년 8월에 시작되었다. 당시 청와대의 주도로 정부 차원의 합동대책팀을 구성하여 통일부와 국토부가 비무장지대 내에 철도와 도로를 건설하는 사업을 시작했다. 이때부터 비무장지대 내부에 군인이 아닌 민간인들의 출입이 공식화되었다. 비무장지대는 국경이 아닌데도 삼엄한 경계 지대였고, 반세기 동안 피로 덧칠이 된 장벽이었다. 분단의 현실은 국경보다 더한 경계로 작용했다. 이런 현실에서 길이 열리기 시작한 것이다. 남한은 공사 준비 단계부터 언론이 수시로 접근했으며, 국민의 관심과 기대는 점점 커졌다. 경의선 연결 공사가 이루어지기 전까지 비무장지대는 오직 군인들, 그것도 민정경찰 마크를 단 수색대대와 GP에 상주하는 수색중대 병사들만이 들어갈 수 있는 곳이었다. 최전방에서도 정해진 임무를 수행하는 부대 외에는 공식적으로 아무도 들어갈 수 없고, 들어간 적도 거의 없었다.

경의선 사업으로 비무장지대가 세상에 처음으로 열리자 남북 교류의 길이 열린다는 데에 사회적인 관심이 쏠렸다. 일부 사람들에게는 비무장지대 내부가 세상에 모습을 드러낸다는 것도 중요한 관심사였다. 그런 분위기가 커지던 2000년 7월 말에 환경부로부터 연락이 왔다. '비무장지대를 관통하는 경의선 도로와 철도 사업'과 관련하여 정부와 민간이 합동으로 공동 생태조사단을 구성하려는데 민간 위원으로 참여하겠냐는 제의였다.

비무장지대에서 처음으로 대규모 철도와 도로를 개설하는 공사에 대한 환경영향평가를 민간의 참여 속에서 진행하겠다는 구상이었다. 한편에서는 논란이 커질 것에 대한 선제적 대비라는 지적도 있었으나, 비무장지대를 보전한다는 명목으로 경의선 도로와 철도 사업을 반대하는 것도 현실적으로 쉽지 않았다. 당시 분위기는 그랬다. 물론 그 후 남북 관계가 우여곡절을 겪었으나 2000년 정상회담 이후 분위기는 많이 들떠 있었고, 그만큼 50년이라는 시간의 단절은 남과 북 모두에게 소통과 왕래를 갈구하게 만들었다. 경의선 사업은 정치·사회적으로 전 국민의 관심사였으며, 통일 순풍에 탄력을 받아 분위기가 한껏 고무된 사업이었다.

한편 정부 내에서는 몇 가지 중요한 고민이 있었다. 첫째가 환경영향평가였다. 비무장지대는 전쟁과 평화의 상징이자 생태계의 보고(寶庫)라는 가치와 의미를 국제사회가 폭넓게 인정하고 있는 지역이다. 한반도의 허리를 가로지르며 길게 분포하고 있는 생태계 서식지를 4차선 도로와 철도로 단절한다는 논란에 휩싸일지 모르는 부담이 있었다. 그래서 정부는 공사 기획 단계부터 정부와 민간 합동 경의선 환경생태공동조사단(이하 생태조사단)을 구성하여 환경영향평가의 핵심 쟁점을 원만히 처리하고 싶어 했다. 환경 논란도 피하고 남북 교류의 상징성도 손상되지 않아야 한다는 생각이 경의선 민·관 환경생태공동조사단으로 귀결된 것이다. 노무현 정부나 이명박 정부도 국책 사업으로 인한 환경 훼손과 생태계 파괴를 유발하여 사회적 갈등을 초래한 바 있다. 그런 것들과 견준다면 경의선은 비록 공사 기간을 급하게 설정한 문제는 있었지만 환경 대책을 적극적으로 수립하고 그에 걸맞게 대응한 경우다.

정지된 역사의 유산, 파주 구 장단면사무소

2000년 남북정상회담 이전까지는 판문점과 대성동을 제외하고는 사진이든 영상이든 비무장지대의 실제 모습이 언론에 소개된 적이 거의 없었다. 북한은 말할 것도 없었다. 그러던 중 김대중 대통령과 김정일 위원장의 회담으로 합의된 실천 사업으로 경의선 도로와 철도가 비무장지대를 관통하게 되었고, 그 길이 열리면서 비무장지대의 생생한 모습도 국민들 앞에 공개되기에 이른다.

2000년 8월 경의선 공사를 위해 통일부, 국토부, 환경부가 공동으로 조직한 경의선 생태조사단 10여 명이 비무장지대의 내부를 처음으로 공식 방문한 것으로 기록되어 있다. 도로와 철도 등 국책 사업에서 반드시 수행해야 하는 환경영향평가를 위한 생태 조사와 토목공사에 필요한 측량과 설계를 위해 비무장지대 철책선 사이에 닫혀 있던 통문이 열렸고, 군복이 아니면 들어갈 수 없던 그곳 안쪽으로 들어간 것이다.

민간인이 판문점이 아닌 도라산전망대에서 임진강 하류 아래에 위치한 통문을 통해 비무장지대에 들어간 것은 기록에 남을 만한 사건이었다. 당시 경의선 생태조사단은 파주 통일대교의 민통선 초소에서 신분증 검사를 받고 이동하여 철책선 통문에 집결했다. 조사단 위원들 중에는 이미 몇 차례 철책선 주변과 민통선을 조사한 사람도 있었다. 그러나 비무장지대 안까지 들어가 본 사람은 없었다.

비무장지대 안쪽으로 들어가는 모든 길은 통문으로 되어 있다. 파주부터 고성까지 약 60여 개의 통문이 있다. 어느 부대든 통문에는 검문소에 초소가 있으며, 별도로 상황 통제를 하고 있다. 비무장지대는 엄중한 지역이라 조사단원과 함께 경호팀이 동행했다. 1사단 수색대대였다. 통문 앞에서 수색대대 소대장을 비롯한 병사들과 조사단원들이 서로 인사를 나누었다. 병사들은 모두 방탄모와 방탄조끼를 착용하고 있었으며, 실탄과 수류탄 역시 소지하고 있었다. 소대장은 조사단원들에게도 방탄조끼를 지급하면서 반드시 착용할 것을 강조했다. "비무장지대 출입 시에는 어떤 경우라도 방탄조끼를 벗으면 안 됩니다. 안으로 들어가면 언제 어떤 상황이 발생할지 모르기 때문에 저희들의 통제에 적극 협조해 주시기 바랍니다."라고 말하는 군인 특유의 경직된 말투가 이날만은 거부감이 없었다. 출입 전 마지막 장비 점검을 하는 군인들을 지켜보면서 우리도 분위기 탓인지 함께 장비를 점검했다. 구릿빛의 30발짜리 탄창은 군생활을 경험한 이들에게는 낯선 물건이 아니었다. 징병제 국가인 대한민국 남성들에게 방탄모와 실탄은 저마다 청춘의 추억과 연결된 소품이기도 했다. 그러나 방탄조끼는 달랐다. 비무장지대에 들어가는 최초의 민간인이 된 그날의 상황을 의미심장하게 실감하게 해준 물건이 바로 방탄조끼였다. 두툼한 갑옷 같은 방탄조끼는 그냥 폼으로 착용하는 것이 아니라 실제 교전이나 전투를 대비한 상황에만 사용한다. 방탄조끼는 무겁고 더울 뿐 아니라 불편하기 그지없다. 총탄이나 폭탄 파편이 살에 파고드는 것을 막아내야 하니, 당연히 두껍고 무거울 수밖에 없다. 하지만 목숨이 왔다 갔다 하는 실제 상황에서 그런 정도의 불편함은 얼마든지 참을 수 있었다.

선두는 수색대 병사들의 트럭이었고, 경의선 조사단원은 두 번째 트럭에 걸터앉아 앞차를 뒤따랐다. 숲을 가로지르는 비포장도로를 따라 최초의 민간인 비무장지대 진입이 이루어지는 순간이었다. 햇살이 가득 쏟아지는 대낮이었지만 키 큰 나무들이 터널을 이루고 있는 숲 속에는 짙은 그늘이

비무장지대 안에서 잠자고 있는 구 장단면사무소의 풍경. 남아 있는 건물의 뼈대에 한국전쟁 당시의 총탄 자국이 선명하다.

드리워져 있었다. 철책선 통문을 통과한 지 몇 분 지나지 않아 이내 시간이 멈춘 역사의 유산과 마주했다. 파주 '구 장단면사무소'였다. 구 장단면사무소 건물은 경의선 바로 옆에 위치한 1사단 GP로 들어가는 비포장도로 옆에 있었다. 육중한 콘크리트 건물 앞에 흰색 바탕에 검은 글씨로 쓴 '장단면사무소'라는 안내판이 세워져 있다. 일제시대 일본인이 건설했다는 건물이었다. 인적 없는 숲 속에 뼈대만 남은 건물 한 채가 마치 묵언수행을 하는 수행자처럼 정전 60년의 세월을 버티고 선 채 우리를 맞이했다.

1934년에 세워진 이 건물은 80년이 넘었지만 콘크리트 골조만은 그대로였다. 다만 콘크리트 외벽에 담쟁이넝쿨을 비롯한 넝쿨류 식물들이 엉켜 있는 모습이 멈춰 있는 시간을 말해주는 듯했다. 흰색에 가까운 연회색 콘크리트 골조 곳곳에는 총탄과 파편 자국이 남아 있었다. 철원의 노동당사도 그렇지만, 전쟁 이전의 건물이 남아 있다는 사실 자체가 드문 일이다. 근현대사 100년 가까운 세월 동안 식민 지배와 전쟁을 거치면서 수많은 건물과 시설이 부서지고 없어져 남아 있는 것이 몇 안 되는 현실에 뼈대라도 서 있는 건물과 마주하니 시간의 감각을 일깨우는 느낌이 들었다. 이렇게라도 남아 있는 모습이 반가웠다. 구 장단면사무소는 경의선 사업이 시작되면서 살아 있음을 세상에 과시했고, 지금은 문화재청의 등록문화재 76호로 지정되어 있다. 2004년에는 건물 한 귀퉁이에 '대한민국 근대 문화유산'으로 선정되었음을 알리는 동판이 부착되었다.

구 장단면사무소를 지나 안으로 더 들어가자 비무장지대 한가운데 초지에 육중한 기관차가 우두커니 방치되어 있었다. 구 장단 역사에 남아 있는 경의선 증기기관차의 화통이다. 전쟁 때 폭탄과 총탄에 맞아 구멍이 뻥뻥 뚫린 자국이 그대로 남아 있고, 온통 녹이 슬어 멀리서 보면 붉은 고철

덩어리로 보인다. 이 역시 경의선 공사를 통해 세상에 모습을 드러낸 것이다. 비무장지대는 생태계 보고인 동시에 전통 문화유산과 근대 문화유산의 보고다. 60년 넘은 세월이 분단으로 멈춘 공간에서 빚어낸 결과인 것이다. 발품과 안목이 부족해서 지구촌의 다른 지역은 잘 모르지만, 열대 밀림이나 아열대림 속에 갇혀 있는 고대 유적이라면 몰라도 근대의 흔적들이 일순간 정지되어 50년 동안이나 고스란히 묻혀 버린 곳은 비무장지대 말고는 들어본 적이 없다.

당시 생태조사단은 해당 사단 수색대의 경호 아래 서부전선 사천강 평야의 비무장지대 안에 있는 GP를 방문해 약 3시간 동안 주변 생태계를 조사했다. 그간 민간인의 GP 출입이 없었던 것은 유엔군사령부의 허락이 있어야 가능했기 때문이다. 따라서 이번 생태조사단의 방문은 정전협정 이후 최초로 이루어진 민간인 공식 방문이기도 했다.

경의선 사업으로 인해 비무장지대 안쪽에 대한 궁금증이 다소나마 해소되었다. 이를 계기로 비무장지대에 대한 군사적 접근 이외에 사회 각계의 많은 관심이 있었으며, 그와 함께 다양한 과제가 논의되었다. 지뢰 문제도 본격적으로 거론되기 시작했다. 경의선 도로와 철도를 공사하기 위해서는 비무장지대에 묻혀 있던 수많은 지뢰를 불가피하게 제거해야 할 상황이었다. 그런데 군 작전상 전선의 진출을 위해 지뢰 제거 작전을 벌인 적은 있었지만, 경의선처럼 도로와 철도를 개설하기 위해 지뢰를 제거하는 일은 당시까지는 없었다. 사정이 그러하니 2001년에는 영국과 네덜란드, 스위스를 비롯한 여러 나라 대사관과 지뢰 제거 전문회사가 한국의 경의선 공사에 주목했고, 참여 의사를 밝히기도 했다. 정부는 여러 가능성을 검토하다 결국, 국방부 주도하에 독일제 지뢰 제거 장비를 도입하여 육군 공병대가 제거 작전을 실시하는 것으로 결론을 내렸다. 이후 군 장병들이 비무장지대 한가운데에서 지뢰를 제거하는 모습이 세상에 공개되었다.

비무장지대를 열고 들어가서 길을 낸다는 사실 자체가 주는 문화적 충격은 대단했다. 민간인도 다닐 수 있는 길이 비무장지대에 만들어진다는 사실이 주는 흥분과 기대감은 당시 온 국민의 공통된 정서였다. 그만큼 비무장지대라는 장벽은 우리에게 접근할 수도, 들어갈 수도 없는 금기와 금단의 지대였다. 경의선을 통해 50년 만에 빗장을 열게 된 비무장지대는 그 후 몇 차례 더 출입이 허락되었다. 2003년 9월 금강산 가는 길인 동해선 연결 사업이 시작되자 경의선과 동해선 공사로 인해 비로소 민간인들이 비무장지대에 들어가게 되었다. 두 길이 완성되자 경의선을 통해 개성공단과 평양을 왕래하거나 동해선으로 금강산 관광을 하기에 이르렀다. 그러나 2008년 이후부터 다시 꼬이기 시작한 남북 관계로 인해 동해선이 닫혔고, 2013년부터는 경의선도 위태로운 상황으로 치닫고 있다.

전쟁의 기억과 문턱

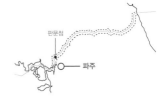

서부전선 파주 지역 비무장지대에서 조망이 으뜸인 곳은 단연 도라산전망대. 사천강을 중심으로 평원에 가까운 구릉성 지역 곳곳에 숲과 초지가 펼쳐져 있고, 군데군데 물웅덩이가 보이는 습지가 자리 잡고 있다. 그야말로 비무장지대에서만 볼 수 있는 경치다. 2003년 이후부터는 도라산역에서 비무장지대를 가로질러 북으로 연결되는 경의선 철도와 도로가 한눈에 보인다. 맑은 날에는 개성공단과 송악산, 개성시도 보인다. 도라산전망대는 국내 관광객뿐 아니라 외국인도 자주 찾는 비무장지대의 대표전망대 중 한 곳이다.

도라산전망대를 지나 약간 내려가면 평지가 끝나고 낮은 구릉성 산지가 이어진다. 그러다 이내 철책선 사이의 통문을 만나게 된다. 파주 1사단 제4통문이다. 철책선을 열고 닫을 수 있는 통문으로, 비무장지대 안팎을 다

남측에서 바라본 판문점 전경. 앞에 있는 막사 형태 건물은 군사정전위 회담장으로 사용되던 곳이다. 뒤에 서 있는 건물이 북한의 판문각이다.

니는 군용 차량의 출입을 통제하고 있다. 철책선을 통과하여 비무장지대 안쪽으로 진입하는 포장도로는 구 국도 1호선이다. 지금은 경의선 도로가 국도 1호선이 되어, 이 도로는 '판문점으로 들어가는 진입 도로'라고 불린다. 이 도로는 한반도의 과거부터 지금까지 굵직한 사연과 잊을 수 없는 사건 들을 간직한 도로다. 통문을 지나 비무장지대로 진입하면 대성동이 나온다.

제4통문에서 대성동까지는 여기가 비무장지대 맞나 싶을 정도로 익숙한 농촌의 풍경이 나타난다. 그저 우리네 시골의 흔하디 흔한 논과 활엽수림, 2차선 아스콘 포장도로 등이 펼쳐져 있다.

비무장지대 안쪽이면서 판문점으로 들어가는 입구인 대성동까지는 방문자가 누구든 유엔군사령부 완장과 배지를 단 미군들의 안내를 받게 되어 있어서 이곳이 비무장지대임을 실감할 수 있다. 그러나 올렛 초소(241 GP)와 콜리어 초소(242 GP) 안내판을 지나치면 대성동 쪽과는 사뭇 다른 분위기가 형성된다. 오바마를 비롯한 미국 대통령과 고위 관리가 비무장지대 인근에 오면 꼭 방문하는 올렛 초소는 전방 초소이자 관측소다. 여기서 더 들어가면 판문점이 나온다.

판문점 공동경비구역(Joint Security Area, JSA)에 접근하면 팽팽한 긴장감이 흐른다. 인민군 판문점 경비대 장교와 병사 들을 마주하게 되기 때문이다. 회담장 건물에서 불과 10여 미터 앞에 인민군들이 경직된 부동자세로 서 있거나 군인 특유의 각이 진 걸음으로 이동하는 모습을 확인할 수 있었다. 눈앞에 인민군이 있으니 비로소 이곳이 첨예한 대치의 한복판이라는 사실을 실감하게 된다.

판문점은 비무장지대 안에서 유일하게 정전협정의 당사자인 군인들이 매일 마주보며 대치하는 곳이다. 한국전쟁 때 처음 전쟁 중단을 위한 회의를 시작한 곳도 이곳이며, 비무장지대가 태어난 현장이자 협상 장소이기도 하다. 그래서 판문점은 한국전쟁을 기억할 때 정점을 이루는 곳이다. 판문점은 여전히 우리에게 한국전쟁의 모든 상처와 기억이 하나로 모여 지금의 비무장지대로 이어지게 하는 통로이자 길목과도 같은 곳이다.

비무장지대의 역사는 정전협정에서 시작되며, 더 들어가면 한국전쟁이 놓여 있다. 남북한은 각자의 방식으로 한국전쟁을 기록하고 있다. 한국전쟁의 원인을 살필 때, 그 뿌리를 들여다보면 해방과 함께 민족 스스로 근대국가를 형성하려는 노력이 있었으나, 미국과 소련을 비롯한 국제 질서의 중심축에 의해 한반도의 운명이 좌우되면서 바람대로 성사되지 못했다. 여기에다 식민 지배의 결과로 민족 내부에 형성된 친일과 반일의 대립과 반목이 거듭되었고, 정치적 야욕이 엉키면서 남과 북은 두 개의 국가 체제가 들어섰다. 더불어 남쪽 내부에는 친일파에 대한 거부감과 좌파에 대한 탄압이 폭력적인 형태로 표출되었다. 내전 초기 상황에 가까운 봉기와 폭동이 잇따라 발생하면서 상황은 극단적으로 흘러갔다. 급기야 북쪽에서는 남쪽의 이런 상황을 무력으로 종결짓자는 정치적 선택을 하게 된다. 이것이 전쟁의 도화선이 되었다.

1948년만 해도 북한에는 정규전을 치를 만한 군대가 없었다. 김일성의 항일 빨치산은 일제 강점기 만주에서 활약한 중대나 소대급의 수많은 항일 부대 중 하나였다. 김일성이 보천보 전투를 비롯하여 항일 무장 투쟁을 진두지휘한 것은 맞지만, 김좌진이나 홍범도 장군처럼 대규모 전투를 주도한 것은 아니었다. 1949년 북한은 중국으로부터 항일전과 국공 내전에서 풍부한 전투 경험을 쌓은 노련한 조선족 중심의 인민해방군 3개 사단을 지원받았고, 스탈린에게 무기를 지원받아 급기야 남한으로 밀고 내려왔다. 역사에

판문점의 군사정전위 회담장에서 마주하고 있는 국군과 인민군.
인민군 앞의 콘크리트로 된 경계가 군사분계선이다.

서 가정은 무의미하지만, 그때 북한이 밀고 내려오지 않았다면 남한의 정치와 한반도의 역사는 지금과는 상당히 다른 모습으로 형성되었을 것이다.

결국 한국전쟁은 김일성과 박헌영의 오판에 의한 남침으로부터 시작되었다. 초기에 인민군은 낙동강까지 밀고 내려갔으나, 다시 반격을 받아 압록강까지 후퇴했다. 북한과 남한이 맞붙은 전쟁이었지만, 개전한 지 반년이 못 되어 세계 최강 미국과 대국인 중국이 맞서는 전쟁이 되었다. 한국전쟁은 미국 역사상 처음으로 이기지 못한 전쟁으로 기록된다. 반면 중국은 혁명 이후 국제 무대에서 자신의 존재감을 한껏 드높인 전쟁이었다. 미국의 해외 파병 사상 최초의 '치욕스런 패배'로 기록된 1950년 한반도의 겨울은 지금까지도 미군 역사에서 '가장 추운 겨울'로 남아 있다. 한국전쟁은 3년이라는 시간 동안 한반도 전역에서 전 세계 최강 군대와 대국의 군대가 맞붙은 전쟁이었다. 핵무기만 사용하지 않았을 뿐, 치열한 전투로 인해 극심한 피해를 낳았다. 전쟁에서 죽어간 사람들의 수부터 퍼부어진 무기와 폭탄의 규모까지, 제2차 세계대전 이후 인류가 벌인 전쟁 중 가장 규모가 컸다.

한국전쟁은 냉전의 서막을 열고 냉전의 공포를 환기시킨 전쟁이었다. 한국전쟁을 기점으로 '미국과 소련, 중국 등 냉전 진영이 충돌하면 핵무기 사용으로 이어지게 된다'는 인식이 전 세계 국가들에 자리 잡았다. 미국이 한국전에서 핵무기 사용이란 카드를 끊임없이 만지작거렸기 때문이다. 이에 영국을 비롯한 유럽은 한국전쟁 내내 제3차 세계대전을 우려하여 미국의 핵무기 사용을 견제하고 강력하게 반대했다. 아울러 중국의 치열한 저항과 소련이 보유한 핵무기는 미국이 핵 카드를 쉽게 꺼낼 수 없도록 압박했다.

한국전쟁 개전 초기부터 전쟁이 끝날 때까지 퍼부어진 미군의 폭격으로 북한 전역은 초토화가 되었다. 1951년 3월에 미 극동 공군이 의회에서 "북한에는 더 이상 폭격할 목표물이 남아 있지 않다."라고 보고할 정도였다. 군인의 피해뿐만 아니라 무고한 양민 학살도 한국전쟁에서 잊을 수 없는 기억으로 남아 있다. 특히 1951년부터는 2년 이상 허망한 전쟁을 치러야 했다. 정전회담이 시작되었으나 교착 상태로 이어졌고, 고지와 진지를 뺏고 뺏기는 과정이 반복되며 무수한 병사들의 피가 강물처럼 흘렀다. 한국전쟁은 실로 인간이 얼마나 잔인하고 어리석은가를 수백만 명의 피로 보여 준 역사였다.

전쟁은 남과 북 양측에 강력한 권위주의적 독재 체제가 들어서는 기반이 되었다. 남한과 북한 모두 근대국가 형성 초기에 국가의 기틀을 제대로 다지기도 전에 참담하고 거대한 전쟁을 거치며 정치와 사회의 틀과 구조가 무너지고 왜곡된 것이다. 남과 북의 통치자들은 전쟁의 기억을 절묘하게 활용하고 배합하여 각자의 정치적 기반과 통치에 극적으로 활용했다. 북한 주민들과 남한 시민의 마음속에 남아 있는 전쟁에 대한 상처와 공포를 자극하여, 외부의 적을 이용해 내부의 반대자를 제압하는 수법으로 국가를 통치해 나갔다. 소위 '적대적 의존'이었다. 북한은 지금도 여전히 이 방법으로 국가를 운영하고 있고, 남한 역시 그 잔영이 사라지지 않았다.

한국전쟁에 대한 기억은 남과 북의 시선으로만 살펴보기에는 한계가 있다. 미국과 중국, 일본과 소련과의 구도를 살펴봐야만 사실상 전쟁의 온전한 윤곽이 그려진다. 연구자들을 중심으로 한국전쟁에 대한 깊이 있는 접근이 여러 차례 시도되었는데, 전쟁의 동기와 원인을 비롯하여 전쟁으로 인한 피해와 희생자들의 상처까지 다각도로 연구해 왔다. 냉전 이후에는 중국과 소련 쪽의 시선도 보태져 한국전쟁의 성격과 의미에 대한 접근이 풍부해졌다. 그러나 전쟁 과정에서 있었던 상처에 대한 목격자들의 증언은 여전히 부족하다.

판문점 도끼 살해 사건

판문점 입구의 철책선으로 들어가는 마지막 부대의 이름은 '캠프 보니파스(Camp Bonifas)'다. 지난 1978년 8월 18일 판문점 공동경비구역에서 인민군 민경대대에게 도끼로 집단 살해를 당한 미군 대위의 이름을 땄다. 이 사건은 비무장지대의 정전협정 62년 역사에서 전쟁 상황에 가깝게 치달았던 가장 긴박한 순간이었다. 판문점 도끼 살해 사건은 판문점 공동경비구역에서 미루나무 가지치기 작업을 하던 유엔군사령부 측 인부와 인솔 장교, 인민군 민경대대 군인들 사이에서 발생한 사건이다. 이후에도 위기 상황은 일어났다. 1968년 김신조 사건과 푸에블로 호 사건, 1969년 미 해군 정찰기 격추 사건, 1994년 전쟁위기, 2006년 핵 위기도 있었다. 특히 미 해군 정찰기 격추 사건은 1969년 4월 15일 북한 미그 기가 동해안의 공해상을 날던 미군 비행기 EC121 정찰기를 공격하여 해군 30명과 해병대원 한 명이 죽은 심각한 사건이었다. 하지만 판문점 도끼 살해 사건이야말로 전쟁의 문턱에 가장 가까이 다가선 일촉즉발의 위기였다.

판문점 도끼 살해 사건이 미국과 국제사회를 충격에 빠트린 이유는 무엇보다 공동경비구역이란 곳에서 다수가 소수를 도끼로 잔인하게 죽였다는 점이었다. 특히 사건 현장이 카메라에 고스란히 담겨 전 세계로 퍼져 나

판문점 도끼 살해 사건의 현장 사진. 사건 당시 미군 관측병의 카메라에 찍힌 충돌 당시의 모습이다. 미군과 인민군이 엉켜 있고, 미군이 공격을 당하고 있는 상황임을 알 수 있다. 지금은 판문점 경비를 국군 1사단에서 맡고 있으나 1990년대까지는 유엔군사령부 소속의 미군이 담당했다.

갔기 때문에, 미국은 분명하고 명확한 태도를 취하지 않을 수 없었다. 국제사회가 주목하는 공동경비구역에서 장교 두 사람이 일방적으로 도끼에 살해당한 상황은 총과 폭탄보다 훨씬 큰 충격과 분노를 유발했다.

　그날 오후 주한 미군과 국군에는 '데프콘3'■가 발령되었다. 워싱턴도 분주했다. 사건 당일 긴급히 백악관 국가안보회의(NSC)가 소집되었다. 키신저 국무장관을 비롯한 백악관 참모와 국방성, CIA 등이 참여한 긴박한

■　전투 준비 태세를 말한다. 5부터 1까지 5단계가 있는데, 데프콘3은 전시경계태세, 즉 준전시 상태임을 의미한다.

국가안보회의였다. 당시 CIA 국장은 훗날 미국 대통령이 된 조시 부시 (George H. W. Bush)였다. 회의는 엄중하고 밀도 있게 진행되었다. 사건이 충격적이고 상징성도 워낙 컸기에, 회의 참석자들은 다들 전쟁으로 갈 수도 있다고 판단했다. 백악관 분위기가 그랬기에 최전선인 주한 미군의 사정은 더욱 긴박했다. 사건이 발생한 시간에 일본을 방문 중이던 스틸웰 주한 미군 사령관은 즉시 모든 일정을 취소하고 한국으로 복귀했고, 그 후 사흘간 수면도 취하지 못한 채 전쟁을 포함한 대책 마련에 돌입했다.

미국의 대응 방침은 무력 시위를 포함하여 사건의 직접적 원인이 된 미루나무를 제거하는 것이었다. 미군 장교 둘의 참혹한 죽음에 불씨가 된 미루나무를 절단하는 상징적 조치로 미국의 자존심을 확인하고, 무력 시위를 통해 북한에 대한 경고를 공공연히 하는 것이었다. 작전명은 '폴 버니언 (Paul Bunyan)'이었다. 폴 버니언은 미국 전설에 등장하는 거구의 나무꾼이다. 이 사건을 한국은 '판문점 도끼 만행 사건'으로 부르지만 미국에서는 '미루나무 자르기 사건'으로 부른다. 그런데 사건 이후 일주일 만에 이례적으로 김일성 주석의 유감 표명이 있었다. 정전협정 체결 이후 비무장지대뿐만 아니라 한반도 전역에서 있었던 북한과 미군 사이의 충돌 혹은 교전에 대해 김일성 주석이 사과를 한 것은 이때가 처음이자 마지막이었다.

폴 버니언 작전은 미 2사단 공병대가 중심이 되었고, 국군 특전사와 공동경비구역 1소대의 경호로 이루어졌다. 동원 인원은 몇 명 남짓이었지만 외부에서는 바로 전면전으로 돌입할 태세를 갖추고 있었다. 바다에는 항공모함이 떠 있었고, 주일 미군기지에 증파되어 온 전투기 40대를 비롯하여 전략 폭격기와 핵 폭격기 등이 즐비했다. 미루나무 절단은 북한군이 지켜보는 가운데 불과 30분 만에 아무런 저지 없이 이루어졌다.

하지만 엉뚱한 데서 상황이 악화될 뻔했다. 당초 미군이 마련한 작전 계획은 미루나무 절단까지였다. 신속하게 원인을 도려내 상황을 종결짓는 것이 목적이었다. 다만 그 과정에서 북한이 대응하거나 저항할 경우 일전을 불사한다는 지침으로 폴 버니언 작전에 돌입한 것이었다. 미루나무 절단까지는 북한의 별다른 반응 없이 진행되었다. 그런데 경호를 담당한 국군 특전사 요원들이 철수하지 않고 순식간에 공동경비구역 내 북한 측 초소를 공격했다. 총과 폭탄이 아니라 몽둥이와 곡괭이로 한 공격이었지만 북한군이 맞대응했다면 곧바로 교전으로 이어질 뻔했다.

다행히도 북한은 아무런 반응을 보이지 않았고, 4개 초소가 파괴되는 것으로 국군의 돌발 행동은 끝이 났다. 당시 투입된 국군 특전사는 제1공수여단으로 박희도 준장이 여단장으로 있었다. 그러나 주한 미군과 국군의 관계, 한미 관계의 성격을 감안하면 미군이 주관하는 전쟁 일보 직전의 외줄타기와도 같은 상황에서 국군 여단장의 독자적 판단으로 돌출 행동을 지시하기란 쉽지 않은 일이다. 박정희 대통령의 별도 지시가 있었던 것으로 추정된다. 당시 현장에 있던 특전사 요원 중에는 훗날 대통령 비서실장과 야당 대통령 후보로 나섰던 문재인 후보도 있었다. 군 복무 중 작전에 참여했던 것이다.

일촉즉발의 위기는 그렇게 종결되었지만, 3일간의 이 긴박한 상황은 판문점과 서울 용산의 주한 미군 상황실, 그리고 워싱턴의 백악관 상황실에서만 벌어진 것이 아니었다. 비무장지대 전체에 전운이 감돌았으며, 철책선과 그 안쪽 GP에도 전쟁의 유령이 어른거렸다. 모든 병사가 벙커와 참호에 배치되었고, 개인당 700발 이상의 실탄과 5발 이상의 수류탄이 지급되었다. 전투 식량도 지급되었으며, 상황이 종료되기 전까지 3일 이상을 그 위치에서 대기해야 했다. 당시 철책선 근무자들은 '아, 이대로 전쟁이 시작되는구나' 하는 공포에 휩싸였다고 한다. 판문점 도끼 살해 사건은 주한 미군뿐만 아니라 국군에게도 똑같은 긴장감을 가져왔다. 철책선은 긴장과 공포가 가장 극심했다. 비무장지대에서 근무하는 장교나 병사 들은 전쟁이 터지면 철책선과 안쪽 GP의 인원들은 거의 살아남기 어렵다는 사실을 본능적으로 알고 있었다.

판문점은 그 자체가 정전의 기억이다. 정전협정을 체결한 곳이자 비무장지대 중 전쟁 문턱에 가장 가까이 다가섰던 역사의 무대였기 때문이다. 판문점은 그때나 지금이나 외국인들이 자주 방문하는 곳이다. 흥행과 작품성에서 성공한 영화 〈공동경비구역 JSA〉는 판문점의 현실을 가장 비극적으로 보여 준 작품이었다. 판문점은 북측에서도 많은 관광객이 찾는 명소다. 중국과 러시아를 비롯하여 유럽 여러 나라 사람들이 북한을 여행차 방문하면 꼭 들러 보는 코스 중 하나로 알려져 있다. 남한과 북한 두 나라 모두와 외교 관계에 있는 국가들은 판문점의 남측과 북측을 모두 방문할 수 있다. 북한 쪽은 평양에서 개성을 거쳐 북방 한계선을 통과하는 경로로 방문하고, 남한 쪽은 서울에서 파주를 거쳐 남방 한계선을 통과하여 방문한다.

한반도 분단 현실의 축소판인 판문점은 외국인이면 누구나 당일 관광이 가능하다. 일반 관광 상품처럼 그날 신청해 비용을 지불하면 둘러볼 수 있다. 그러나 남과 북의 국민들에게는 여전히 방문조차 어렵고 절차도 복잡하다. 자국민이 이곳을 출입하려면 방문 2개월 전 신청서를 작성하여 국가정보원 대공 상담소에 제출한 뒤 기다려야 한다. 남한에서는 언론조차도 판문점 취재를 하기 위해서는 협의를 잘해 신청 후 기다려야만 가능하다. 반면 외국 언론은 신청하면 대부분 취재가 가능하다. 남과 북 모두 자국민에

게만 엄격하다. 한반도의 정전 체제는 판문점에서 여전히 삼엄하게 유지되
고 있었다.

유일한 마을, 대성동에서 그려 본 꿈

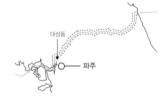

대성동
파주

비무장지대가 보이는 서부전선의 남방 한계선 주변은 전면이 숲과 평원, 초지로 되어 있다. 어디를 보아도 사람이 살 만한 터전은 없지만 유일하게 사람들이 사는 곳이 있다. 대성동이다. 판문점으로 들어가는 구 1번 국도에서 400미터가량 숲 속으로 들어가면 나타난다. 서부전선 남방 한계선 일대에서 조망이 가장 넓게 나타나는 도라산 전망대에서도 남쪽 마을은 눈에 들어오지 않는다. 오히려 북쪽 마을의 흔적만 희미하게 보인다. 철책선 어디에서도 대성동의 흔적은 찾을 수 없고, 판문점으로 들어가는 구 국도를 따라서 들어가야만 대성동의 논과 밭을 만나게 된다.

　대성동은 비무장지대의 유일한 마을이다. 그래서 대성동 주변에는 일찍부터 농경지가 발달해 광범위한 논이 형성되어 있다. 대성동에 대한 기억

중 가장 강렬한 것은 비무장지대의 유일한 마을이라는 제법 알려진 사실보다 농경지가 드넓게 구석구석 파고들어 있다는 점이다. 산다는 것은 무릇 입을 외면할 수 없는 일이다. 그런 점은 비무장지대라는 한반도에서 가장 특수한 지역에서도 예외는 아니었다. 입으로 들어가는 한 끼 밥을 위한 인간의 흔적들이 대성동을 맨처음 방문했을 때 처음 받은 인상이었다.

대성동을 처음 방문한 것은 늦가을에서 초겨울로 넘어갈 때였다. 1사단 제4통문을 통과하여 판문점으로 들어가는 도로로 진입했는데, 눈을 확 잡아끄는 모습이 눈앞에 펼쳐졌다. 도로 양옆으로 펼쳐진 논바닥이 나락을 걷고 난 후 목초지처럼 황량하게 펼쳐져 있었는데, 그곳에 생각지 못한 '절세 미인'들이 버티고 있었던 것이다. 재두루미였다. 도도한 자세에 여유 있는 몸동작까지 기품의 절정을 보여 주며 천연기념물 아니랄까 자신의 존재감을 한껏 뽐내고 있었다. 도로에서 불과 30미터 남짓 떨어진 거리였는데 눈길도 주지 않고 그저 제 할 일에만 몰두하고 있었다. 의외의 마주침이었다. 차에서 내려 도로 옆으로 몇 발자국 움직여 보았으나 여전히 그대로 버티고 있었다. 마음 같아서는 논두렁을 넘어 좀 더 바짝 다가서고 싶었지만, 발걸음이 옮겨지지 않았다. 날아갈까 염려해서였지만 한편으로는 재두루미의 여유를 방해하고 싶지 않았다. 처음 목격한 재두루미 뒤쪽에 서너 마리가 더 있었다. 동물들이 사람을 피하지 않는 곳은 드물다. 그런데 천연기념물이면서 멸종 위기종인 재두루미가 지나가는 인간의 눈길에 아랑곳하지 않는 이 상황이 그저 신기할 따름이었다. 생태계의 보고라던 비무장지대의 실체가 몸으로 느껴지는 순간이었다. 이곳 재두루미들은 어릴 때부터 대성동 논바닥에서 놀아도 인간들이 자신들을 해치지 않는다는 것을 체득한 듯했다.

대성동 마을 전경. 비무장지대 안쪽에 자리 잡은 유일한 민간인 거주 지역이다. 코앞에 군사분계선이 있으며, 마을 주변은 대부분 논으로 둘러싸여 있다.

대성동 마을은 정전협정 당시 양측의 합의로 비무장지대 안쪽에 마을 하나씩을 두기로 하여 유지된 마을이다. 주민들은 전쟁 이전부터 이 일대 농토를 기반으로 한 집 두 집 논을 사이에 두고 살았다고 한다. 군사분계선이 그어지고 비무장지대가 형성되면서 마을은 지금처럼 한곳에 모여 살게 되었다. 요즘은 50여 가구 200명 남짓한 주민들이 살고 있다. 알려진 것처럼 군 면제에 세금도 없으며, 심지어 자동차세도 내지 않는다고 한다. 마을 회관을 일부 개조해서 소극장도 들어서 있고, 가끔씩 영화 상영도 한다. 농토가 비옥하고 넉넉하여 대부분 부농으로 살아가고 있다. 남북한 대립으로 인한 살벌한 긴장만 없다면, 행복한 농촌마을의 본보기라 할 만하다.

대성동은 도시 사람들이 꿈꾸는 전원생활의 모든 것을 갖추고 있다. 일단 청정 지역의 심장 역할을 하는 숲이 곳곳에 있으며 상수리나무 군락을 중심으로 떡갈나무, 버드나무 등이 어우러져 아름답다. 숲의 깊은 골 구석구석은 모두 농지로 개간했다. 전쟁 직후에는 '대성동 늪'이라는 큰 습지가 마을 주변부터 사천강까지 크게 펼쳐져 있었는데, 지금은 전부 논으로 변했다. 남아 있는 습지는 저수지 두 곳뿐이다. 겨울이면 철새들이 찾아오고, 참수리와 물수리도 서식한다. 마을 북서쪽에 위치한 '구설 저수지'와 '신설 저수지'는 봄부터 여름까지 논에 물을 대는 농업 기반 시설이면서 참게·빠가사리·잉어·황쏘가리 등 민물고기와 양서류, 조류 등이 서식하는 생물의 서식지이기도 했다. 비무장지대가 아니면 투기와 개발이 이루어져 지금과 다른 마을이 되었을지 모른다. 역설적이게도 비무장지대가 대성동을 지켜 주는 형국이다.

주민이 아닌 외부인이 대성동을 방문하려면 주민들의 초청을 받아야 한다. 판문점을 방문하는 내외국인들 역시 대성동과 연계하여 방문할 수 없다. 언론 취재도 유엔군사령부와 국군의 협조가 있어야만 가능하다. 마을회관 위에 전망대가 있는데 그곳에서 바라보면 군사분계선이 너무 가까워 실감이 나지 않을 정도다. 고작 400미터 정도 거리에 군사분계선이 놓여 있기 때문이다. 유엔군사령부 장교와 1사단 안내 장교들에 따르면 외신이 취재를 올 때 꼭 이 장소로 안내한다고 한다.

일단 대성동 안으로 들어가면 비교적 자유롭게 돌아다닐 수 있다. 하지만 집들이 몰려 있는 마을을 벗어나 농경지 쪽으로는 걸어서 갈 수 없다. 또한 캠프 보니파스에서 1사단 제4통문을 지나 대성동 마을까지는 반드시 차량으로 이동해야 하고, 중간에 정차 없이 그대로 들어가야 한다. 고속도로도 아닌데 차를 타야만 이동이 가능하고, 자유롭게 걸어 다닐 수 없는 곳이 바로 비무장지대 안 대성동의 현실이었다.

주민들이 사랑하는 대성동초등학교

마을 한쪽에는 주민들이 사랑으로 가꾸는 곳이 있는데, 바로 초등학교다. 대성동초등학교는 학생 30명에 교직원이 21명으로, 시골 학교 치고는 나름 규모를 갖추고 있다. 비무장지대 내부에 있는 유일한 교육기관이자 학교이며, 군사분계선에서 400미터 떨어져 있다. 남이든 북이든 교육열은 참 높다. 그래서 비무장지대 안에 있는 단 하나의 마을에도 어김없이 학교는 있다. 대성동 마을도 그렇지만 고령화되고 쇠락해 가는 우리네 농산촌 현실에서 그나마 마을을 지켜주는 것이 바로 초등학교다. 아이들이 없는 마을은 어른들이 살기에도 삭막하기 마련이다. 대성동초등학교도 한때 학생 수가

대성동 언덕에 세워진 태극기 선전탑 앞에 서 있는 유엔군사령부 소속의 미군 장교. 대성동 마을은 비무장지대 내부에 있어 유엔군사령부의 통제를 받고 있다.

적어 폐교 위기에 놓였으나 다행히 2006년부터 파주시 통합 학군으로 지정되어 비무장지대와 민통선 바깥 파주 시내 학생들도 입학할 수 있는 길이 열려, 지금은 학생 수가 늘어난 상태다.

대성동초등학교는 전국적으로 유명한 초등학교다. 대학교 졸업식도 언론에 일일이 보도되지 않는데, 이 학교 졸업식은 해마다 여러 매체에 보도된다. 중요 인사들과 군 장성도 참석하며, 심지어 군사정전위원회와 중립국감독위원회 소속의 장성 들도 축하하러 온다. 아마 남북 정전협정이 평화협정으로 이행되면 서울의 어느 초등학교보다도 학생 수가 많아질지 모른다. 비무장지대 안에 초등학교가 있다는 사실 자체가 국제적인 관심거리니, 그때는 안심한 부모들이 대성동초등학교로 자기 아이들을 유학 보낼 듯하다.

대성동초등학교에는 2개의 태극기가 휘날린다. 하나는 여느 초등학교처럼 본관 건물 앞에, 다른 하나는 학교 운동장뿐만 아니라 대성동 마을 어디에서나 보이는 곳에 걸려 있다. 대성동 태극기는 대한민국에서 제일 큰 태극기로 유명한데, 맞은편 북한 기정동 인공기와 경쟁이라도 하듯 높이 걸려 있다. 바로 아래에서 위를 처다보면 송전탑보다 더 큰 규모에 놀라게 된다. 국가의 상징물을 이렇게 크게 조성하는 것은 과거 사회주의권이나 권위주의 체제에서 흔한 선전 방식이었다. 그런데 체제든 사회든 인간사 싸우면서 닮게 되는 속성은 숨길 수 없는 듯했다. '우린 재네와는 달라' 하고 주장하지만 별반 차이가 없어 보인다.

냉전기에 남과 북은 경쟁을 일삼았다. 그 치열한 경쟁의 대표적인 모습을 생생하게 보여 주는 증거가 바로 세계에서 제일 높다는 이 깃발이다. 100미터 높이의 태극기와 150미터 높이의 인공기는 이렇게 해서 만들어진 것이다. 당시에는 상대에게 지면 절대 안 되는 체제 경쟁의 시대였다. 한국

대성동에서 바로 보이는 북한 기정동의 인공기 선전탑. 비무장지대 인근에서도 유례가 없는 체제 선전의 상징물이다.

전쟁은 냉전의 시대를 열었고, 이후부터 한반도는 냉전의 시험대이자 경연
장이 되었다. 그 주 무대가 바로 비무장지대였다.

　서로 지지 않으려고 안간힘을 썼으면 비슷하게 살아야 하는데 한쪽 살
림살이가 너무 힘겨워진 게 오늘날의 현실이다. 자주와 자위의 국가도 중요
하지만 어떤 정치든 백성이 배를 주리면 재검토가 필요하다. 인민은 배고픈
데 깃발만 높이 휘날리는 것이 무슨 소용일까. 이러한 현실은 여러 가지 고
민거리를 던져 준다. 그래서인가, 기정동에서 본 세계 제일의 인공기를 쳐
다보니 허망함도 함께 펄럭이는 듯했다. 여전히 힘차게 펄럭이는 인공기에
자부심을 느끼는 북한의 인민들이 있을 것이다. 그러나 굶주리는 인민들의

현실은 검토하고 접근해야 할 중요한 사안이다. 북한 전역의 살림살이가 기정동 앞 들판의 비옥한 농토처럼 넉넉하면 얼마나 좋을까.

대성동과 기정동을 이어 주는 사천강

군사분계선을 사이에 두고 밥을 나누지 못하는 현실은 한반도에서 '민족'을 거론할 때 가장 큰 비극으로 다가온다. 대성동과 기정동은 서로 밥은 못 나누지만, 임진강 하류로 이어지는 농토 전체가 사천강을 젖줄 삼아 농사를 짓고 있다. 대성동 마을 앞에서 봐도 사방이 논이다. 북한은 경의선 주변에 산재한 이 논의 경작을 위해 수천 명의 주민들을 북방 한계선 주변에 거주시키며 농사를 짓게 한다. 남한에서도 익히 들어 온 집단농장이다. 임진강 하류에서 대성동을 지나 백학산 주변에 이르는 너른 곡창지대는 모두 사천강 덕택이다. 풍요로운 논에는 재두루미와 두루미가 무리를 이루고 서식하여 농지와 자연의 조화가 절정을 이룬다. 사천강은 비무장지대의 여러 물줄기 중에서도 유일하게 서쪽으로 흐르는 강이다. 사천강 본류는 북한에서 내려오지만 비무장지대의 수많은 실개천들이 합류하여 군사분계선 한가운데를 흘러 서쪽 임진강 하류로 접어든다. 사천강은 임진강 유역에 숨어 있는 가장 대표적인 작은 강이자 생태계의 보고이며, 국제적인 명물 두루미의 서식지다. 두루미는 남과 북 모두 천연기념물로 지정하고 있다. 고고함의 상징인 두루미는 러시아에서부터 일본에 걸쳐 서식하는 이동 철새다. 한반도로 날아오는 이동 철새 중 가장 대표적인 멸종 위기종이라 저어새와 더불어 국제적인 보호종으로 지정되었다.

그런데 언제부터인가 이상한 일이 벌어지고 있었다. 2003년부터로 추정되는데, 사천강에서 북한 군부가 골재를 채취하기 시작했다. 남한 측 사업자가 공동으로 개발에 나선 사업이라고 한다. 2004년부터 2010년까지 본격적으로 이루어진 골채 재취는 남한에서는 상상할 수도 없는 일이다. 사천강은 비록 개성시 외곽의 오폐수가 흘러들긴 했지만 개성공단이 개발되기 전까지는 일급수에 가까운 수질을 유지했다. 그런데 개성공단이 들어선 이후 수질이 급격히 나빠졌다. 개성공단은 남북 교류의 상징이자 거점이지만 환경영향평가를 제대로 하지 않고 들어선 난개발 공단이다. 통일부와 환경부가 오폐수 정화 시설을 지어 놓기는 했지만, 생활 오폐수는 몰라도 피혁·금속·기계·섬유 등의 업종에서 발생하는 난분해성 오염원은 원천적으로 정화할 수 없는 처리 시설이다. 여기에 더하여 골재 채취까지 하고 있는 것이다. 더욱이 남과 북 모두 천연기념물로 정한 멸종 위기종이며 국제적으로 보호받고 있는 두루미의 서식지 한가운데에서 모래를 채취하고 있었다. 비무장지대 일원은 앞으로 상당 기간 동안 남과 북이 만나 대화하고 교류하는 거점이 될 것이다. 그런데 이곳의 난개발을 허용한다면, 남한이 지원해서 북한에서 실현될 많은 사업이 역시 난개발로 치달을 것이다. 대성동과 기정동, 개성공단도 사천강의 품에 닿아 있다. 개성공단이 한반도의 미래에 중요한 마당이자 광장이라 해도 사천강을 마구 오염시키는 일은 용납할 수 없다. 비무장지대의 현실이 아무리 삭막해도 미래는 대성동처럼 자연과 인간이 공존하는 땅이어야 한다. 아주 중요한 가치가 있다는 명분으로 다른 가치를 함부로 여기는 태도야말로 전쟁과 냉전시대에 우리가 몸서리치게 겪은 것들이 아닌가.

대성동 마을 앞 농경지에는 사천강과 경계를 형성하는 뚝방이 있고 뚝

비무장지대 사천강 습지. 대성동과 판문점 일대는 개성에서 흘러내려 온 사천강이 드넓은 습지를 형성하고 있다.

방 한가운데에 정자가 한 채 세워져 있다. 그곳으로부터 200미터 거리에 인민군 철책선과 초소가 있고, 군사분계선부터 대성동 농지까지 거리가 100미터 남짓 된다. 확성기나 고성능 마이크 없이도 그냥 큰 목소리로 외치면 서로 들리는 가까운 거리다. 이쪽에서 '기정동은 올해 모내기 언제 해? 물은 잘 대고 있나?' 하고 외치면, 맞은편에서 '다음 주쯤 할 거야. 모내기 끝내고 대성동으로 놀러 갈게. 술이나 한잔하세.' 하고 대화할 만큼 가까운 거리였다.

정자를 언제, 누가 만들었는지 안내하는 장교에게 굳이 묻지 않았다. 궁금했으나 그것보다 정자에 앉아 막걸리 한잔하면 좋겠다는 바람이 더욱 컸다. 앞으로 사천강의 구불구불한 물줄기와 둔치의 갈대를 바라보고, 뒤로 대성동 들판의 바람결에 스치는 벼이삭을 바라보면서 남과 북이 서로 만나 한잔 걸치는 꿈을 꾼다. '대성동에서 가꾼 채소로 안줏거리를 펼쳐 놓고, 여기서 근무하는 국군 병사와 인민군 병사까지 오라 해서 한잔 나누면 얼마나 좋을까?' 마음은 대성동 들판을 훨훨 날아다녔고, 혀끝에는 막걸리의 걸쭉한 뒷맛이 감도는 듯하다. 평화협정이 체결되면 꼭 다시 오겠다고 결심해 본다. 바람은 이어진다. '대성동에는 술 빚는 집이 없으니 파주 양조장에서 빚은 쌀막걸리를 구해 2리터짜리 약수통에 담아 와야지. 젊은 병사들은 채소 안주보다는 치킨을 좋아하겠지? 평화협정 기념행사는 국군 병사들과 인민군 병사들을 초청하여 대성동 마을 앞 정자에서 막걸리 파티를 열자. 그러고 보니 빠진 게 한 가지 있네. 이장님을 빼놓고 병사들만 불러낼 수는 없는 터, 이장님과 부녀회장님도 함께 모시고 이왕이면 낮술을 걸치는 게 더욱 흥겹겠지?' 이렇게 나의 평화협정 기념행사는 결정되었다. 그런데 걱정이다. 한반도의 현실은 대성동 정자에서 막걸리 한잔 걸칠 수 있는 상황을 허락하지 않으니 말이다. 우리 모두의 노력이 부족한 것인가. 때가 아직 오지 않아서인가. 대성동에서 소박한 잔치를 벌이는 야무진 꿈을 꾸어 본다.

습지의 천국

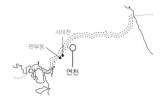

　　　　　　　백학산 자락을 지나면서 철책선의
기복이 제법 심해졌다. 경사면의 길이가 50미터를 넘는 곳을 계속 오르내
렸다. 도라산전망대까지 이어진 평지의 철책선과 달리 높낮이가 뚜렷한 철
책선이 구불구불 이어졌다. 지금까지와는 전혀 다른 느낌인데, 발품도 서서
히 만만찮게 느껴졌다. 파주 군내면 백학산 자락에서부터 옆으로 길게 이어
진 철원평야를 거쳐, 철원 김화읍까지 나아가는 길이었다. 서쪽에서 서서히
고도가 높아지더니 동쪽으로 갈수록 높아진다. 이어지는 철책선은 능선과
계곡이 수없이 반복되는 지형이다. 야산과 같은 구릉성 산지 사이에 있는
크고 작은 하천을 지나며 계속 오르막과 내리막 길이 펼쳐졌다. 서부전선
철책선은 바로 이렇게 요동이 심한 지형에 놓여 있다.

　　철책선 북쪽 비무장지대에는 구릉성 산림이 멀리 펼쳐져 있다. 상수리

나무, 떡갈나무, 신갈나무, 소나무, 뽕나무, 산벚나무 등이 어우러져 있고 골짜기에는 버드나무와 왕버들나무도 군데군데 보인다. 연이어 산림지대가 눈앞에서 펼쳐진다. 백학산을 뒤로하고 처음 만나는 작은 골짜기에서 내려오는 지천을 만났는데 이름이 재미있다. 멸공천. 파주시 군내면 서곡리에 위치한 멸공천은 이름 없는 골짜기에서 경계 작전을 수행하던 부대가 이름 붙인 게 아닌가 싶다. 아마 1960~1970년대 냉전 시절의 일일 것이다. 대한민국의 수많은 하천 중 이보다 더 이념적 지향이 뚜렷한 이름이 있을까. 비무장지대 안에도 무수한 산과 하천, 계곡, 들판, 평원, 습지 들의 이름이 있지만 이런 이름이 붙은 경우는 드물다.

멸공천을 지나 능선을 한참 오르다 보면 다시 세월천을 만난다. 계곡과 하천의 중간쯤 되는 규모의 지천이다. 계곡이라고 하기에는 물길이 제법 넓고 하천이라고 하기에는 민망한 크기다. 물길은 수량이 풍부한 편이며 철책선이 물길 사이를 관통한다. 제법 너른 규모의 습지가 형성되어 있어 그 가운데를 철책선이 지나간다. 학교 운동장만 한 크기의 습지로, 남다른 경관이다. 철책선 사이에 펼쳐진 습지였기 때문에 철책선을 걷는 것이 아니라 습지 한가운데를 지나가는 것처럼 느껴졌다. 골짜기마다 습지가 형성되어 있는데 물과 초지의 경계가 따로 없었다. 비가 많이 오면 초지에 물이 찼다가도, 비가 그치면 물이 빠지는 전형적인 습지였다.

'저 습지 안에는 어떤 생물이 살고 있을까?' 습지 안으로 들어가 가까이에서 관찰하고 싶은 욕구가 꿈틀거렸다. 마음은 벌써 뚜벅뚜벅 걸어 들어가고 있다. 신발을 신은 채 그대로 들어가도 좋을 것 같았지만 마음만 굴뚝이다. 철책선에 산보 나온 것도 아니고 안내를 맡은 장교도 누누이 이르지 않던가. "어떤 경우라도 길이 아닌 곳에 가시면 안 됩니다. 여기에서는 제일 중요한 것이 안전입니다." 그리고 나서 덧붙이는 사항이 "조사 목적상 사진을 찍되 구체적 시설물의 위치가 드러나거나 표시가 확인되는 것은 찍지 마시기 바랍니다. 여기에서 생활하는 우리 장병들은 모두 보안을 철저히 준수해야 합니다. 그러니 선생님들도 이 점을 유념해 주시기 바랍니다."라는 주의 당부였다. 매일 다른 부대에서 새로운 안내 장교가 인솔을 맡았는데, 첫 인사와 함께 해당 지역 조사에 앞서 우리 조사팀에게 요청하는 사항은 첫째는 안전, 둘째는 보안 준수였다.

그러니 비록 철책선 바깥이라 하더라도 유실 지뢰가 있을지 모르는 물길로 들어가는 것을 허락할 리가 없다. 허락한다 해도 습지 곳곳에는 어딘가에서 떠내려온 지뢰가 우리를 기다릴지도 모르니 선뜻 발 담그기가 쉽지 않았다. 이런 곳이 농지로 바뀌지 않고 습지로 남아 있는 이유는 비무장지대라는 특수성 때문이었다. 사실 비무장지대와 군사시설 보호구역이 아니었다면 벌써 농지가 되었을 것이다. 물길이 흐르는 가운데만 빼고 양쪽으로 제방만 쌓으면 좋은 논이 될 것이다. 특히 요즘은 중장비로 논 만드는 일이 식은 죽 먹기니, 비무장지대 이외의 지역에서는 이런 습지가 남아 있지 않은 것이다.

세월천을 뒤로하고 철책선을 따라 연천으로 접어들었다. 연천은 서부전선에서 철책선이 파주보다 길게 이어지는 곳이다. 도시화의 속도가 더딘 전형적인 전방 지역인 연천군은 처음부터 남다른 존재감을 드러냈다. 파주와 경계를 이루는 능선을 지나자마자 습지가 동쪽으로 길게 뻗어 있다. 판부동 습지였다. 연천군 장남면 고랑포리. 이곳은 1968년 1·21 김신조 침투 사건 당시 인민군 특수부대원 31명이 철책선을 절단하고 넘어온 곳이다. 고랑포는 그때부터 여러 기록과 언론에도 소개된 지명이다. 또한 이 일대는 신라 마지막 임금인 경순왕릉이 자리한 문화유적지기도 했다.

판부동 습지는 사미천까지 연결되는 골짜기를 따라 아래로 이리저리 퍼져 나간다. 판부동 골짜기가 한눈에 보이는 초소에서는 아침마다 흥미로운 광경이 펼쳐진다. 고라니가 산책하는 광경이다. 판부동 습지에서 처음 만나는 물웅덩이는 아침이면 고라니가 햇살을 받으며 물놀이를 하는 곳이다. 이곳 초소에서 항상 판부동 방향을 관찰하며 경계에 임하는 병사는 "저 물웅덩이에는 아침에 항상 고라니가 옵니다."라면서 몇 가지 설명을 덧붙였다. "몇 마리가 무리 지어 목욕하고 뛰노는데 거의 매일 와서 놀고 갑니다." 흔치 않은 풍경인데 재미있지 않느냐? 하고 물었더니, "매일 보니 그냥 동네에서 마주치는 강아지나 고양이를 보는 기분입니다."라는 대답이 돌아온다.

고라니는 물가나 물길에서 놀 때는 느릿한 몸짓이지만, 도약하는 뜀박질에서는 터질 듯한 기운이 발산된다. 여린 몸매지만 뛸 때는 고양이과의 맹수 부럽지 않게 힘차게 튀어 나간다. 마치 '나 이 정도야' 하고 자랑하듯 폼을 잡는다. 고라니와 눈빛을 마주치면 가녀리면서도 담담한 분위기에서 또 다른 야생의 기운이 느껴진다. 걷는 듯 여유 있는 움직임에서 용수철 같은 도약까지 온몸으로 소화하는 탁월한 몸동작이 특징이다. 고라니는 철책선을 우습게 아는지 자기 마음대로 활개치고 다닌다. 철책선 순찰로 지역의 이중 철조망은 고라니들에게는 아무런 장해가 되지 않는다. 철책선을 담당하는 경계 작전 부대에서는 축구공 하나도 통과할 수 없도록 두 개의 선으로 이어지는 철조망을 촘촘하게 관리하고 있다. 어떤 것도 넘어오면 안 되도록 빈틈없이 관리한다. 그런데 신기하게도 고라니는 마치 비웃기라도 하듯이 자유롭게 철책을 넘나들고 있다. '니들은 거기서 뭐 하고 있니? 그렇

사미천 일대 곳곳에 펼쳐진 습지. 전쟁 전 농경지였던 곳이 생명의 낙원으로 바뀐 것이다. 생물다양성의 보고다.

게 총 들고 고생해야 하니? 이제 그만 으르렁거리고 서로 사이좋게 지내지?'라는 듯, 고라니는 국군과 인민군 병사의 일거수일투족을 관찰하는 듯하다. 적어도 고라니에게는 남과 북의 자유 왕래가 이미 실현되었다. 아니 정전협정 당시부터 고라니를 비롯하여 판문동 골짜기 곳곳에 무리를 이루며 살아가는 오소리·너구리·수달·삵 등 야생동물들에게 이런 삼엄한 경계는 애초부터 무의미했다. 같은 포유동물이지만 오직 호모사피엔스만 접근이 금지된 곳이 바로 비무장지대다. 동물 중에는 멧돼지나 노루 빼고는 다 자유롭게 다닌다.

고라니는 습지가 많은 서부전선 비무장지대의 깃대종■으로, 서부전선에서 가장 대표적인 포유동물이다. 국내에서는 흔하기도 하거니와 농작물 피해도 가져와 천덕꾸러기 신세지만, 지구 차원에서는 만주 일부와 한반도에서만 서식하는 희귀종이다. 그렇기 때문에 고라니는 국제적 기준과 가치로 보면 반달가슴곰과 견줄 정도다. 실제로 야생동물에 관한 국제회의에 가보면 외국 전문가들은 한반도의 포유동물 중 고라니에 큰 관심을 보인다. 세계자연보전연맹(IUCN)이 발표한 멸종 위기 동식물에 관한 보고서인 〈레드 리스트(Red List)〉에서는 개별 국가의 상황보다 지구적 차원에서 서식지가 어느 정도이며, 개체 수가 얼마인지가 훨씬 중요하다. 동북아로 연결된 한반도 특산종이자 앞으로 비무장지대를 대표할 상징 동물이 바로 고라니다. 그런 고라니를 지금처럼 취급해서는 곤란하다.

■　어느 지역의 대표가 되는 동식물의 종을 말한다.

동북아시아의 대표적 깃대종인 고라니의 모습. 비무장지대는 야생동물의 낙원이다. 철책선과 바로 뒤 전술도로에서는 야생동물과 마주하는 일이 빈번하다.

고라니의 낙원, 판부동 골짜기

이처럼 동물들은 비무장지대와 민통선 사이에 있는 철책선을 자유롭게 오간다. 사람에 대한 경계심도 별로 없다. 철책 주변이나 비무장지대 안쪽의 동물들은 군인과 가까운 곳에서 마주쳐도 그냥 서 있다. 무덤덤하게 쳐다보거나, 혹은 마주선 채 째려본다. 이런 모습이 비무장지대의 생태적 특징 중 하나다. 백두대간부터 국립공원을 비롯해 생태 보호 구역과 산림 보호 구역 등 야생동물 서식 밀도가 높은 곳을 다녀도 포유동물과 직접 마주치는 경우는 그리 많지 않다. 그런데 비무장지대에서는 흔하게 마주치고 바라볼 수 있다. 철책선과 비무장지대는 인간과 동물이 서로의 눈길을 주고받는 신기한 땅이다. 흔히 동물을 미물로 취급하지만 가만히 눈길을 나누어 보면 그 녀석들이나 우리나 생명의 섭리에 따라 왔다가 가는 존재가 아닌가 싶다. 비무장지대에서 동물들과 마주보며 생물의 다양성이란 과연 무엇을 의미하는지를 구체적으로 느낄 수 있었다. 그것은 공존의 질서였다. 사람과 동물이 함께 생명을 이어가는 그런 모습이다.

고라니의 낙원, 판부동 골짜기는 습지라는 생명의 품에서 비롯되었다. 한국전쟁 당시 중국군과 터키군이 맞붙던 격전지였지만 지금은 그런 흔적을 어디에서도 찾아볼 수 없다. 자연이 전쟁의 상처를 쓰다듬어 치유해 놓은 듯하다. 판부동 골짜기로 접어들어 철책선을 따라 걸으면서 바라본 비무장지대에는 대부분 습지가 형성되어 있었다. 전쟁 전 농사짓고 평화롭게 살아가던 연천 판부동 마을 사람들의 삶의 원형이 그대로 남아 있어 감탄사가 절로 나왔다. 전쟁 전 우리 농촌 마을과 농지의 배치 혹은 구조를 읽어 낼 수 있는 현장이었다.

습지에는 온갖 풀꽃이 이끼처럼 덮여 있었고, 사이사이 물을 머금고 있었다. 판부동 습지는 아침이나 저녁 햇살을 받을 때 더욱 빛났다. 자세히 들여다보면 2차원 화면이 3차원 입체영상으로 변하는 듯하다. 그 세월의 나이테를 살펴보면서 '저곳은 과거 논두렁이었고, 여기는 논에 물을 대기 위한 둠벙이었고, 그 안쪽은 못이었네.' 하면서 상상의 나래를 편다. 눈에 들어오는 습지 윤곽에서도 저기는 신작로쯤 되겠고, 멀리 마을 정자가 있었겠다는 식으로 윤곽을 그려 본다.

저기 살던 사람들은 전쟁 전 어떠했을까. 해방을 맞이하고, 일제의 압제에서 벗어나 민초들의 세상이 온 줄 알고 기뻐했을 텐데, 38선이 갈리고 총소리와 대포 소리가 나더니 전쟁이 터졌다. 끔찍했던 3년 전쟁 중 2년 동안 이 비무장지대에서 교착 상태로 전투를 벌였다. 그 아수라장에서 마을과 농지를 고스란히 두고 사람들만 빠져나갔다. 그렇게 해서 판부동부터 사미천 너른 들판과 골짜기에는 과거의 원형이 남아 있게 되었다. 판부동 습지부터 사미천 구석구석 비무장지대 안에는 전쟁 전 이곳에 살던 사람들의 흔적이 남아 있다.

1990년대 중반, 비무장지대 안쪽으로 수색로 개척을 나갔던 수색대대 장병들이 전쟁 전 담가 둔 간장독을 발견해 인근 GP로 옮겨 와 두고두고 부식으로 먹었다는 일화가 전해진다. 당시 개척하는 과정에서 풀숲에 덮여 있던 약 50~60센티미터 높이의 항아리를 발견하고 뚜껑을 열어 보니 푹 익은 간장이 담겨 있었다고 한다. 우리네 대표 발효 음식인 간장이 60년 동안 비무장지대 안에서 익은 것이다. 판부동 구석구석에는 집터의 흔적부터, 밥그릇, 국그릇, 반찬 종지까지 고스란히 우거진 수풀 흙더미와 돌무더기 사이에 남아 있었다. 논은 우리 농경문화의 원류가 형성된 터전이며 세시

풍속부터 민속문화 전반, 나아가 민중의 삶과 희로애락이 논을 매개로 형성되었다. 그래서 우리 문화를 '논바닥 문화'라 지칭해도 지나치지 않다. 그 논이 자연으로 재구성되는 과정이 판부동부터 사미천, 임진강 지류와 역곡천, 철원평야 일대의 김화까지 비무장지대 안에 펼쳐져 있었다. 문화와 자연이 가장 극적으로 만나 풀어 놓은 향연, 그것이 비무장지대 안에 있는 논이 습지로 변모한 공간이다.

사미천의 너른 품

판부동 골짜기를 지나 사미천 본류가 흐르는 곳으로 접어드니 대단한 풍광이 눈앞에 펼쳐진다. 과거 연천평야를 만들며 사람들에게 삶의 터전을 제공했던 사미천은 물줄기 곳곳에 과거 농지와 마을의 모습을 그대로 간직하고 있다. 논농사를 짓던 곳이 습지로 남아 있는 곳이 많은데, 60년 전 농촌과 농지의 원형을 만날 수 있었다. 5천 년 역사에서 삶의 뿌리이자 바탕이었던 농터를 자연이 그대로 흡수했다. 이처럼 비무장지대의 자연경관 중 하천 주변의 습지와 함께 중요한 의미를 지닌 곳이 바로 과거 농지가 다시 자연으로 회귀한 평원과 습지다. 논두렁 밭두렁조차 농약만 없으면 온갖 작은 생명들의 좋은 터전인데, 아예 농사를 짓지 않고 60년 이상 그대로 두었으니, 그야말로 자연의 지상낙원으로 변모한 것이다. 사미천 평원 구석구석에 형성된 습지는 경관이 매우 이채롭다. 지구상에서 농지의 흔적이 이렇게 곳곳에 스며든 채 습지로 형성된 곳이 비무장지대 이외에 또 있을까. 버려진 논두렁과 밭두렁마다 작은 생명들이 들끓고 있고, 국제사회가 주목하는 동북아 특산종인 고라니를 비롯하여 겨울이면 각종 철새가 몰려든다. 뿐만 아니라 이곳에는 사미천 본류를 중심으로 배후습지가 넓게 발달돼 있어 텃새와 어류, 양서·파충류와 곤충도 많다.

비무장지대 안에서 드넓은 평원을 이루고 있는 사미천 평원은 한국전쟁 이전에는 경기 북부의 대표적인 평야였다. 사미천 본류와 지류에도 옛 농경지 모습이 남아 있다. 판부동 습지 역시 사미천의 지류에 해당한다. 철책선 이남 어디에서도 볼 수 없는 하천과 평원이 만나 이루어 놓은 자연의 경이로움! 강의 너른 품이 얼마나 비옥한지, 강물이 얼마나 넉넉한 생명을 펼쳐내는지 제대로 알 수 있다. 전쟁 이전에는 파주, 연천, 개성 사람들 모두를 먹여 살렸다는 연천평야가 지금은 생태계의 신비를 간직한 습지와 평원으로 변모한 것이다.

전쟁이 나기 전에는 비무장지대 서쪽 끝 파주 사천강 습지부터 철원, 김화 화강 일대까지 드넓은 농촌 마을을 형성하고 있었다. 이들 지역에는 대부분 논들이 펼쳐져 있었는데 전쟁이 터지면서 주민들은 농사에서 손을 놓았고, 논들은 그 자리에서 자연의 일부로 변해 가면서 습지로 천이*되는 과정을 보여 준다. 이렇게 논이 습지로 천이된 곳이 철책선에서 직접 관찰할 수 있는 곳만 20개소 가까이 되며, 군사분계선 이북 쪽에도 더 있을 것으로 추정된다. 평화협정이 체결되고 본격적인 생태조사가 이루어진다면 습지는 우리에게 더욱 강렬한 모습을 보여 줄 것이다.

■　어떤 생물 군락이 환경의 변화에 따라 새로운 식물 군락으로 변해 가는 과정을 말한다. 예를 들어 산사태나 홍수가 지나간 곳이나 벌목 등으로 생긴 붉은 맨땅은 방치해 두면 어느새 초본류가 자라며, 나무의 싹도 트게 되어 처음에 생긴 식물 군락은 다른 군락으로 바뀌게 된다.

연천군 장남면 판부리 일대의 습지. 전쟁 전에는 논과 마을이었던 곳이 비무장지대가 되면서 습지로 변했다. 아직도 60여 년 전 농경지의 흔적인 논두렁과 경지의 경계가 그대로 남아 있다.

파주부터 연천 사미천을 지나 승전 OP(Observation Post, 관측소)까지
는 온통 논이 변모하여 습지를 형성한 경이의 지대였다. 국제사회는 이미
농사를 짓는 논도 중요한 습지의 범주에 포함시키고 있다. 농사를 짓다 중
단된 채 자연으로 되돌아간 곳은 주변에서 산사태나 난개발로 토사가 밀려
들지 않는 한 그대로 습지를 형성한다. 자연이 보여 줄 수 있는 또 다른 역
동성의 무대였다. 서부전선 철책선의 습지 탐사는 습지를 고정된 공간으로
알고 있던 인식을 송두리째 뒤흔든 경이와 감탄을 선사했다.

임진강 흘러흘러내리고

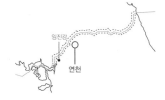

　　　　　　　　사미천을 지나면서 구릉성 산지가
나타난다. 사방에 그리 높지 않은 야산의 능선들이 층층이 펼쳐진다. 점점
멀어지는 사미천 둔치 주변만 평야의 모습일 뿐 나머지는 모두 산림 지대
다. 연천 지역으로 접어든 비무장지대에서는 제법 틀을 갖춘 산지 지형이
나타난다. 철책선이 뻗어가는 서쪽과 동쪽도 산림으로 연결되어 있는데, 물
길이 통과하여 흘러가는 골짜기를 빼고는 이런 지형이 연속해서 펼쳐진다.
연천의 철책선은 물줄기를 중심으로 습지를 형성한 곳 이외에는 대부분 산
지와 숲으로 되어 있다.

　　북한 쪽도 마찬가지로 대부분이 산지다. 그런데 눈길을 잡아당긴 우울
한 광경이 나타났다. 직접 현장에서 관찰하니 헐벗은 산지의 황폐화 정도가
생각보다 심각해서 마음이 무거웠다. 말로만 듣던 북한의 산림 황폐화를 목

연천군 백학면 일대의 비무장지대. 철책선은 구릉성 산지를 오르내리며 뻗어 있다. 비무장지대 내부에서는 산림의 천이가 활발하게 이루어지고 있다.

격한 것이다. 북한은 군에 모든 역량을 집중하는 선군정치의 나라이므로 군대는 그래도 보급이 좋은 편으로 알려져 있다. 그런데 눈앞에 펼쳐진 현실은 달랐다. '저렇게 산림을 다 베어 먹고 앙상한 비탈의 산지만 남아 있다니!' 형언하기 어려운 심정이어서 가슴을 쓸어내렸다. 얼마나 경제가 어려웠으면 군대가 나무를 베어다 연료로 썼을까. 연천 임진강 주변 철책선에서 확인한 북한 산림 황폐화의 실상은 중부전선을 넘어가면서 그 실체가 더욱 또렷해졌고, 충격은 컸다. 연천 쪽 북방 한계선 북쪽 산림의 황폐화는 그저 예고편에 불과했다.

20년간 비무장지대를 지켜 온 최종하 원사

승전 OP를 지나면서 비무장지대 안에 특이한 간판이 보였다. 망원경으로 살펴보니, '제1땅굴'이라는 네 글자가 흰색 바탕에 검은 글자로 선명하게 박혀 있다. 비무장지대 지하로 관통하여 침투 루트를 개척했다는 최초의 땅굴은 비무장지대 안에서 발견했다. 비룡부대 안내 간부로부터 발견 당시 에피소드를 듣자니 30년 전으로 되돌아간 기분이 들었다.

길 따라 비무장지대의 역사와 문화에 대한 이야기는 이어진다. 우리는 연천 사미천을 지나 고왕산 인근까지 철책선을 걸으면서 베테랑 가이드의 안내를 받았는데, 그는 육군 비룡부대 철책선 대대에서 최전방을 지키는 최종하 원사다. 자격증은 없지만 서부전선 비무장지대에 관해서는 누구보다 풍부한 이야기가 비축되어 있었다. 최 원사는 1982년 입대하여 30년 가까이 비룡부대에서 복무한 전형적인 야전 군인이며 서부전선 비무장지대의 산증인이다. 최 원사는 '전쟁과 정전으로 시작된 비무장지대라는 근대 문화유산'에 대한 세세한 이야기를 들려주었다. 그는 우리가 비무장지대 철책선전 구간을 걸으며 만난 안내 장교와 부사관 중 가장 인상에 남는 군인이었다. 이웃집 아저씨 같은 친근한 인상이었지만 눈빛에는 총기가 넘쳤다. 컬컬한 목소리에 차분한 억양으로 이어진 그의 설명은 처음부터 우리를 집중하게 만들었다. 수십 년간 잠자고 있던 연천 비무장지대의 역사가 최 원사의 이야기에서 한 편의 다큐멘터리처럼 펼쳐지기 시작했다.

그는 비무장지대 일원의 군부대가 민통선 주민들과 어떻게 관계를 풀어 가고 협력해야 하는지에 대해 여러 차례 강조했다. 자신의 업무와 연관된 주민들과 관계를 잘 풀어 가고 협력하는 것은 공직자로서 갖춰야 할 가장 중요한 자질이자 덕목이다. 그런 점에서 최 원사는 비무장지대라는 특수 공간에서 지역 주민들과의 민군 유대를 형식이 아닌 내용으로 실천하고 있었다. 최 원사에 대해 받은 인상 중 또 하나는 공간에 대한 이해와 분석 능력이 뛰어나다는 점이었다. 사실 군인들은 야전에서 주로 지내기 때문에 공간에 대한 이해 능력을 일정 정도 갖추고 있다. 하지만 항상 근무지가 바뀌고 지역을 상세하게 들여다볼 여유가 없기 때문에 지형적 이해에 머무르고 만다. 그런데 최 원사는 20년 이상 비무장지대에서 근무하면서 지형적 공간에 대한 이해뿐 아니라 지역사회의 삶과 문화 등 인문·사회적 관계까지 통찰하고 있었다. 10여 년간 비무장지대 언저리를 드나들었지만 최종하 원사만큼 담당 지역의 내력과 현황을 정확하고 상세하게 파악하고 있는 군인은 만나지 못했다. 우리는 군사 보안과 관련된 사항을 제외하고는 그에게 전쟁 이전부터 현재까지 서부전선 연천 일대의 문화와 역사를 제대로 배울 수 있었다. 최 원사는 여전히 비무장지대의 지뢰 지대 개척 작전을 선두에서 수행하고 있었다. 야전의 군인이 어떤 모습인가를 그는 삶으로 보여 주었다.

최종하 원사와는 고왕산(해발 355미터) 지역을 못 미쳐 헤어졌다. 이후 철책선은 산림 지대 능선을 따라 서서히 임진강을 향해 나아갔다. 고왕산은 서부전선 비무장지대 내부에서 가장 뚜렷하게 솟아 있는 산이다. 고도는 높지 않지만 군사분계선에서 남쪽으로 약간 벗어나 있다. 맞은편 정북향에는 군사분계선에서 약간 뒤로 물러난 마량산(해발 315미터)이 자리 잡고 있다. 고왕산과 마량산은 비무장지대 안에서 서로 사이좋게 마주보고 서 있었다.

고왕산을 중심으로 굴곡이 뚜렷한 산세가 드러났다. 지형은 산지의 형태를 뚜렷하게 형성하지만 숲은 빈약하다. 철책선 바로 앞에는 지루하리만치 빈번하게 칡덩굴이 나타난다. 수백 평에서 수천 평이 넘는 칡덩굴 군락도 흔하다. 그나마 있는 숲은 참나무과의 신갈나무보다는 굴참나무나 상수리·떡갈 나무가 흔하고, 일부에선 아까시나무도 볼 수 있다. 산불 때문이다. 매년 불이 나고 회복하기를 반복하면서 여느 울창한 숲이 아닌 초지부터 키 큰 나무까지 다양하게 어우러진 숲의 모습을 띠게 되었다.

관찰의 눈길을 더욱 섬세하게 하는 특이한 산림이었다. 언뜻 보면 빈약해 보이는 숲이지만, 거기에는 다양한 생물의 서식 공간을 마련하는 자연의 천이 과정이 담겨 있었다. 평원이든 야산이든 초지를 바탕으로 관목과 일부 숲이 어우러진, 산불을 거치며 숲이 형성되어 가는 전형적인 모습이었다. 실제 서부 사천강부터 파주, 연천을 거쳐 철원 원동면 북한강 바로 전까지 곳곳에 산불의 흔적이 남아 있는 숲의 변모 과정이 지속적으로 이어진다. 이런 이유로 비무장지대 내부는 온전하게 키가 큰 나무들이 울창한 숲이 드물다. 그래서 일부에서는 비무장지대 생태계에 대해 '알려진 것에 비해 별로'라거나 '허구의 신화'라고 평하기도 한다. 현상적으로는 그렇게 보일지 모르지만 본질은 다르다. 눈에 보이는 것과 보이지 않는 것을 구분해야 한다. 본질을 놓치지 않도록 여러 관점에서 살펴봐야 한다. 산불로 인해 역동적으로 변모하고 있는 과정이라 울창한 숲을 기준으로 보면 빈약해 보일지 몰라도 생물의 다양성이라는 기준에서는 평가가 달라진다. 자연 생태계의 정점인 포유동물과 조류만 해도 국내에서 가장 다양한 종이 산다. 백두대간과 버금가거나 그 이상인 생물상 ■ 을 지니고 있다.

서부전선 전체가 숲 스스로 질서를 찾아 변모해 가는 과정에 있다. 겉보기에는 빈약하지만 어느 생태계보다 역동적이다. 이것이 비무장지대의 빼놓을 수 없는 생태적 가치다.

임진강 젖줄과 만나다

고왕산을 지나면서부터는 산림과 평원이 다양하게 섞여 있는 모습을 살피느라 정신이 없었다. 어떤 것에 초점을 두고 관찰해야 할지, 식물들 중에서 최종적으로 남은 종은 어떤 것이 될 것인지를 살피느라 머릿속이 복잡하고 혼란스러웠다. 하지만 단일한 모습으로 형성된 것이 아니라 여러 스펙트럼의 초지와 숲이 혼재되어 있는 모습이 이채로웠다. 비무장지대의

■ 같은 환경이나 일정한 지역 안에 분포하는 생물의 모든 종류를 지칭하는데, 주로 동물상과 식물상을 합치는 용어다.

산림에는 기존 산림에서 보아 온 단순한 형태를 뛰어넘는 변화무쌍함이 있었다. 그렇게 눈앞에 펼쳐진 다양한 산림 생태계의 모습에 취해서 걷고 또 걷는 사이 언뜻언뜻 물줄기가 보이기 시작했다. 드디어 임진강에 다다른 것이다. 비무장지대의 정서를 고스란히 간직한 강이 바로 임진강이다. 파주부터 철원까지는 임진강 수계로, 지리적으로는 같은 유역권이다. 임진강은 우리에게 전선, 전방, 남과 북, 대치와 같은 단어들을 연상시킨다. 신라에서 조선을 거쳐 근현대에 이르기까지 한반도 허리에서 온갖 피흘리는 격전을 모질게 감내한 하천이다. 분단 이후 월북작가 박기영이 지은 〈임진강〉이라는 노래는 북한에서 불리다 재일동포를 통해 일본에서 널리 회자되었다. 1968년에는 일본 포크 그룹 '더 포크 크루세이더'가 불러 인기를 모았다. 조총련의 딴지로 우여곡절을 거치며 금지곡이 되었지만, 당시 일본 청년들 사이에서 선풍적인 인기를 끌었다. 2000년 전후에는 한국에서도 양희은을 비롯한 여러 가수가 불러 명곡이 되었다. 남북의 갈라진 아픔을 담은 노래가 북한에서 시작되어 일본을 거쳐 한국까지, 동북아를 흐르고 흘렀다. 사람들의 이런 속내를 아는지 모르는지, 임진강 물줄기는 여전히 흐르고 있다.

지금은 철책선 바로 뒤에 차가 다닐 수 있는 다리가 세워져 있다. 1980년대 중반까지는 사람만 걸어서 다닐 수 있는 부교가 있었는데, 지금은 낡아서 바닥의 나무가 떨어져 나갔다. 북에서 비무장지대의 군사분계선을 관통해 흘러 내려오는 물은 한없이 맑고 깨끗했다. 눈으로 봐도 단박에 느껴질 정도로 오염되지 않은 물이었다. 물이 너무 맑아 한편으로 또 다른 근심이 생긴다. '비무장지대 위쪽 임진강 유역에도 도시와 마을이 있고 사람들의 생활 공간이 있을 텐데, 어째서 거의 오염이 되지 않았을까.' 함께 걷던

남방 한계선에서 남쪽으로 흘러가는 임진강 본류의 물줄기.

북방 한계선을 지나서 남쪽으로 흘러내려 오는 임진강 물줄기. 강물을 가로지르는 작은 다리 사이로 북한 인민군의 철
책선 순찰로가 지나간다.

28사단 안내 장교에게 이유를 물었더니, 예상했던 대답이 돌아왔다. "북한 쪽은 경제난이 심각해 오염원이 없어서 그런지, 사람은 산다는데 맑은 물이 내려옵니다. 여름철 장마나 태풍 때 폭우에 흙탕물이 크게 내려오는 것을 제외하면 오염원에 의한 폐수는 거의 없는 것 같습니다." 사람들 살림살이가 어느 정도 어렵기에 이렇게 큰 규모의 하천이 이토록 맑은지 궁금했다. 남한에서는 동강이나 북한강, 남한강, 낙동강 상류도 거의 2급수 정도로, 맑은 물 찾기가 어렵다. 그런 현실에서 임진강의 맑은 물은 어떻게 받아들여야 할까. 분단의 역설인가, 아니면 낙후된 북한 경제의 어두운 그림자인가.

임진강 물줄기를 지나면 순찰로는 경사진 길에 접어들다가 오름길이 이어진다. 위로는 철책선으로 연결되는 능선이고, 발 아래는 임진강 물줄기다. 숨을 고르며 한참 오르다 보면 드넓은 조망이 펼쳐진다. '태풍전망대'다. 육군 28사단에서 안보 관광지로 일반인에게 개방한 곳이다. 본래 이곳에는 임진강 일대를 살피는 전방 관측소가 있었다. 남방 한계선에서 바라보는 조망은 비무장지대 전체 지역에서도 손꼽히는 곳이다. 이곳은 임진강이 군사분계선을 지나면서 감입곡류■와 비슷한 물줄기의 흐름을 토해 내는 장관을 볼 수 있다. 더구나 강물의 둔치가 넓어 대규모 습원(습기가 많은 초원)을 빚어낸 탁월한 경관을 자랑한다. 이곳에서 두루미는 임진강 본류와 사미천 사이를 오가며 겨울을 보낸다. 임진강은 세계적 멸종 위기종인 두루미의 월동지로 주목받고 있다.

비무장지대와 인근 민통선 지역까지 이어진 임진강 여울은 예민한 두

■   평야지대를 자유곡류하며 흐르던 하천의 지반이 융기를 받아 침식작용이 활발해질 때 생기는 하천이다. 산지나 고원지대를 흐르며 하천의 양쪽 기슭이 하방침식을 받아 대칭적인 깊은 골짜기를 이루면서 곡류한다.

루미들에게 안정적인 서식처다. 임진강 비무장지대 안쪽 배후습지와 민통선의 농경지가 어우러진 지형적 특성은 두루미가 살아가기에 최적의 조건을 갖추고 있다. 전 세계 2,800여 마리밖에 남지 않은 멸종 위기 동식물 1급인 두루미 중 800마리 정도가 임진강을 비롯한 비무장지대 일원에서 월동하며 강 기슭에 펼쳐진 율무밭을 주요 취식지로 삼는다. 임진강 일대의 습지와 농경지에 서식하는 두루미는 우리나라에서 월동하는 두루미의 약 20퍼센트 정도로, 철원 지역 두루미 서식지가 위협을 받으면서 이 일대의 중요성이 부각되고 있다. 임진강은 두루미 이외에도 재두루미, 독수리, 호사비오리, 큰기러기, 쇠기러기 등 겨울 철새의 주요한 월동 지역이다.

한편 비무장지대 일원은 수생태계가 발달해 어류의 서식 공간으로도 적합하다. 임진강에는 어름치와 묵납자루가 서식하고 있다. 어름치는 한강과 금강에 국한되어 분포하는 한반도 고유종으로 천연기념물이다. 한강과 금강에서는 이미 멸종 위기에 직면한 것으로 보고되고 있다. 임진강은 1급수와 한국 고유종 민물고기 천지이며 북한강과 함께 비무장지대를 관통하는 국가하천급의 대형 하천이다. 그래서 이들의 서식지로 비무장지대 일원의 임진강 유역이 중요하게 부각되고 있다. 멸종 위기종 2급인 묵납자루도 광범위하게 분포하고 있으며, 모래무지와 퉁가리, 갈겨니, 쉬리, 열목어, 뱅어 등을 비롯하여 하류에는 메기, 복어, 숭어 등도 살고 있다.

임진강 수계 이외에도 비무장지대에는 남과 북 사이를 흐르는 하천 유역이 곳곳에 있다. 한강 수계(북한강 수계), 동해안 수계 등이 여기에 포함된다. 서부와 중부의 비무장지대는 임진강 유역권에 해당한다. 임진강은 비무장지대를 상징하는 하천이다. 248킬로미터 비무장지대를 남과 북으로 흐르는 물줄기 중 하천이라 이름 붙일 수 있는 것은 11개소가 된다. 서쪽에서 동쪽으로 순서대로 하천을 살펴보면, 사천강, 사미천, 임진강, 한탄강, 역곡천, 화강, 금성천, 수입천, 북한강, 수입천, 남강 등이다. 이중 남에서 북으로 군사분계선과 철책선을 관통하여 흐르는 하천은 역곡천 하나뿐이고, 나머지 10개소는 전부 북에서 남으로 흐른다. '평화의 댐' 논란과 '임진강 방류 사건'에서 드러난 것처럼 하천을 공동으로 이용하는 문제는 남북한의 중요한 의제가 되었지만 진전이 없다. 북이 무관심한 것인가, 남이 소극적인 것인가. 치산치수는 다스림의 근본이라 했는데 비무장지대에서 산림 황폐화 문제를 해결하는 치산과 물줄기를 함께 평화적으로 이용하기 위한 치수는 둘 다 놓칠 수 없는 중요한 문제다. 군사분계선은 치산과 치수 모두 가로막고 있다.

정전이 낳은 고립의 섬, GP

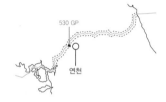

530 GP

연천

연천 지역을 통과하는 철책선은 산
지를 따라 계속 이어진다. 주로 능선을 타게 되는데, 임진강과 태풍전망대
를 지나면서 사방으로 본격적인 산세가 나타난다. 그리 높은 봉우리는 없지
만 산림 지대의 지형적 특성을 고스란히 간직하고 있다. 주로 능선이 빈번
하게 나타나니 조망은 탁월하다. 우리가 걷는 목적이 관광이나 유람이 아닌
조사였기에 조망은 중요한 부분이었다. 비무장지대가 어떻게 생겼는지, 지
리적·지형적 특성과 그 안에 펼쳐진 생태계와 경관은 어떤 모습을 갖추고
있는지가 관찰의 초점이었다. 그런 점에서 임진강 이후부터는 북방 한계선
넘어 북쪽 지역 산지까지 볼 수 있어 여러모로 파악하기 유리했다.

이 일대의 철책선은 능선으로 이어지다 곳곳에서 골짜기로 떨어지고
다시 동쪽 능선으로 이어지기를 반복한다. 중간에 몇 군데 철책선 안으로

차량이 진입할 수 있는 통문도 만나면서 조사를 계속 진행했다. 남방 한계선의 철책선에는 크게 두 종류의 문이 있다. 통문과 소통문이다. 통문은 차량이 통과할 수 있는 크기로 철책선 사이에 철망으로 된 대문이 세워져 있고, 반드시 통문 관리 초소가 있다. 소통문은 철책선 아래에 난 쪽문처럼 작은 크기의 문으로 필요할 때만 열 수 있다. 한 사람 정도가 고개를 숙이고 몸을 쪼그려야 통과할 수 있으며, 통문은 대부분 GP로 연결된 길이다. 주로 능선을 따라 이어지나 간혹 골짜기나 계곡으로 이어진 경우도 있다.

비무장지대 내부는 대부분 자연 지역이라 인간의 손길을 직접적으로 느낄 수 있는 인공적인 구조물이나 시설은 GP와 GP 진입용 도로뿐이다. 특히 도로는 비포장으로 길게 띠를 형성하고 있어 철책선 순찰로를 따라 다니다 보면 쉽게 관찰된다. 그런데 임진강을 지나 한참을 걸어가자 이상한 진입 도로가 보였다. 새로 만든 듯한 콘크리트 포장도로였다. 파주부터 연천까지 20여 개 가까운 GP를 보았지만 포장도로는 처음이었다. 하얗게 빛나는 콘크리트 도로의 색감이 햇살에 번쩍거릴 정도로 밝아 보였다. 공사한 지 얼마 안 되었다는 흔적이다. 안내 장교에게 "왜 저기만 진입 도로를 포장했나요?" 하고 물어보았더니, "저 길이 530 GP 진입로입니다."라며 말끝을 흐렸다. 우리 일행도 눈치로 알아차렸다. 시선을 길게 이어가니 그 길 끝의 초소가 그 유명한 '530 GP'였다. GP가 무엇인지 거의 모르던 국민들에게 GP의 실체와 관련 정보는 물론 정전협정과의 연관성까지 알게 해 준, 비무장지대 전체에서 가장 유명해진 그 GP였다.

다들 눈길을 집중하며 말없이 쳐다봤다. 더 묻고 싶었지만 안내 장교의 표정에서 더 묻지 말아 주기를 바라는 심기가 읽혔다. 그래서 이 상황을 마무리할 요량으로 의례적인 질문을 던졌다. "요즘도 상급 부대나 관계 기관

연천의 비무장지대의 국군 GP 전경. 마치 중세 유럽의 성채처럼 육중한 구조물이 우뚝 솟아 있다. GP가 이런 모습으로 만들어진 것은 1980년대 중반부터였다.

등에서 자주 오나요?" 안내 장교는 역시 비슷한 반응으로 "저희 위치에서 알기는 어렵다."라며 말을 아꼈다.

연천 530 GP

연천 530 GP는 온 나라를 충격에 몰아넣었던 현장이다. 국민들의 이목을 집중시켰던 비무장지대가 낳은 잊을 수 없는 비극적 사건이 발생한 곳이다. '연천 530 GP 사건'으로 알려진 이 참극은 2005년 6월 19일, 서부전선 연천 비무장지대 28사단 81연대 수색중대 530 GP에서 근무하던 김동민 일병이 같은 부대 동료들을 소총으로 난사하고 수류탄을 던져 무참히 살해한 사건이다. 당시 김 일병은 평소 상급자 및 고참과의 관계에서 발생한 불만이 폭발하여 사건을 저지른 것으로 밝혀졌다. 군 범죄 중에서도 유례가 드문 끔찍한 사고로 인해 소대장인 GP장을 비롯한 동료 8명이 죽고, 4명이 부상을 당하는 참극을 낳았다. 김 일병은 이후 군사재판에서 사형을 언도 받고, 군 형무소에 복역 중이다. '연천 530 GP 사건' 또는 '연천 김 일병 사건'으로 알려진 이 사건으로 인해 국민들은 GP의 실체를 제대로 알게 되었다. 이 사건으로 GP의 근무 인원과 근무 방식이 자연스럽게 세상에 알려졌지만 아직도 각 GP의 위치 정보와 접근로로 들어가는 출입구 위치 등은 군사보안 사항이다.

GP는 우리 모두에게 예외 지대였다. 그곳에 근무하는 경계부대 수색중대 병사들 이외에는 아무도 들어갈 수 없는 곳이었다. 민간인은 물론이고 군인들도 해당 근무자나 근무 경험이 있는 자를 제외하고는 내부 구조나 생활에 대해 잘 알지 못한다. GP에 관한 내용은 직업군인들 사이에서도 일부만 경험하고 이해하고 있으며, 사병들은 물론이고 장교나 부사관으로 근무한 이들도 GP의 기본적인 지형과 형태, 근무 방식에 대해서는 제한적으로밖에 알 수가 없다. 비무장지대를 지키는 철책선 경계사단에서 근무했더라도 작전·정보 업무를 담당하는 참모 부서나 진입로 정비 등의 공병 부대 등에서만 제한적으로 이해하고 있을 뿐이다.

GP에 처음 들어가 보면, 그 철옹성 같은 견고한 방벽과 구조에 긴장감보다는 감탄이 앞선다. 철조망으로 둘러쳐진 전체 터가 대략 300~500평 안팎이며, 콘크리트 블록의 벙커로 둘러싸여 있다. GP 건물이나 시설은 웬만한 중화기를 버틸 정도로 견고하지만 전시에는 제1순위 타격 대상이 되기 때문에 가장 먼저 피해를 입는 곳이다. 실제로 남북 모두 개전 즉시 포탄 세례의 집중점이 GP라고 한다. 그래서 GP는 20센티미터가 넘는 두께의 방벽으로 사방을 둘러쳐서 벙커의 관측구나 고가 초소가 아니면 거의 주변을 볼 수 없다. 시설 내부의 막사와 식당, 취사장, 상황실 등 모든 공간의 구조는 미로에 가까운 폐쇄형이며, 지하 2층 깊이로 들어가 있다. 1개 소대 35명 전후의 병사들이 생활하기에는 다소 답답한 구조였다.

방문자들에게 GP는 지극히 생소한 공간이라 다소 흥미롭기까지 하다. 하지만 그곳에서 생활하는 병사들은 고립감과 갑갑함을 느낄 수밖에 없을 것 같다. 심한 경우 감옥에 갇혀 있는 느낌을 호소하는 병사도 있다고 한다. GP는 비무장지대 안에 떠 있는 섬과도 같은 곳이다. 주변은 대부분 미확인 지뢰 지대 또는 계획 지뢰 지대로 둘러싸여 있어서 정해진 진출입로와 인근에 연결된 수색로를 빼고는 누구도 다가설 수 없다. 그러니 근무하는 병사들이 느끼는 고립감과 심리적 스트레스가 상당할 것이다. 그래서 주둔하는 부대는 3개월 단위로 교체한다. 인민군도 GP가 힘겨운 것은 마찬가지라고 한다. 국군 GP보다 지하로 더 깊이 파고들어 있으며, 공간도 국군 GP보다 훨씬 좁은 것으로 알려져 있다. 그래서 GP 근무는 국군이나 인민군이나 군 당국의 각별한 관심 대상이다.

국군의 GP가 현재 모습대로 구축된 것은 지난 1983년부터다. 비무장지대 방어 시설 현대화 사업의 일환으로 견고한 콘크리트 구조물로 새롭게 지었다고 한다. 이전에는 방어진지로 둘러싸인 막사 형태였다. 구형 막사와 비슷하게 울타리만 두껍게 흙으로 다져 참호나 진지처럼 구축한 형태였다. 그러던 것이 현대화 사업으로 콘크리트 두께가 1미터나 되는 중세 성채와 같은 형태로 진화한 것이다. GP는 비무장지대 일원에서 남북이 군사적 충돌을 일으킬 가능성이 가장 높은 군사시설이다. 남한은 약 80~90개의 GP에 2,500~3,000명가량의 병력을 배치해 놓고 있는 것으로 알려져 있으며, 북한은 280개가량의 관측소에 1만 명 안팎의 병력을 주둔시키고 있다. 이렇게 많은 병력을 배치한 것은 정전협정 위반이어서 GP는 비무장지대 안팎에서 정전협정을 위반한 대표적 사례로 꼽힌다.

철책선을 걸으며 하루에 적게는 3개소에서 많게는 6~7개소의 GP를 멀리서나마 바라보았다. 남방 한계선 철책선에서 국군 GP까지 가깝게는 200~400미터에서 멀게는 1,000~1,200미터까지 떨어져 있다. 망원경으로 관찰하지 않으면 대략 위치만 파악될 뿐이다. 간혹 GP에 펄럭이는 깃발이 보이는 곳도 있다. GP는 진출입로부터 외길이며, 남방 한계선 철책선의 통문에서 들어간다. 이 통문이야말로 GP와 외부로 연결된 유일한 통로다. 통로 출입에 관한 최종 결정권은 유엔군사령부에 있다. 통문 입구 검문소의 현장 관리는 국군이 하지만 출입 인원과 병력에 대한 통제는 유엔군사령부에서 주관하므로 모든 출입은 유엔군사령부에 통보하도록 돼 있다. GP가 유엔군사령부의 시설이라는 의미다. 실제로 GP는 유엔군사령부의 관할 구역이며 주변 구역, 즉 비무장지대 내 군사분계선 이남 지역에 대한 배타적 결정권도 유엔군사령부가 지니고 있다. GP는 정전협정에서 평화협정으로 넘어가기 전까지는 대한민국 주권 지역이 아니다. 군사적으로 국군이 실질적인 관리를 하고 있지만, 정전협정에 따라 유엔군사령부에 관할권과 통제권이 있기 때문이다.

인민군 GP의 현실

인민군 GP는 남방 한계선 철책선에서는 거의 보이지 않는다. 고성능 망원경으로 보지 않으면 점으로 파악하기조차 힘들 만큼 멀리 떨어져 있었다. 안내 장교의 설명이나 철책선에서 주간 근무를 하고 있던 초병들의 설명에 의해 인민군 GP가 맞은편 북쪽 봉우리와 능선쯤에 있다는 걸 알 수 있었다. 국군의 GP는 비무장지대를 따라 이어진 철책선에서 관찰이 가능하며, 일반인에게 공개된 주요 비무장지대전망대에서도 볼 수 있다. 국군 GP는 사방에서 볼 수 있도록 노출된 고지나 봉우리 등에 콘크리트 구조물로 솟아난 듯 성채처럼 조성되어 있지만 인민군 GP는 단순한 박스형 경계 초소 하나만 고지 위에 솟아 있다. 그러나 그 아래 갱도를 따라 내려가면 막사를 비롯하여 지하 벙커가 구축돼 있다. 대부분의 인민군 GP는 철저히 지하에 구축되어 있어 모든 생활은 지하에서 하며, 잠복·매복 등 경계 작전과 이동 시에만 바깥으로 나온다. 인민군 GP는 민경대대라는 특수부대원

인민군 GP 전경. 봉우리에 자리 잡은 작은 초소 하나가 전부인데 지하는 30명 이상이 생활할 수 있도록 만들어져 있다. 국군 GP가 육중한 외형을 자랑하는 반면, 인민군 GP는 지하로 철옹성처럼 견고하게 구축되어 있다.

들이 담당한다. 북한 체제에 대한 충성도가 높고 당과 군에서 요직을 차지하는, 소위 출신 성분이 좋은 집안의 자식이 많이 온다. 인민군이 GP 근무를 마치고 제대하면 대학과 취업 등의 여러 혜택이 주어진다. 그 밖에 인민군 GP에 대해서는 지금까지 알려진 내용이 많지 않다. 물론 양측 군 당국은 서로의 GP에 대해 상세한 현황을 파악하고 있지만 이런 정보가 대중에게 공개된 적은 없다. 인민군 GP는 폐쇄적 체제의 특성상 주민들이 알기는 어렵다. 그런데 북한 주민들도 못 보는 인민군의 후면 구조를 남한 사람들이 볼 수 있는 곳이 있다. 개성공단으로 들어가는 경의선 도로 옆에서 자세히 보면 인민군 GP 하나가 눈에 들어온다. 측면과 뒷부분만 볼 수 있지만, 그 실체는 어느 정도 파악이 가능하다. 북한의 GP는 1950년대부터 지하 병커로 구축되었고 지금도 견고함에선 국군 GP에 뒤지지 않는 것으로 알려져 있다.

현재 철책선에서 관찰이 가능한 비무장지대 내부 군사시설은 세 가지 정도다. GP와 GP 진출입로, 그리고 GP를 호위하기 위해 날개처럼 펼쳐 놓은 추진 철책이다. 국군 초병들은 시설들의 위치와 정확한 명칭을 알고 있으며, 인민군이 설치한 GP와 군사시설도 파악하고 있다. 이런 정보는 병사들이 꼭 알아야 하는 '암기 사항'에 해당한다. 국군이 인민군 GP와 각종 방어시설에 대해 파악하는 것처럼, 인민군도 국군이 운용하는 GP를 비롯한 남방 한계선 철책 주변 초소나 OP, 방어시설을 파악하고 있다고 한다. 이런 사실은 인민군 귀순자들의 증언을 통해 확인되고 있다. 국군이나 인민군이나 서로 정보를 다 알고 있으면서도 각국의 국민들에게만 보안과 금기를 강요한다.

충격의 '530 GP 사건'이 터지면서 'GP를 두는 것이 정전협정을 위반한 것은 아닌가' 하는 문제가 제기되며 언론을 통해 논란이 일었다. 그러나 이 사항은 논란이 아닌 명백한 정전협정 위반이다. 인민군은 제대하면 군 생활에 대해 말할 기회나 통로가 제한되어 있을지 몰라도, 국군은 얼마든지 말할 수 있다. 북한은 언론 통제가 심해서 GP가 정전협정을 위반한 것인지 아닌지 주민들이 알 도리가 없다. 그러나 남한은 인터넷을 비롯하여 각종 언론매체가 활발하기 때문에 GP의 실체를 숨길 필요도 없고, 숨길 수도 없다. 쉬쉬하면 오히려 의심과 불안만 가중시킨다.

이처럼 남한이든 북한이든 GP에 상당한 무장력을 배치해 놓은 것으로 알려져 있다. 당초 정전협정에서 비무장지대의 출입은 '민사행정 및 구제사업을 위한 목적'으로 한정했다. 또한 '출입자는 양쪽이 각각 1,000명을 넘지 않아야 한다'고 합의했다. 민사행정경찰의 무장도 반자동소총으로 제한했는데, 이는 비무장지대 안쪽에서 권총과 연발사격이 되지 않는 단발사격만 가능한 보총만 허용하는 것을 의미한다. 자동소총을 소지하면 교전 과정에서 서로 피해가 증폭되고 공격이 쉬워져 대규모 군사적 충돌이 일어나기 때문이다. 그런데 인민군은 정전협정이 체결된 지 얼마 되지 않은 1950년대 후반부터 비무장지대 내부 민경대대 병사에게 소련제 AK 자동소총을 지급했다. 국군도 1960년대 말부터 베트남전쟁에 참전하면서 미군으로부터 지급받은 M16 자동소총을 국내로 들여와, 동부전선 비무장지대에 배치했다고 한다. 더욱이 1970년대에 냉전이 깊어지면서 남북은 GP에 자동소총을 완전 보급하는 것은 물론이고, 수류탄과 크레모아(격발식수류탄), 50밀리미터 구경 기관포와 무반동포, 박격포 등 중화기를 배치했다. 이에 뒤질세라 인민군도 자동화기와 82밀리미터 비반충포 등 중화기를 배치했다. 또한 각종 중무기와 함께 병력도 1,000명으로 늘렸다. 이런 상황은

1990년대 이후에도 계속 이어지고 있으며, 남북 모두 이것을 기정사실로 받아들이고 있다.

지난 2007년 10월 남북정상회담에서 노무현 대통령이 김정일 위원장에게 제안한 주요 의제 중 군사안보 분야의 핵심이 '비무장지대 내부의 GP를 철거하자'였다. 그러나 김정일 위원장은 '아직은 시기상조'라며 한발 물러선 태도를 보였다. 당시 남한에서는 이런 반응에 대해 '북한 군부의 반발을 고려한 것'으로 해석하는 이도 있었다. GP는 비무장지대에서 가장 위험한 화약고이며, 대표적인 정전협정 위반의 현장이다. GP에서 양측 간의 충돌이든 내부의 사고든 또 다른 비극이 발생할 가능성을 무시할 수 없다. 따라서 한반도 평화를 보장하는 구체적인 접근 중 하나로 'GP의 철거'는 놓칠 수 없는 과제다. 이를 풀어 나가기 위해서는 남한부터 열린 자세로 접근해야 한다. 독일은 통일의 과정에서 서독이 먼저 포용과 아량으로 접근했다. 이런 노력이 통일에 실질적인 기여를 했고, 서독은 더 많은 노력과 희생을 감수하면서 통일의 주춧돌을 놓았다. 남한은 정치·경제·사회 모든 면에서 더 이상 북한과 비교가 무의미할 만큼 역량을 갖추고 있지만 비무장지대에서는 여전히 옹졸한 모습을 보이고 있다. 530 GP를 지나 철책선이 석양 노을에 걸려 아련할 때까지 군사분계선이 지나가는 북쪽을 바라보고 있자니 안타까움이 가슴을 파고든다.

GP는 분단과 정전 체제가 낳은 극도로 폐쇄된 공간이다. 물리적으로 GP 주변은 성벽 같은 울타리를 벗어나면 한 걸음도 자유롭지 못하다. 사방이 미확인 지뢰 지대로 둘러싸여 있어 곳곳에 죽음의 촉수가 도사리고 있다. 비무장지대 안쪽에서 북한군과 유엔군은 공식적으로 일체의 군사적 행동을 하지 않기로 했다. 그러나 정전 이후 GP 주변에서는 충돌과 도발, 침투 행위가 빈번했다. 이 때문에 남북한의 싱싱한 청춘들이 흘린 피가 비무장지대를 뒤덮은 풀꽃의 거름이 됐다.

녹슨 군사분계선 표지판

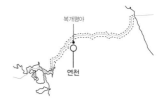

연천에서 철원으로 나아가는 남방
한계선은 구릉성 산지를 파고들며 굽이굽이 이어진다. 100~300미터가량
의 비탈면이 끊임없이 오르내리는, 다소 지루하지만 그럭저럭 걸을 만한 철
책선 순찰로가 이어진다. 북쪽 비무장지대에는 농사짓던 평야가 방치되어
평원 사이에 숲이 형성된 평원림이 구릉성 산림 지대 곳곳에 나타난다. 전
쟁 전에는 지극히 평화로운 마을이 있었던 땅이 지금은 그대로 터만 남아
고요하다. 경기 북부 특유의 농촌이 있던 곳이다. 북방 한계선과 남방 한계
선 사이 평원 지역이 곳곳에 규모를 더해간다. 철원에 가까워지면서 지형은
제법 옴팡진 산세를 띤다. 천덕산(해발 476.7미터)과 야월산(해발 485.9미터)
일대까지 구석구석 너른 골이 형성되고, 마을과 농토의 흔적은 고스란히 묻
혀 있다. 사천강 습지와 사미천의 연천평야처럼 상당한 규모의 너른 평원들

이 나타난다. 연천군 신서면 일대다. 안내 장교는 "이 일대가 전부 복개평야 지역입니다. 최근에는 줄었지만 그동안 화공 작전으로 산불이 수없이 발생했던 곳입니다. 숲이 저렇게 드문드문 생겼습니다."라며 복개평야의 내력에 대해 설명했다. 복개평야의 풍경은 독특했다. 확 트인 평야는 아니지만, 그래도 너른 평원이 곳곳에 있었으며 거기에는 제법 규모를 갖춘 숲이 띠를 이루거나 면의 형태로 자리 잡고 있었다. 망원경으로 살펴보니, 평원림에는 참나무과로 추정되는 상수리나무, 신갈나무를 비롯해 활엽수가 형성되어 있었다. 어느 곳은 초지가 대학교 운동장보다 더 넓게 자리 잡고 있었다.

그런데 그 사이에 처음 보는 것이 있었다. 희미한 점처럼 아주 작게 보였지만 분명 군사시설 같았다. 안내 장교에게 "희미한 점처럼 보이는 저것은 뭡니까?" 하고 물으며 살펴보던 망원경을 건넸다. 그는 잠시 살펴보더니 "아, 저거요. 적 GP입니다."라고 뚜렷하게 말했다. 우리 같은 민간인들에게는 생경하고 다소 거리감이 있는 표현이었다. 비무장지대의 군인들은 인민군을 거론하거나 거명할 때, 특히 인민군 군사시설을 지칭할 때 항상 앞에 적이라 표현한다. 또한 국군에 대한 표현은 국군, 국군 등의 표현보다 '아'라는 표현을 쓴다. "전면에 보이는 것이 '적' 857 GP이며, 그곳으로부터 남쪽 700미터 지점에 있는 것이 '아' 759 GP입니다."라는 식이다. 철책선과 비무장지대에는 '적과 아'의 구분만 있을 뿐 두루뭉술하게 아우르는 중간지대는 없다. 국군에게 인민군은 적이고, 인민군에게 국군은 적일 뿐이다. 철책선에서 군사분계선을 사이에 두고 바라보는 국군과 인민군은 서로에게 적이다. 어떤 동요나 망설임 없이 서로를 분명하게 '적'으로 규정하고 있다.

군대와 군인에게는 항상 명확한 적이 있어야 하는지, 그래야 존립 근거가 생기는지 궁금해졌다. 평소 우리 일상에서 '적'이라는 표현은 공식 영역에서는 비무장지대를 마주한 국군과 인민군 사이의 대치 이외에는 거의 쓰지 않는다. '주적'이라는 개념은 군인이나 정치인, 학자, 기자 등 남북 관계를 다루는 사람들의 문제지, 보통 시민들에게는 익숙한 단어가 아니다. 그러나 비무장지대에서는 멀리 마주보고 있는 이쪽과 저쪽의 청년들은 서로 적이다. 그 '적'과 '아'는 단 하나의 선을 사이에 두고 밤낮을 구분하지 않고 서로 감시하고 관찰한다. 휴전 후 60년 넘는 세월이 지났지만 이 현실만큼은 단 하루도 흐릿해진 적이 없다. 비무장지대를 걸으며 마음을 가장 무겁게 한 것은 바로 이런 현실이었다.

복개평원의 '적 GP'라는 말이 잊고 있던 현실을 세차게 흔들었다. 이후 동부전선을 넘어 철책선이 끝날 때까지 '적'이라는 단어는 머릿속에 선명하게 각인되었다. 때론 섬뜩하고, 때론 안타까운 심정으로 그렇게 남아 있었다.

인민군 GP는 평원 한가운데 무심히 서 있었다. 정사각형 모양의 2층 정도 되어 보이는 작은 건물이었다. 그러나 지하에는 갱도가 있고, 30명이 넘는 새파란 젊은이들이 복무하고 있을 것이다. 10대 후반부터 20대를 거쳐 30대까지 청춘의 싱그럽고 푸르른 세월을 숨죽이고 있을 것이다. 복개평야의 GP는 생김새나 위치로 볼 때 비무장지대에서 본 인민군 GP 중 가장 그럴듯한 모양새를 갖추고 있었다. 마치 독일 동서독 장벽에 서 있던 동독의 초소처럼 제법 품을 들여 지은 듯했다.

복개평야 한가운데에 놓인 군사분계선

조금씩 드러나는 복개평야의 모습은 짐작보다 규모가 상당했다. 서부전선의 비무장지대는 습지와 초지 사이에 형성된 평원림의 다양한 모습을 보여 주었다. 흔히 하천 둔치에서나 볼 수 있는 하반림을 비롯하여 평지에 숲이 형성되는 평원림 등 흔하지 않는 산림의 다양한 구조를 자랑하고 있었다. 복개평야의 매혹적인 풍광에 취해 열쇠전망대 코앞까지 다가섰다. 철책선에서 비무장지대를 관망하는 안보평화관광지 중 대표적인 곳이 이곳 열쇠전망대다. 실제 풍경도 '비무장지대는 바로 이런 것이야'라고 자랑할 수 있을 만큼 빼어났다. 남방 한계선 전 지역에서 비무장지대 내부의 모습을 상징적으로 보여 주는 대표적인 곳은 열쇠전망대와 함께 파주 도라산전망대, 연천 태풍전망대, 철원 승리전망대, 인제 을지전망대다. 이 5개소는 비무장지대 경관이 공통적으로 가지는 전형성과 해당 지역 비무장지대의 지역적 특성을 동시에 담고 있는 곳이었다. 열쇠전망대는 복개평야의 남다른 모습을 두루 보여 주고 있었다.

복개평야의 풍경 중 특히 인상적인 것은, 철책선에서 군사분계선 표지판을 직접 볼 수 있다는 사실이다. 남방 한계선 내부를 아침부터 저녁까지 계속 살펴보아도 군사분계선은 한 번도 볼 수 없었다. 그런데 철책선에서 유일하게 군사분계선 표지판을 볼 수 있었던 곳이 바로 열쇠전망대 인근 철책선의 어느 초소 옆이었다. 비록 망원경을 통해 볼 수 있었지만, 분명히 군사분계선 표지판이었다. 가던 걸음을 멈추고 30분 이상 역사적인 표지판을 보고 또 보았다. 유물이라도 발견한 것처럼 묘한 기분이 들었다. 한편으로는 저 표지판이 대체 무엇이기에 한반도를 갈라놓는지 답답했다. 바람이

연천 5사단의 철책선에서 관찰되는 군사분계선 표지판의 모습이다.

서부전선 파주에 세워져 있던 군사분계선 표지판으로 정전협정 당시 중국군과 인민군이 설치한 것이다. 한글과 한자로 군사분계선이라 표기되어 있다. 서쪽부터 동쪽까지 총 1,292개의 군사분계선 표지판이 세워졌는데, 아래 숫자는 세워진 순서를 나타낸다.

쓰다듬 듯 들판을 스치고 가면 갈대를 비롯한 키 큰 들풀도 함께 흔들렸는데, 그 가운데 서 있던 녹슨 군사분계선 표지판도 함께 흔들리는 듯했다.

철책선에서 군사분계선 표지판이 보이는 곳은 열쇠전망대 이외에는 거의 없었다. 서부전선은 평야나 평원으로 되어 있지만 철책선부터 군사분계선 사이의 시야가 완전히 뚫려 있는 곳은 거의 없었다. 낮은 구릉성 산지나 야산이 둘러싸고 있어서 보이지 않았다. 중부전선은 철원평야 주변이 그나마 확 뚫린 곳이지만 남방 한계선과 비무장지대 내부가 거의 동일한 평지이며, 비무장지대는 숲으로 가려 있어 오히려 서부전선 쪽보다 비무장지대 내부의 관찰이 더 어려운 곳이 많았다. 동부전선은 말할 필요도 없이 첩첩산중에 울창한 산림이 가리고 있어 볼 수가 없었다. 게다가 군사분계선 표지판이 설치된 지 60년 이상 되다 보니 성한 모습으로 남아 있는 것이 거의 없다고 한다. 1,292개의 표지판은 지금 남아 있는 것보다 사라진 것이 더 많다. 그래서 남방 한계선의 철책선은 물론이고 비무장지대 한가운데 자리 잡은 GP에서도 군사분계선 표지판이 보이는 곳은 드물다. 서부전선 1사단 지역 201 GP에서 군사분계선이 이어진다는 갈대 군락지 사이에 서 있는 표지판이 가장 뚜렷하게 보인다. 파주 사천강 습지 하류에 있는 201 GP에서는 그나마 녹슬어 철판만 남아 있는 표지판을 볼 수 있다. 비무장지대 군사분계선 이남의 100개 가까운 GP에서도 군사분계선의 흔적을 찾기란 쉽지 않다. 조성될 당시 만들어진 것은 글씨를 써 놓은 페인트칠이 다 벗겨져 앞뒤 양면 모두 붉은빛의 철판만 남아 있다. 동부전선 금강산 가는 길의 군사분계선 표지판은 글씨는 벗겨져 사라졌지만, 콘크리트로 지주를 세우고 철판으로 표지판을 세운 외형은 그대로 남아 있었다.

군사분계선 표지판을 제대로 관찰할 수 있는 곳은 대부분 군사분계선이 지나가는 지점이다. 그러나 군사분계선은 접근이 쉽지 않다. 국군이든 인민군이든 군사분계선 표지판에 다가서는 것 자체를 경계한다. 불가피하게 접근하는 경우 현장 경계부대의 지휘관은 물론이고, 상급부대인 사단 상황실에서도 예의주시하며 접근해 목적한 바를 수행한다.

정전협정문에는 표지판의 관리 책임은 중국과 북한군이 596개를, 나머지 696개는 유엔군사령부가 맡는 것으로 되어 있다. 현장에 세워진 표지판을 살펴보면, 주로 콘크리트 4각형 입면체의 지주로 되어 있거나 일부는 목각 지주로 되어 있다. 표지판은 대개 철판과 목판 등을 사용해 노란 판에 검은 글씨로 표기했는데, 일부 지역은 붉은 글씨로 쓰여 있다. 또한 남북 양측에서 표지판이 보이도록 되어 있다. 한쪽은 한글과 영어로 '군사분계선', 'MILITARY DEMARCATION LINE'이라 쓰여 있고, 다른 한쪽은 한글과 한자로 '군사분계선', '軍事分界線'이라 쓰여 있다. 북한은 언제부터인가 군사분계선을 '중앙분계선'으로 표현하고 있다. 글씨체도 표지판마다 다양했다.

군사분계선 표지판은 1953년 설치된 이후 20년 가까이 지나면서 낡기 시작해 보수가 필요했다. 처음으로 군사분계선의 표지판을 손본 것은 1969년 3월 15일로 기록된다. 당시 서부전선을 담당하던 미 2사단이 군사정전위를 통해 북한 측에 통보하고 파주 지역 비무장지대에 있던 군사분계선 제22호를 교체하는 작업을 실행했다. 그런데 인민군의 총격으로 한 명이 죽고, 세 명이 부상을 당했다. 엎친 데 덮친 격으로 부상자들을 후송시키려 비무장지대 근처로 들어왔던 미군헬기도 추락해 8명이나 더 죽은 안타까운 사건이 일어났다.

냉전의 정점이었던 1978년 초 주한 미군 사령관 존 W. 베시는 군사분계선 표지판 교체 작전 계획을 수립했다. 파손된 군사분계선 표지판의 교체를 포함하는 보수 작업이었다. 미 국방성과 백악관까지 보고하고 검토까지 마치며 실행을 위한 작전 계획이 마련되었다. 그러나 1980년 4월, 최종 작전 날짜까지 잡혔으나 끝내 무기한 연기되었다. 중국과의 관계와 북한의 반응을 저울질한 것이 결정적 이유였다. 매우 민감한 사안이었고, 사소한 실수가 전쟁으로 치달을 수도 있기 때문이었다. 1953년 정전 이후 비무장지대 내부에서 유엔군사령부가 도모한 그 어떤 작전이나 군사 활동보다 부담이 크고 위험 부담이 높은 작업이었다. 군사분계선은 공식적으로 1953년 정전 이후 한 차례도 교체된 적이 없었다.

우리의 삶에서 전쟁의 기억을 과거부터 현재까지 담고 있는 선이 군사분계선이다. 60년 넘는 세월이 흘러 이것이 몇 개 남아 있는지 아무도 모른다. 그동안 부식되어 쓰러진 것도 있고 모진 비바람과 엄동설한을 거치면서 여전히 그 자리를 지키는 것도 있다.

군사분계선을 오간 사람들

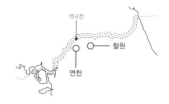

　　열쇠전망대를 지나면서 구릉성 산지
는 평야 지역에 접어든 듯, 낮은 지역으로 길게 내려가기 시작한다. 인근 지
역이 철원이라는데, 그래서 이렇게 평지 가까운 곳으로 내려가나 싶었다.
철책선 옆으로 논이 나타났다. 연천 지역에서는 철책선 바로 옆에서 농경지
를 만난 적이 없었다. 다만 철책선 뒤쪽인 남쪽으로 약 100미터 정도 이격
거리를 둔 민통선 지역에는 논과 밭이 있었는데 숲에 가려 가시권에는 없
었다. 연천은 파주와 함께 민통선 골짜기 안쪽 곳곳에 농지가 조성되어 있
다. 최근에는 인삼밭과 율무밭 등이 개간 중이라고 한다. 그래서 해당 작전
부대에서는 불법 농지 전용으로 인한 고민이 많다. 안내 장교에 따르면, "철
책선 경계 부대야 오직 비무장지대만 바라보면 되지만, 같은 연대 민통선을
담당하는 부대들은 고민이 많다."고 한다. 연천군이나 파주시도 대책이 섭

지 않은 분위기다. 경계 부대 입장에서도 신경 쓰이는 일이라 철책선에 인접한 지역의 불법 개간은 엄격히 단속하고 있었다.

연천을 넘어 철원으로

걷다 보니 경기도 연천군 신서면이 끝나면서 강원도 철원군 철원읍이 시작된다. 파주에서 시작하여 연천을 넘어 철원으로 들어온 것이다. 철원의 서쪽 비무장지대 철책선 옆에 논들이 나타나고, 전면의 비무장지대 내부는 조금씩 하천 습지의 모습을 드러냈다. 역곡천이었다. 철원에는 빼어난 경관을 자랑하는 세 개의 하천이 비무장지대를 관통하는데, 이곳 역곡천을 비롯하여 한탄강, 김화 화강 등 세 곳이다. 철책선 순찰로에서 역곡천의 자랑인 '사방팔방으로 휘어 도는 물줄기'를 제대로 관찰하지 못해 아쉬웠다. GP로 들어가면 모를까 철책선에선 물줄기가 제대로 보이지 않았다.

역곡천은 비무장지대에서 거의 유일하게 군사분계선을 중심으로 흘러가는 전형적인 감입곡류하천이다. 북한 평강군에서 발원하여 봉래호를 지나 백마고지를 감싸고 돌아 남으로 잠시 유입되었다가, 곧바로 북으로 흐르고 다시 남으로 방향을 돌려 흐른다. 남북을 오락가락 흐르던 마지막 물줄기는 다시 북으로 빠지며 강원도와 경기도의 경계에서 비로소 임진강과 합류한다. 북한 지역인 연천군 중면 적음리에서 임진강 본류로 들어간다. 비무장지대를 흐르는 많은 하천이 북에서 남으로 흐르는데, 역곡천은 남북을 여러 차례 오가는 지형적 흐름을 가지고 있다.

우리 일행은 더운 날씨에 소금 땀을 흘리며 철책선을 걸었다. 그런데 순

연천 비무장지대 철책선 순찰로의 모습. 연천 역곡천 지역은 과거
부터 귀순자와 월북자 등의 출현이 빈번했던 곳이다.

찰로로 이동하자 처음 보는 군인들이 나타났다. 100여 명은 족히 돼 보이는 군인들이 철책선 교체 작업을 하고 있었다. 철책의 지주인 철주를 땅바닥에 고정하는 작업은 토목공사를 맡은 외부 업체의 기술자와 인부 들이 담당하고 철조망을 붙이고 철책 상단에 윤형철조망을 설치하는 작업은 병사들이 하고 있었다. 한여름 이글거리는 태양에 얼굴과 팔뚝이 검붉게 그을린 채 묵묵히 작업 중이었다.

시원한 음료수나 과자라도 주었으면 하는 심정이었다. 다들 가는 군대라지만 그늘도 없는 철책선 한가운데에서 힘들고 고된 일을 하는 모습이 안쓰러웠다. 바지는 군복이었고, 윗도리는 체육복 같은 반팔 티셔츠에 전투모 또는 챙이 있는 군용 얼룩모자를 쓰고 있었다. 점심식사도 그늘이 따로 없어 햇살이 강렬한 철책선 옆에서 그대로 먹고 있었다. 힘겨운 분위기가 느껴졌지만 대대장까지 나와 작업 점검을 하니 소대장과 중대장, 병사들도 말없이 작업에 열중하고 있었다.

이렇게 부대 전체가 작업에 매달리는 이유는 2004년과 2005년 두 번에 걸쳐 5사단이 겪은 뼈아픈 실책 때문이었다. 2004년 10월 26일, 철원군 철원읍의 5사단 비무장지대 철책선이 누군가에 의해 절단된 사건이 발생했다. 뚫린 곳은 3중으로 된 철책선이었다. 당시 국방부는 민간인으로 결론을 냈고, 유엔군사령부는 전문가의 소행으로 보았다. 누가 내려왔는지, 올라갔는지, 몇 명인지, 무엇 때문에 절단한 것인지 오리무중인 채로 해당부대 지휘관이 징계를 받는 것으로 상황은 끝났다. 비무장지대를 지키는 부대 입장에서는 가장 치욕스런 사건이었다. 군대에는 '작전에 실패한 군대는 용서받을 수 있어도, 경계에 실패한 군대는 용서받을 수 없다'라는 말이 있다. 이런 실책이 있었는데 1년이 채 안 되어 경계에 실패한 사건이 또 발생했다. 인민군 병사가 아무도 모르게 철책선을 통과하여 귀순한 것이다. 귀순한 인민군은 나이가 20세였지만, 키 145센티미터에 체중이 45킬로그램 나가는 중학생 정도의 체구라 철책선을 타서 넘거나, 철책 밑의 흙을 파서 넘어왔던 것이다. 더구나 넘어온 이후 군작전 지역을 3일이나 배회하다 철원 대마리 마을 한구석에 웅크리고 있던 것을 주민이 신고하여 군 당국에 이첩되었다. 8개월 만에 다시 철책선을 통과하는 사건이 발생한 5사단에는 치욕과 시련의 연속이었다.

월북과 월남의 기억들

역곡천은 본격적인 하천 규모를 갖춘 물줄기 중 거의 유일하게 남쪽에서 모인 실개천과 지류들이 군사분계선을 넘어 북쪽으로 흘러가는 하천이다. 이런 흐름 때문인지 월북하거나 월남하는 이들의 주요 통로로 이용되었다.

본래 5사단은 1977년까지는 철책선을 담당하는 부대가 아니었다. 그런데 어떤 사건으로 인해 급작스럽게 지금의 연천과 철원의 경계 지역을 중심으로 좌측은 복개평야, 우측은 역곡천을 담당하는 비무장지대 경계사단으로 임무가 바뀐 것이다. 그 일은 정전협정 이후 비무장지대를 담당하는 국군에게 가장 충격적인 사건의 하나였으며, 군 내부에서는 두고두고 회자된다. 바로 유운학 중령 월북 사건이다. 지난 1977년까지 현재의 5사단 경계 구역에는 20사단이 위치하고 있었다. 광주민주화운동 때 투입된 그 20사단은 원래 1977년까지 연천과 철원을 지키는 최전방 사단이었다. 그런데

GP 근무 수칙

간첩잡아	휴가가고
상금타서	효도하고
G O P는	3 인조
D M Z는	5 인조
양심경계	책임경계
찾고잡는	G P경계
기다리고	유도하여
코앞에서	일발필증
총기관리	실탄관리
촉수엄금	즉각신고
입장전후	안전검사
투입전후	안전검사
구타없는	전 우 애
웃음피는	우리G P
길아니면	가지말고
야생조수	잡지말자

GP 근무수칙 안내판. 비무장지대의 상황과 경계에 임하는 장병들의 임무와 생활이 생생하게 반영되어 있다.

1977년 10월 철책선 경계 부대인 육군 20사단 62연대 1대대 대대장 유운학 중령이 무전병인 오봉주 일병을 데리고 군사분계선을 넘어 월북한 것이다. 이 사건으로 청와대와 군 전체가 발칵 뒤집혔다. 철책선 경계 작전의 기본 단위는 대대급 부대다. 그런데 그 대대의 지휘관인 대대장이 월북을 했다는 것은, 당시까지 철책선과 비무장지대 안쪽의 경계 작전의 개념과 전술을 비롯한 모든 작전 및 경계 등에 관한 군사정보가 통째로 북한으로 넘어가는 것을 의미했다. 이는 248킬로미터 전체 비무장지대 경계 작전의 개념과 내용의 상당한 수정과 변경을 요구했고, 군으로서 있어서는 안 되는 엄청난 사건이었다.

유 중령은 자신의 담당구역인 역곡천 일대 비무장지대에 대해 '부처님 손바닥 보듯' 훤했다. 그래서 역곡천을 따라 지뢰가 매설되어 있지 않았던 지점을 절묘하게 찾아 북으로 넘어갈 수 있었다. 유 중령은 정전협정 이후 월북한 현역 군인으로는 가장 고위급이었다. 더구나 비무장지대를 지키는 부대의 지휘관이었기에 군 내부의 충격과 파장도 컸다. 언론 통제가 심했던 시절이라 세상 사람들에게는 알려지지 않았지만, 군 내부의 영관급 이상 되는 군인들 사이에서는 두고두고 회자되었던 사건이다.

당시 보고를 받은 박정희 대통령은 그 자리에서 "20사단은 후방으로 빼고 그 자리를 5사단으로 교체하라."라는 지시를 내렸다는 후일담이 전해진다. 군 출신인 그가 탁자에 있던 재떨이를 던지며 분노를 표출했다고 한다. 대통령의 지시는 무서웠다. 그날 밤 연천과 철원에 주둔하던 20사단은 경기도 양평으로 이동했다. 군기 저하에 대한 징계 차원이었는지 20사단의 일부 부대들은 완전군장을 한 채 양평까지 걸어갔다고 한다. 그때나 지금이나 국군과 인민군 모두 비무장지대의 방어가 존재 이유였던 것이다. 그런 비무장지대에서 경계를 담당하는 부대 책임자가 '적의 편'에 넘어갔으니 그 충격은 상상 이상이었다.

사고 이후 몇 년 동안은 쉬쉬하면서도 중요한 위치에 있던 군인들끼리 모인 자리에서는 그 충격과 전말에 대해 말들이 많았다고 한다. 당시 국방부는 유 중령 월북 사건에 대한 군 내부의 공식적인 결론으로 도박과 빚, 여자 문제 등 사생활의 문란으로 정리했다. 그러나 유 중령이 월북하기 전까지 함께 근무했던 동료 장교들은 유운학 중령을 '군대 생활을 우직하게 임하는 능력 있는 장교였으며, 근무 성적과 태도도 좋았던 장교'로 기억한다. 그래서 그의 월북은 이런저런 추측이 난무했다. 먼저 유 중령이 월북하기 일주일 전 작전 지역 인근에서 보안부대(기무부대) 대위 한명이 월북했다고 한다. 그 사건에 대한 부담이 작용해 월북했다는 설도 있다. 또 다른 의미심장한 일도 있었다. 1977년 여름 경남 진해 육군 군수병참 부대에서 군무원 이장수가 연습용 군 비행기를 몰고 내륙을 따라 북상하여 연천 비무장지대를 통과해 월북한 사건이었다. 이 역시 정전협정 이후 매우 드문 사건이었다. 해안으로 가면 격추 위험이 있어 저공으로 비행해 레이더에 잡히지 않을 낮은 고도에서 내륙을 따라 북상해 넘어간 것이다. 그 일로 인한 책임 추궁과 군대 생활 과정에서 있었던 불만과 스트레스 때문에 월북했을 것이라는 추정도 설득력 있게 제기되었다.

유 중령 월북 사건에는 흥미로운 에피소드가 있다. 당시 해당 작전 지역의 방첩부대장이 이학봉 중령이었다. 5공 실세인 바로 그 이학봉이었다. 세상도 좁지만 역사도 참 좁을 때가 많다. 이학봉은 박 대통령까지 대노한 '유운학 월북 사건'에도 불구하고 군복을 벗지 않았다. 이후 1979년에 국군보안사령부로 올라가 12·12 사태와 5·18 민주화운동으로 이어지는 제5공

연천군 신서면에서 철원으로 뻗어 가는 비무장지대 철책선. 왼쪽으로 비무장지대가 펼쳐져 있다.

화국 탄생의 주역이 되었다. 이학봉이 군 내 사조직인 '하나회' 출신이었기 때문에 살아남았다는 설도 있었다. 지금 같으면 기무부대의 책임자로서 당연히 책임을 져야 하는 사안이었으나 그때는 아무 일 없이 지나간 것이다.

월북한 사례 중 잊을 수 없는 사건도 있다. 끔찍한 비극이었지만 공식적으로는 알려지지 않은 조준희 일병 사건이다. 1984년 6월 강원도 고성군의 동부전선 22사단에서 당시 조 일병은 56연대 특공중대원으로 부대 동료를 몰살하고 군사분계선을 통과하여 북으로 갔다. 지금도 강원도 고성군 수동면 22사단 비무장지대 내부에 가면 조 일병이 동료를 무참히 살해하고 월북한 현장인 GP가 그대로 있다. 그곳은 철책선 순찰로에서도 멀리 떨어진 곳이다. 사건 이후 그 GP 근처로는 거의 출입을 하지 않는다고 한다. 이 사건은 정전 이후 비무장지대에서 벌어진 사고 중 북에 의한 침투나 도발, 교전이 아닌 국군 내부에서 발생한 가장 큰 집단 살해 사건이었다. 그는 컴퓨터로 서바이벌 게임하듯 GP 안에 있던 동료 16명을 소총으로 난사하고 수류탄을 던져 학살했다. 또한 군사분계선을 통과하여 도주하는 조 일병을 추격하던 22사단 수색대원 4명이 지뢰를 밟아 사망했다.

조 일병은 북으로 갔지만, 그로 인해 3년만 참고 버텨 고향으로 돌아가려던 20명의 청춘들은 영원히 하늘나라로 갔다. 조 일병 사건은 분단의 현실과 비무장지대의 특수성이라는 잣대로 해석해도 '인간이란 존재에게 총과 수류탄을 쥐어 준 것 자체가 잘못'인지 회의가 드는 사건이었다. 북으로 넘어간 조 일병은 '의거월북한 영웅'으로 기자회견까지 하며 환대를 받았다. 수십 년 피 흘리며 적대감으로 굳어진 정전 체제의 비정함은 이런 모습을 두고 하는 말인지도 모르겠다. 어떤 이유든 같이 근무하던 동료를 몰살하고 넘어온 살인자를 '의로운 영웅'으로 환영하는 현실이야말로 비뚤어진 대립의 역사가 낳은 비인간적인 모습의 절정이다. 그 후 조 일병은 훈장도 받고 가끔씩 북한의 품에 안겨 행복하게 사는 '월북 대표선수'로 부각되었다. 그는 자신의 손에 죽은 동료들의 가족이 어떤 심정인지 한 번이라도 생각했을지 궁금하다.

통상 월북자들에 대한 군 당국이나 정부의 조사 결과는 대부분 '적응 못하고, 사생활에 문제가 있어 넘어간 것'으로 정리된다. 그런 경우도 있겠지만, 고도의 긴장과 위계에 의한 군 생활의 스트레스도 하나의 이유가 된다. 지금이야 경제와 사회 구조 면에서 격차가 상당하기 때문에 남에서 월북하는 경우는 드물지만, 과거에는 상황이 달랐다. 1980년대 이전까지는 남과 북의 체제 경쟁에서 남쪽이 밀렸기 때문에 북에 대한 막연한 동경도 심리적으로 작용했을 것으로 보인다. 국회 강창성 의원의 조사에 따르면, 1953년부터 1979년까지 월북한 군인은 391명이었다. 이후 1980년부터 1989년까지는 17명이며, 1990년부터 1995년까지는 3명에 불과하다. 이처럼 1980년대 이후 남에서 북으로 월북하는 국군 병사들은 줄어들었으며, 1990년대 이후 현저히 줄어들고 있다.

정부 당국에서 밝힌 정전 이후 전체 월북자는 대략 600명 안팎으로 보고 있으며, 이중 군인이 과반수를 넘는 것으로 추정하고 있다. 사실 1966년 이전까지는 비무장지대에서 충돌도 적었고 경계를 위한 군사 시설도 철조망 수준이라 민간인도 제법 넘어갔다고 한다. 그러나 철책이 도입되고 군사 시설이 증강하면서 민간인의 월북은 줄어들었고, 군인들의 월북은 1980년대 말까지 꾸준히 이어졌다. 북한에서 내려오는 월남자, 즉 귀순자의 수도 적지 않았다. 특히 권위주의 시대에는 체제 경쟁에 활용하기 위해 내려오는 사람들마다 성대하게 환영 행사를 해서 국민들도 기억하는 귀순자들이 즐비했다.

　귀순자 역시 내려오는 이유가 크게 다르지 않았다. 사생활부터 북 체제에 대한 불만과 남에 대한 동경 등 월북자들과 비슷한 것으로 보인다. 군사분계선을 넘어 남쪽으로 내려온 귀순용사도 북에서는 인간 이하의 범죄자로 언급되고, 남에서는 자유를 찾아 내려온 의지의 화신으로 대우받았다. 군사분계선을 사이에 두고 대립한 세월은 자신의 조국과 체제를 버리고 넘어가고 넘어온 사람들에 대해 오직 한 가지 기준만 적용했다. '넘어간 놈은 배신자요 나쁜 놈이고, 넘어오신 분은 의로운 영웅'이었다. 그가 어떤 사람인가는 중요하지 않았다. 그곳에서 문제가 있었어도 그 사실은 중요하지 않았다. '저쪽을 버리고, 이쪽으로 오는 자는 누구든 의로운 자이고, 영웅이 되었던 것'이 정전 체제의 속성이었다.

　또 다른 부류가 있다. 미군이다. 공식적으로 군사분계선을 넘어서 북으로 간 미군은 모두 6명이다. 1962년 5월 파주 비무장지대에서 처음 미군 병사가 북으로 넘어갔다. 그때는 주한 미군이 서부전선 일부 지역의 철책선과 GP를 담당할 때라 마음만 먹으면 월북할 수 있었다. 마지막으로 월북한 미군은 조지프 T. 화이트 일병으로 1982년 8월에 역시 서부전선 파주에서 넘어갔다. 월북한 미군 중에는 찰스 로버트 젠킨스 중사가 대표적 인물이다. 1965년 1월, 술김에 월북한 젠킨스 중사는 북에서 일본인과 결혼했고, 2004년 북일 수교 협상 과정에서 일본으로 귀환하여 지금까지 정착하여 살고 있다. 제임스 조지프 드레스녹 일병도 유명하다. 영국에서 제작한 〈경계선을 넘어서〉라는 다큐멘터리에 소개되어 국제적으로 알려진 인물이다. 월북한 미군들은 대부분 북한 체제에 적응하지 못한 것으로 알려져 있다.

　남한에는 이제 탈북자가 넘쳐 나 탈북자 2만 명 시대가 도래했다. 대부분 제3국을 통해 공항으로 들어오고 있다. 군사분계선을 통해 넘어오는 경우는 많지 않다. 비무장지대에서 근무하는 인민군이 아니면 넘어오기가 매우 어렵기 때문이다. 군사분계선 이북의 인민군 관리 지역은 국군 관리 지역보다 지뢰 매설과 살상용 함정이 훨씬 촘촘할 뿐 아니라 그 수도 많아 무사히 넘어오기가 쉽지 않은 것으로 알려져 있다. 그렇지만 1990년대 이전보다는 계속 증가하는 추세며, 2000년 이후에는 계속 늘고 있다. 1980년대까지는 북한에서 내려오면 기자회견도 하고 '자유 대한'의 품에 안긴 대가로 거창한 환영식도 열었다. 그러나 지금은 배가 고프거나 군대 생활이 힘들어 남쪽으로 내려오는 인민군들이 늘어나다 보니 와도 그만이다. 오히려 이들로 인해 철책선을 지키는 국군 장병들의 스트레스는 더 늘고 있다고 한다. 5사단처럼 철책선 교체는 물론이고 군기가 강해지기 때문이다. 지휘관들은 경계에 실패할 경우 직위 해제 등 징계를 받아 인생의 나락으로 떨어질지 모른다는 스트레스에 시달려야 한다니 큰일이다.

북한의 경제난은 이미 한계를 넘어섰고, 군대도 낙동강까지 밀고 내려와 국군을 턱밑까지 몰아붙이던 기세는 온데간데없고, 연명과 생존이 지상 과제가 되어 버렸다. 그래서 이제는 철책선을 지키는 국군들에게는 침투하는 적보다 배고프고 힘들어 내려오는 인민군들이 더 무서운 존재가 되고 있다. 2000년 이후 비무장지대는 이렇듯 또 다른 모습으로 변해가고 있다. 단한 뼘도 적의 침입을 용납할 수 없는 절체절명의 원칙은 지켜야 하는데, 수시로 내려오는 배고픈 인민군 하전사들을 어떻게 감당할 것인가. 국방 최일선에 이전에는 전혀 경험해 보지 못한 또 다른 상황이 오고 있다.

냉전의 정점이던 시절,

한반도의 비무장지대에도 전운이 감돌았다.

남과 북은 국제질서의 최일선에서

첨예하게 대립했다.

언제 또다시 전쟁이 발발할지 모를

그런 위험천만한 교전을 아슬아슬하게 피해 가면서

곡예를 부리듯 전쟁이라는

악마의 유혹에서 벗어났다.

2부

중부전선

── 철의 전적지

평강고원과 철원평야의 해후

드디어 철원으로 들어왔다. 서부전선을 뒤로하고 중부전선의 시작이자 정점인 철원에 들어온 것이다. 비무장지대 전면에는 백마고지가 버티고 서 있다. 한국전쟁의 대표적 격전지로, 1952년 국군과 중국군이 대격돌을 펼치며 맞선 곳이다. 비무장지대 어디든 격전지 아닌 곳이 없었고, 뺏고 뺏기는 탈환의 연속이었던 고지전을 하지 않은 곳이 없지만 백마고지는 손가락에 꼽을 정도로 처참했던 현장이다. 해발 400미터도 채 되지 않는 산 전체가 피 칠갑이 될 정도로 죽고 죽이는 살육전의 현장. 그렇게 지켰기에 전쟁의 역사에서는 잊을 수 없는 전적지로 기억하는 것인가. 하지만 쓰러진 청춘들의 심정은 어떠했을까?

철책선에서 백마고지는 우뚝 선 모습으로 다가온다. 고지를 중심으로 주요 능선이 비무장지대 안쪽에 있기 때문에 남방 한계선에서 바라보니 바

용암대지인 철원평야에 자리 잡은 비무장지대의 모습이다.

로 앞에 솟은 산처럼 느껴진다. 격전지였던 산 정상부에는 GP가 있어서 철책선부터 통문을 지나가는 진입 도로가 연결되어 있다. 하지만 안으로 들어갈 수 없어서인지 철책선 순찰로에서 바라보는 백마고지는 실감이 덜하다. 전경이 보인다든지 주요 능선이나 계곡이 어느 정도는 보여야 위치를 가늠할 텐데, 그저 여느 산과 다름없어 보이니 역사의 기록을 되짚는 방법밖에 없다.

철책선을 걸으니 농민들이 논에서 땀 흘리는 모습이 눈에 들어온다. 드디어 철원평야가 시작된 것이다. 남방 한계선 철책선에서 처음으로 민간인을 만났다. 파주부터 연천을 지나 철원까지 4개 사단 경계 지역을 지나왔지만 농민을 본 것은 처음이었다. 트랙터를 운전하면서 묵묵히 일하는 농민들과 군인들 사이에 특별한 눈인사나 대화는 없었다. 농민들은 부지런히 일하고, 병사들은 초소와 초소 사이를 이동하기 바쁘다. 한국 사람들은 최전방이나 어디나 사는 게 바쁘고 분주하다. 탈북자들이 남한에 와서 가장 힘든 것 중 하나가 '죽어라고 일해야 그나마 남들처럼 하고 싶은 것, 갖고 싶은 것 누리면서 살 수 있는 현실'이라고 한다. 이젠 한국도 죽어라 열심히 일만 하는 것이 전부인 시대는 지났지만, 그래도 바쁘게 살 수밖에 없다. 많은 외국인이 한국을 비꼬는 말이 생각난다. '빨리빨리'.

철책선에 근무하는 병사들도 하루하루 분주하다. 물론 냉전의 절정이었던 시절과 같은 긴장이 없으니 북쪽 비무장지대를 응시하는 병사들의 표정도 바싹 긴장한 것처럼 보이진 않는다.

1997년 이후 소위 '북괴 무장공비'는 더 이상 내려오지 않고 있다. 적어도 군사분계선을 넘어오는 침투는 없었다. 그러니 과거와 같은 긴장을 느끼기는 힘들 것이다. 병사들도 초소 안에 있을 때는 무료한 경우가 많다고 한

철원은 평야 한가운데에 비무장지대가 자리 잡고 있어서 지평선을 따라 철책선이 이어진다.

다. 하지만 한곳에 머무르지 않고 계속 초소를 이동해야 하고, 철책선 순찰
로를 다니면서 철조망도 두드리고 만지며 점검하는 등 그냥 쉬는 경우는
거의 없다. 철책선 후방에 주둔하면서 강도 높은 훈련을 받는 교육사단 병
사들이 보기에는 철책선 근무가 그냥 서 있는 것 같지만 실제는 그렇지 않
다. 주변을 다니며 살펴야 하며, 낮밤 가리지 않고 보초를 서야 해 병사들의
피로가 누적되어 있는 것이 현실이다. 그래서 매일 수십 번씩 마주치는 초
병들의 모습이 안쓰럽기도 했다.

　우리 일행은 전부 남자라 초병들에게 별다른 관심을 받지 못했다. 더구
나 안내 장교는 주로 상급 부대에서 나왔기 때문에 병사 입장에서는 예우
해야 할 상관들일 따름이었다. 실제로 우리가 지나친 대부분의 철책선은 1

년 내내 민간인이 올 일이 전혀 없는 곳이다. 가뭄에 콩 나듯 몇 년에 한 번 오는 민간인은 사업 규모가 큰 군사 시설을 설치하거나 구조 개선 사업을 하는 토목기술자나 인부가 고작이다. 그 외 자주 오는 민간인이 있긴 하다. 우리 일행도 몇 번 보았다. 철책선 순찰로와 평행하게 이어진 군사도로를 지나가던 '황금마차'다. 철책선에도 민간인이 정기적으로 들어오는 유일한 경우가 바로 피엑스 물품을 공급할 때다. 각종 과자와 음료수에 여름에는 아이스크림까지 공급한다. 적재량이 제법 되는 중대형 트럭에 온갖 종류의 주전부리와 생필품 등을 싣고 와 막사를 돌면서 판매한다. 트럭 전체가 노란색으로 되어 있어 언제부터인가 병사들은 트럭을 '황금마차'라 불렀다. 248킬로미터에 걸쳐 '황금마차'는 공용어로 쓰인다.

한반도 역사의 보고인 평강고원

철원은 비무장지대 일원에서 가장 대표적인 평야이자 농지다. 비록 지금 비무장지대 내부에는 농토가 없지만 남방 한계선인 철책선과 바로 붙어 있는 논들이 약 5킬로미터 이상 길게 이어진다. 남방 한계선 철책선을 기준으로 했을 때 비무장지대 안쪽 초지와 평원림이 조화를 이루고 있다. 그러나 파주나 연천에서 흔히 볼 수 있는 습지는 잘 보이지 않았다. 다만 안내 장교가 "저쪽 숲 사이로 들어가면 곳곳에 습지가 있다."고 알려 주었다. 철원은 백마고지를 지나면서부터 철책선 남쪽은 평야 지역으로 논이 펼쳐져 있고, 북쪽은 사방으로 평원림이 펼쳐져 있었다. 더 북쪽으로는 드넓게 평원이 이어져 있다. 그 평원이 바로 평강고원이다. 한반도 지질의 역사와 자연사에서 빼놓을 수 없는 땅, 평강고원에 도착한 것이다. 비무장지대는 백두대간이나 호남정맥, 낙동정맥 등의 생태축과 비교할 만한 자연사의 보고다. 그중 으뜸은 용암대지가 한반도의 심장에 빚어 놓은 평강고원과 철원평야다.

그냥 철원평야의 논바닥에 서 있으면 평강고원의 지평선이 아득히 멀리 이어진 듯 조금씩 보인다. 땅바닥보다 5미터는 족히 높아 보이는 대전차 방벽 위에 서니 철원평야의 전경과 평강고원의 아스라한 지평선까지 눈에 들어온다. 지평선 안에 들어가면 뭔가가 더 있을 것 같다. 남한의 김제평야를 비롯한 호남 벌판에서도 지평선이 보이지만, 이렇듯 보고 싶은 마음을 불러일으키지는 않았다. 철원평야를 가르는 대전차 방벽 위의 철책선에서 바라본 평강고원은 가슴을 일렁이게 했다. 철원 6사단 철책선 초병들은 늦가을 지는 석양에 평강고원이 한 프레임에 걸리는 그 사이로 철새들이 지나가면 코끝이 찡하거나 눈물이 맺힌다고 한다.

평강고원은 한반도에서 개마고원 다음으로 높은 평원이다. 고원을 만든 것은 추가령구조곡을 가득 메운 용암이다. 용암이 식어 형성된 대지가 1차로 평강고원을, 그 아래 철원평야를 만들었다. 평강고원에서 철원평야로 이어지는 땅은 자연사의 경이로운 현장이다. 제4기 홍적세(200만 년 전~1만 년 전) 시기에 땅 속 깊숙한 곳에서 끓고 있던 용암이 분출하기 시작했다. 용암은 지금의 철원 북쪽에 있는 오리산(해발 453미터)에서 분출했다. 오리산은 북방 한계선 바로 뒤에 있는 평강고원에서 봉긋 솟은 산이다. 작지만 용암을 뿜어내던 용광로 같은 내공이 지금도 느껴지는 듯하다. 이곳은 월정리에서 이어지는 철책선 상에 위치한 평화전망대에서도 관찰된다. 광활한 용암대지의 시발점이 됐던 오리산은 자그마한 화산체*로 보인다. 용암은 오리산 뒤쪽에 위치한 검불랑(해발 670미터)에서 열 번 이상 계속해서 분출되었다. 오리산의 용암은 추가령구조대의 낮은 골짜기를 따라 흘러, 지금의 철원과 평강을 중심으로 650평방킬로미터의 지역을 이루는 광활한 땅이 되었다. 용암이 솟을 때 진원지였던 오리산은 인근 지역보다 분출의 양이 더 많았다. 그래서 철원(해발 220미터)보다 높은 평강고원(해발 330미터)이 생긴 것이다.

평강고원은 한국전쟁 때 끔찍한 참화를 겪을 뻔했다. 1951년 미국이 핵무기 사용 카드를 만지작거리면서 만주의 목표물과 함께 한반도 내륙의 평강고원 일대를 목표물로 설정했기 때문이다. 철원 일대의 격전지로 유명한 철의 삼각지대 중 맨 꼭짓점에 해당하는 평강고원이 투하 지점으로 설정되었다. 군사 지도에 상세한 투하 도면까지 준비되었는데, 그 지도는 미국 워싱턴 국립공문서관의 '극동군 문서철' 기밀문서에 잘 보관되어 있다. 1951년 일본 도쿄에 위치했던 극동군사령부의 문서에 첨부된 '핵무기 공격 가상 표적'이라는 지도다.

당시 미군이 계획했던 원자폭탄은 히로시마에서 사용한 것보다 3배가량 위력이 더 센 40킬로톤짜리였다. 역사에 만약이라는 가정은 무의미하지만, 실제 사용되었다면 오리산과 검불랑 말고 하나의 분화구가 더 생길 뻔했다. 다행히 유럽과 영국 연방의 강력한 반발과 소련에 대한 군사적 검토가 겹치면서 원자폭탄의 사용은 현실화되지 못했다.

핵으로 잿더미가 될 뻔한 평강고원은 다행히 청정지대로 남았고, 남쪽 철원평야도 남한에서 손꼽히는 무공해 쌀을 생산하고 있다. 본래 용암대지

■　화산 분출물이 화구 주변에 쌓여 만들어진 산체이다.

는 물이 잘 빠지는 투수층이라 논이 형성되기 어렵다. 제주도가 그렇다. 그런데 철원평야에 곡창지대가 형성된 것은 용암이 쌓인 현무암층 위에 퇴적된 2~4미터의 풍화층 때문이다. 반면 같은 현무암질인 평강고원은 수분 침투가 빨라 옥수수, 콩 등을 재배하는 밭이 주를 이룬다. 철원평야는 용암이 흘러내려 빚은 천혜의 옥토라 한국전쟁 때도 양측에서 서로 차지하려고 치열한 격전을 벌였다. 전쟁 막판에 철원평야를 뺏긴 김일성이 통곡했다는 설이 있을 정도로 철원평야는 모두가 탐내는 옥토였다. 용암대지 위에 자리 잡은 풍요의 터전이 철원평야다. 농민들에게는 더없는 생산의 터전이자 철새에게는 생명의 광장이다. 겨울철에도 철원평야에는 떨어진 낟알이 있고 바로 인접한 비무장지대 내부에 습지에 물도 있어, 생명의 낙원이 형성되었다.

철원은 한반도는 물론 국제적으로도 대표적인 철새의 낙원이다. 두루미, 재두루미, 흰두루미, 독수리, 흰기러기 등 멸종 위기종인 동시에 천연기념물인 새들의 겨울철 고향이다. 최근에는 일부 철새들이 좀 더 조용한 임진강과 사미천 쪽으로 이동하는 경향을 보인다. 그래도 여전히 철원평야와 비무장지대의 샘과 습지는 철새의 보금자리다. 용암대지 위로 용출수가 솟아올라 형성된 샘은 민통선 지역인 철원평야에서도 새들에게 필수적인 서식 요건을 제공한다. 철원평야의 논습지는 두루미와 재두루미의 주요 월동지로 유명하다. 겨울철에도 얼지 않는 물과 철원평야의 낙곡이 겨울 철새들에게 잠자리와 먹이를 제공한다. 산명호, 강산저수지, 토교저수지 등 대규모 저수지들이 철원평야 주변에 자리 잡고 있다. 농사용으로 만들어진 저수지이지만 민통선 안에 위치하고 있어 다양한 생물종이 서식하고 있다. 철책선 대전차 방벽에서 비무장지대와 철원평야 양쪽을 바라보면, '이동 철새들이 살아가기에 이렇게 좋은 터전도 있을까' 싶을 정도로 안성맞춤의 서식처라는 생각이 든다.

우리가 철책선을 걸었을 때는 한여름이라 철새들은 북쪽으로 날아갔고, 그들의 서식처만 살펴볼 수 있었다. 두루미와 그의 친구들이 떠나간 들판에는 고라니가 뛰어다니고 있었다. 눈앞에 고라니를 보다가 다시 비무장지대부터 평강고원까지 이어지는 풍광이 들어온다. 군데군데 습지가 있겠지만 거의 평지에 가까운 높이여서 평원림으로만 보인다. 내륙 어디에도 평야나 평원 등의 지역이 여의도 광장만 한 면적 이상으로 숲을 형성한 곳은 찾을 수 없다. 그런 형편이니 철원평야에서 연결되는 비무장지대의 풍광은 이채롭지 않을 수 없다. 월정리전망대에서 평강고원까지 이어지는 비무장지대 안 습지는 산불이 발생하고 난 후 천이 초기 양상을 보여 준다. 다수의 오리나무와 참나무류가 군락을 형성하고 있고, 나무가 없는 곳은 온통 풀로 덮여 있다. 곳곳에 널린 소택지에서는 멀리서도 야생동물들이 노니는 것을 볼 수 있다.

철원의 정점, 철원평야

철원은 7개 시군에 걸쳐 있는 비무장지대 중에서도 가장 넓은 면적을 차지한다. 특히 철원평야를 정점으로 비무장지대가 형성되었다. 민통선 전체가 드넓은 농경지이며, 비무장지대 일원에서도 제일 너른 평야다. 강원도는 물론이고 전국에서도 철원평야의 지명도는 아주 높다. 월정리전망대에서 비무장지대를 한참이나 바라보았다. 대전차 방벽 위에 세워진 관측소 겸

평강고원으로 연결된 철원평야의 비무장지대. 숲으로 뒤덮인 곳에는 천년 전 세워진 궁예도성터의 윤곽이 그대로 간직되어 있다.

전망대인 월정리전망대 앞에는 의미심장한 역사의 무대가 있다. 바로 미륵의 이상세계를 꿈꾸던 궁예의 태봉국이 자리 잡고 있다. 문화재 전문가들이 마지막으로 바라는 것이 군사분계선 사이에 남아 있는 궁예도성터의 흔적을 지키는 것이라고 한다. 궁예도성터는 후삼국 시대 태봉국의 수도였으며, 그 속에는 상당한 매장 문화재가 발굴을 기다리고 있다고 한다. 문화재청과 전문가들은 비무장지대 안에 위치한 궁예도성터의 윤곽을 도면으로 그릴 정도로 많은 관심을 가지고 있다. 그들은 남북 관계가 개선되거나 평화협정이 체결되면 본격적으로 궁예도성터의 문화재를 조사할 꿈을 꾸고 있다.

철원은 전통 문화재와 함께 근대 문화재도 곳곳에 남아 있다. 노동당사는 민통선 밖에 있어 누구나 접근이 가능하기 때문에 비교적 인지도가 높은 편이었다. 나머지 근대 문화유산도 철원읍, 동송읍, 김화읍에 두루 분포하고 있다. 전쟁 전에는 철원시와 김화군 등 2개의 큰 도시를 비롯해 경의선과 금강산선 등 2개의 철도가 지나가던 지역이라 산재한 근대 문화재가 곳곳에 남아 있다. 제법 알려진 것도 있으나 아직 알려지지 않은 문화유산도 비무장지대 내부와 철책선 주변에 남아 있다,

철원에서 대표적인 철원평야가 있는 이곳은 민간인들이 제일 많이 오가는 곳이다. 영농을 하는 농민들부터 월정리전망대와 평화공원 그리고 제2땅굴과 철원 평화공원 등 안보평화 관광지를 방문하는 시민들까지 찾아온다.

철원처럼 비무장지대와 민통선 지역에 외부인들의 방문이 빈번한 곳이 몇 곳 더 있다. 파주 1사단 지역이 대표적이며, 다음은 철원 6사단 지역, 세번째가 고성 22사단 지역이다. 다른 곳은 출입이 거의 없거나 드물다. 화천과 양구가 그런 경우다. 두 지역은 철책선 순찰로 주변에 농민들도 없고, 안

보평화 관광지가 없어 관광객도 없다. 그래서 남방 한계선의 철책선에서 근무하는 병사들과 민간인이 만날 일은 거의 없다. 이런 점은 해당 부대의 대민 활동이나 민사 활동에서도 그 분위기가 나타난다. 군은 엄격한 규정과 원리원칙대로 움직이는 집단이다. 다른 행정기관에 비해 융통성도 적다. 민간인들과의 접촉이 없는 지역의 간부나 장교 들은 외부인들을 접하는 태도에서도 다른 점들이 많다. 철책선을 이어가며 지역을 넘어가다 보니 그 차이를 피부로 느낄 수 있었다.

철원 지역은 군과 주민 간의 관계가 원활한 편이어서 다른 비무장지대 인근 지역이나 민통선 지역보다 협력과 유대가 잘되는 편이다. 민통선 마을 잔치에 철책선 부대에서 지원도 나간다. 백마고지 바로 뒤에 있는 철원 대마리에서는 해마다 8월이면 마을축제가 열린다. 전쟁 이후 민통선을 개간하면서 마을이 새롭게 조성된 것을 기념하는 잔치다. 그날은 사단군악대가 군가가 아닌 트로트를 연주하는 밴드가 되어 학교 운동장에 설치된 무대에서 주민들을 상대로 라이브 공연도 펼친다. 군복 입은 병사들과 주민들이 신 나게 노래 부르며 여름 내내 농사에 지친 몸과 마음을 푸는 날이다. 권위주의 시대에는 군인들과 주민들 간의 애환도 많았다. 전두환 정권 때까지는 비무장지대를 형성하는 철원을 비롯한 7개 시군 지역은 '군대가 곧 법이던 시절'이었다고 한다. 그때는 군인들이 고압적인 태도를 보여도 말도 제대로 못하는 시절이었다. 일부 벗바리▪가 있는 부대의 군인들은 주민들에게 점령군처럼 행세하기도 했지만 다 옛날이야기다. 주민들도 그런 시절을 '아련한 옛일'로 기억할 정도로 시대는 변해, 지금은 오히려 군인들이 주민들 눈

▪ 뒤를 보아주는 사람.

치를 보는 경우가 흔하다.

　철원평야는 철책선을 지키는 군인들과 농사를 짓는 농민들이 공존하는 땅이다. 비무장지대도 공존이 필요하다. 철원평야에서 민군 협력의 중요성을 다시금 느꼈다. 국제적인 생태보고인 비무장지대를 지키는 일도 민군 협력이 전제되지 않으면 실효를 거둘 수 없다. 민군 협력은 철원평야 철책선에서 절실히 느낀 비무장지대 생태계 보전의 숙제였다.

남과 북의 전쟁 트라우마

철원 지역은 월정리전망대를 지나면
서 서서히 비탈로 된 철책선이 이어지며, 철원읍에서 동송읍으로 넘어간다.
동송읍에 이르면 철책선은 평야 지대에서 비탈진 산림 지역으로 바뀌기 시
작한다. 평지를 시원스레 걷다가 비탈로 된 철책선을 만나니 다시 계단이
나타난다. 여기서부터 본격적인 산림 지대로 비무장지대의 철책선 전체에
서 평지 구간은 역시 철원평야가 제일 길었다. 다른 곳도 일부 평지가 나타
나지만, 철원평야처럼 경사가 거의 없는 순찰로는 드물었다. 그래서 철원평
야를 지날 때는 나들이 길처럼 여유 있게 이곳저곳 살피면서 걸었다. 더구
나 철원평야의 철책선은 대전차 방벽 아래에 있고 병사들의 순찰로와 초소
는 방벽 위에 있었다. 우리가 지나갈 때 병사들도 대전차 방벽 위쪽의 한가
운데로 난 교통호 사이를 이동하면서 순찰하고 있었다.

철원 지역을 방어하기 위해 평야에 조성한 방어용 진지의 모습이다.

　　대전차 방벽 위를 걸어가니 산림 생태계 관찰도 한결 수월했다. 안내 장교가 사진 촬영을 너그럽게 허락해 주었다. 산림 지역의 철책선 순찰로에서는 사진 찍을 때 여러 가지 주의사항이 있었다. 길게 이어진 철책선 상에 OP와 같은 관측 거점과 생활관이나 막사 같은 주둔지 등은 촬영이 금지됐다. 큰 규모의 대공초소 등이 나와도 안 되었다. 철책선을 찍을 때도 철책선의 기둥이라 할 수 있는 '철주'에 붙어 있는 고유번호를 찍는 것은 엄금 사항이었다. 의외로 피해야 할 지침이 많았다. 그런데 철원평야의 대전차 방벽에서는 사진 촬영의 제한이 유연한 편이었다. 게다가 철책선이 대전차 방벽 아래쪽 전면에서 10미터 정도 이격된 지점으로 이어진 탓에 철책선의 고유번호를 피해 사진을 찍을 수 있었다. 그래서 철책선 주변에서 비무장지대 산림 생태계의 구조와 종의 특성을 관찰하고 일부 나무와 숲을 찍을 수 있었다.

철원에서는 대전차 방벽이 큰 제방처럼 평야를 가르면서 길게 이어진다. 이곳을 담당하는 경계부대 주임 원사의 설명으로는 "1970년대 말 완성한 대전차 방벽"이다. 이 시설은 철원평야를 비롯하여 남방 한계선이 이어지는 서부전선과 중부전선의 주요 하천 둔치나 농지 등의 개활지를 중심으로 만들어졌다. 그중 철원평야에서 본격적으로 길게 이어진 방벽을 만나 그 위를 계속 걸었다.

북한은 지난 1980년대 중후반부터 이 '대전차 방벽'에 대해 열을 올리며 따지고 들었다. 1990년 전후에는 이 문제가 비무장지대에 관한 국내외 대표 이슈였다. 북한은 서부전선부터 중부전선까지 조성된 대전차 방벽을 '콘크리트 장벽'이라 부르며, 철거할 것을 요구하는 선전 활동을 적극적으로 벌였다. "분단의 장벽" 혹은 "민족을 두 동강 낸 장벽" 등이라 주장하며 "남북을 갈라놓은 원흉"이라는 표현을 쓰는 등 선전전을 전개했다. 평양방송을 비롯하여 로동신문 등에도 빈번하게 콘크리트 장벽에 대한 비판 기사를 냈다. 1980년대 말과 1990년대 초반에는 국제사회에서도 선전 활동을 강화하여 동구 사회주의권과 비동맹권에서 반향을 일으켰다. "원한의 콘크리트 장벽을 걷어내자."는 구호가 제법 먹혔다. 특히 1990년 1월 1일 김일성이 신년사에서 "군사분계선 남쪽에 설치된 콘크리트 장벽을 허물어 남북한 자유 왕래를 보장해야 한다."고 주장하면서 북한은 더욱 강하게 이 문제를 들고나왔다. 북한은 수령의 나라이며 김일성의 모든 지시가 법이요, 국가 정책의 최우선인 체제였다. 전쟁 이후 이 원칙은 점점 강력해져서 통치와 국가 운영의 기본 원리가 되었다. 그래서 김일성의 신년사 이후 북한은 당·정·군을 가리지 않고 다방면으로 '콘크리트 장벽'에 대한 문제 제기에 열을 올렸다. 그해 2월 10일 소련 모스크바에서 열린 미소 외무장관 회담을 마치면서는 예두아르트 셰바르드나제 소련 외무장관이 기자회견을 통해 "한국을 단절하는 장벽이 한반도에 존재한다."며 "국제사회는 장벽을 허물어 자유 이동을 보장하자."고 촉구했다. 또한 "지금까지는 베를린 장벽만 말했는데, 이제는 한반도 장벽도 제거하자."며 "한반도 장벽 제거는 굉장한 사태 진전이 될 것."이라고 정면에서 콘크리트 장벽을 거론했다. 냉전이 해체되던 시기에 김일성의 비판과 함께 미소 외무회담에서 언급되니 졸지에 콘크리트 장벽은 한반도 분단의 장벽으로 국제사회에 알려졌다. 독일의 베를린 장벽처럼 마치 한반도 분단을 고착화하는 상징물로 비춰졌던 것이다. 남한 정부와 군 당국은 당연히 긴장했고, 고심 끝에 '정면 돌파'하기로 방침을 정한 후 콘크리트 장벽에 대한 관련 사실과 정보를 외신 기자들에게 브리핑했다. 김일성의 신년사에 이은 소련 외무장관의 언급 후 한 달 만인 1990년 3월 9일, 기자회견을 열어 소련 타스통신의 블라디미르 쿠츠코, 동독통신의 라이너 콜러를 비롯하여 10여 명의 외신 기자들을 불러 모았고, 철원 3사단 경계 지역의 한 멸공 OP에서 현장을 보여 주면서 '베를린 장벽과는 다른 일반적인 전차 방어용 장애물'임을 알렸다. 3사단 지역인 철원 유길리 근처 한탄강 바로 위 작은 언덕에 위치한 멸공 OP에서 보면, 대전차 방벽이 길게 늘어져 이어진 것이 보인다. 실제로 서부·중부 전선의 10여 개소 대전차 방벽이 위치한 곳 중 길게 이어진 방벽의 전경은 3사단의 한탄강 멸공 OP가 으뜸이다. 남한 정부는 "실체를 인정하되, 일반적 방어용 군사 시설" 정도로 규정하고 넘어갔다. 이후 군당국은 수차례 내외신 기자들을 대상으로 기자 설명회를 개최했다. 1990년 9월에는 약 1개월간 일반인을 대상으로 대전차 방벽을 개방하는 행사도 가졌다. 이를 통해 논란을 일정 부분 잠재우기도 했다. 북한은 콘크리트 장벽의 실체에 대해서 대대적 선전을 하면서 실체보다 사안을 키우려 부단히 애썼다. 1993년경 주중 북한대사 주창준이 외신 기자들에게 콘크리트 장벽의 길이가 240킬로미터라고 밝혔다. 또한 각종 선전에서 "조선반도의 허리를 동강 낸 수백 킬로미터의 콘크리트 장벽"이라고 주장하기도 했다. 그러나 방벽의 실제 길이는 북측 주장의 약 10분의 1에 해당하는 총 길이 약 23킬로미터에 불과했다.

콘크리트 장벽, 즉 '대전차 방벽'에 대해 구체적으로 살펴보면 방벽 건설은 지난 1970년대 후반으로 거슬러 올라간다. 최초 계획은 1977년에 군 수뇌가 모인 '무궁화 회의'에서 시작되었다. 이를 통해 국방부에서 23명의 공사 통제단이 구성되었고, 공사에 착수했다. 국군은 1978년과 1979년에 걸쳐 총 110억 원을 투입하여 대전차 방벽을 서부전선 파주 군내면에서 중부전선 철원 김화까지 건설했다. 방벽은 베를린 장벽처럼 전체가 콘크리트 구조물로 세워진 것은 아니었다. 북쪽을 향한 전면에 콘크리트 벽을 세웠고, 뒷부분에는 흙을 넣어 다지면서 쌓는 방식으로 세웠다. 마치 옛날 성을 쌓을 때 앞면에 돌을 쌓고 뒷면에 흙을 쌓은 것과 비슷한 형태다. 방벽의 높이는 7.5미터, 상단 폭은 5미터, 하단 폭은 16.3미터로 구축되었다.

국방부가 당혹해 하고, 남한 정부가 난감해 했던 문제의 핵심에는 정전협정 위반 문제가 걸려 있었다. 콘크리트 장벽이 정전협정을 위반한 것은 사실이다. 설치된 위치도 정전협정 당시 설정한 남방 한계선에서 좀 더 북쪽으로 밀고 들어간 선을 따라서 설치되었기에, 남한에서 논리적으로 밀어붙이기엔 궁색한 면도 있었다.

정전협정 위반 문제에 있어서 북한이 주장하는 "콘크리트 장벽은 분단의 장벽"이라는 주장은 의제를 선점하는 효과가 있었다. 교전은 일회성이지만 대전차 방벽은 명확한 물증이었기 때문이다. 이 대목에서 중요한 것이 하나 있는데, 이런 시설의 조성을 국군만 위반했느냐의 문제다. 인민군도 못지않은 섬뜩한 시설을 비무장지대에 설치했다. 인민군은 비무장지대의 내부 GP가 자리 잡은 지점을 연결하는 고압선을 설치했다. 북한은 248킬로미터 비무장지대 전 지역에 폭 7~10미터 전후로 4중 고압선을 설치했다. 고압선 구축 사업을 개시한 것은 1980년대 초반이며, 1986년에 완성한 것으로 알려져 있다. 비무장지대 안쪽 북측 GP를 따라 철책선 지대처럼 고압선 지대를 설정하여 일체의 이동을 차단했다. 남방 한계선 지대에 대전차 방벽보다 10배나 더 긴 거리에 걸쳐 설치한 고압선은 명백한 정전협정 위반이었다. 그러나 이 문제는 크게 논란이 되지 않았다. 다만 1986년 이후 군사분계선을 넘어 귀순한 인민군들에 의해 고압선의 실체가 조금씩 드러났다. 북한은 1990년대 이후 에너지난으로 전기 공급이 원활하지 않은 상황에서도 북방 한계선을 따라 고압선을 설치했다. 이 고압선은 북한 입장에서 볼 때 남쪽에서 올라오는 적을 차단하는 것은 물론이고 귀순자나 탈북자를 방지하는 목적도 있다고 한다. 이 고압선은 철탑 위로 흐르는 것이 아니라 땅바닥에서 1~2미터 높이에서 흐른다. 그래서 근무 중인 인민군 민경대대를 비롯한 병사들도 사고로 죽는 경우가 간혹 있다. 또한 고압 전류가 흘러 야생동물들도 닿는 순간 숯덩어리로 변한다. 서부전선과 중부전선에서는 고라니, 노루, 멧돼지 등이 주로 피해를 입고, 동부전선에서는 산양,

반달가슴곰도 걸려서 죽은 경우가 있다고 한다.

남쪽은 대전차방어용 대형 장벽, 북쪽은 초고압 전기선 등 막상막하의 방어용 장비를 비무장지대 내부에 조성했다. 다만 북한이 남한보다 길이에서 5배나 더 길게 설치한 것이 차이라면 차이다. 정전의 역사에서는 북이나 남이나 자신의 위반보다는 상대방의 위반을 폭로하고 문제를 제기하는 데에 열을 올렸다. 다만 철책선 주변의 대규모 시설에 대한 문제 제기는 북한의 주장이 더 잘 먹혔던 것 같다. 남쪽은 고압선 문제를 제대로 알리지 못해 남한이나 국제사회에 이 문제가 많이 알려지지 않았다. 논란이 컸던 대전차 방벽에는 사실 국군의 아픈 상처가 서려 있었다. 한국전쟁에서 당한 후퇴의 기억이 30년 가까운 시간이 지났음에도 사라지지 않고 대규모 대전차 방벽의 건설로 이어진 것이다. 이것은 국군의 '한국전쟁 트라우마'라 할 수 있었다.

한국전쟁 개전 초기 남한은 사흘 만에 서울을 점령당했고, 시민들이 끊어진 한강철교 앞에서 발을 동동 구를 때, 이를 버려두고 대통령과 일부 인사들만 빠져나오는 처절한 패배를 맛보았다. 이런 배경에는 당시 북한이 보유한 '소련제 T34 탱크'라는, 국군은 꿈도 꾸지 못했던 전차라는 무기가 있었다. 공격의 선두에 전차를 앞세운 인민군은 수원과 대전 일대에서 미군마저 격파하면서 기세를 높여 낙동강까지 밀고 내려왔던 것이다. 인민군은 이 전차를 앞세워 전쟁 초기 약 3개월 동안 질풍노도처럼 밀어붙였다. 국군이 후퇴를 거듭한 경험은 전쟁 이후까지 잊히지 않은 뼈아픈 기억으로 남았다. 국군의 기틀은 실제로 한국전쟁을 통해 형성되었는데, 이후 국군의 모든 방어 개념에서 적의 전차는 어떤 경우든 막아야 하는 '무서운 창'이었다. 그것을 막아 내는 방패로 채택된 것이 전차의 이동 자체를 저지하는 각종 대전차 방어용 시설물이었다. 그래서 전쟁 이후 국군의 전투 개념과 전술 지침에는 전차 공격에 대한 대응이 중요한 비중을 차지했다.

이런 원칙은 정전협정이 체결된 이후 국방 정책의 가장 구체적인 대책으로 빠지지 않고 관철되었다. 먼저 비무장지대 철책선 주변부터 탱크가 들어올 만한 모든 곳은 어김없이 3중, 4중으로 각종 콘크리트 블록과 기둥 등 구조물을 겹겹이 설치해 놓았다. 전차의 이동이 가능한 하천이나 개울도 마찬가지였다. 또한 비무장지대로부터 연결되어 후방으로 빠지는 모든 길을 비롯해서 농경지나 하천 등 개활지에도 전차의 이동을 저지할 목적으로 콘크리트 블록과 기둥은 물론 방어용 장벽을 설치하였다. 북쪽에서 서울로 진입 가능한 경기 북부의 파주, 연천, 동두천 등과 강원도 철원 일대에서 들어오는 모든 도로 위에 콘크리트 블록을 설치하고, 개활지에도 대전차 방벽을 설치했다.

전쟁의 잔해, 제3땅굴

국군의 한국전쟁 트라우마인 대전차 방벽을 뒤로하고 산림지대로 이어지는 비탈로 된 철책선을 오른다. 이내 제3땅굴 지점을 통과하게 된다. 파주 군내면 제2땅굴과 연천 제1땅굴에 이어 철책선에서 세 번째로 접하는 제3땅굴이다. 북한의 남침용 땅굴은 지난 1974년 제1땅굴이 발견된 이래 1980년대 말까지 모두 4개의 땅굴이 군사분계선 이남의 비무장지대 내부와 철책선 바로 뒤에서 발견되었다. 땅굴은 남한에서 북한의 침투 위협을 알리고 홍보하는 단골 메뉴였다. 남한 시민들에게 '땅굴의 남침 위협'은 효과적이었다. 적어도 30대 이상의 성인들은 어릴 때부터 북한 공산집단 침략 야욕의 대명사인 땅굴의 이야기를 교과서 등 다양한 매체에서 듣고 자라서 비무장지대의 실체는 잘 몰라도 땅굴은 잘 알고 있을 정도다. 그런데 이 땅굴이라는 '기습 공격용 시설'도 그 뿌리는 한국전쟁에서 각인된 인민군의 트라우마에서 비롯되었다. 그것은 바로 미군에 의한 공습이었다. 한국전쟁 개전 초기 인민군은 지상전에서는 승승장구했지만 공중전에는 취약했다. 더구나 미국이 전열을 가다듬고 유엔군을 조직하여 본격적으로 전선을 재정비하던 1950년 7월 중순 이후부터 제공권은 미군이 확실히 장악했다. 이후 1953년 전쟁이 끝날 때까지 인민군은 물론이고 중국군에게도 공중 폭격은 끔찍한 공포와 잔인한 기억으로 남았다.

미군은 전쟁 초기부터 일본의 극동군사령부를 전진기지 삼아 공습과 폭격에서 기선을 확실히 잡았고, 인민군의 거점은 물론이고 북한 전역을 타격했다. 도쿄 요코타 공군기지 및 오키나와 가데나 공군기지를 포함해 모두 15개의 주일미군기지에서 100만 회가 넘는 출격을 했다. 극동 공군은 72만 회에 47만 6,000톤의 폭탄을 한반도에 투하했고, 해병과 해군 항공단은 27만 7,000회의 출격을 하여 모두 22만 톤의 폭탄을 투하했다. 제2차 세계대전의 유럽과 태평양에서 사용한 폭탄에 뒤지지 않을 정도로 상상을 초월한 폭격이었다. 베트남에서 국제사회의 지탄을 받은 네이팜탄도 원조는 한국전쟁이었다. 미 극동 공군이 개전 초기부터 1951년 5월까지 사용한 네이팜탄이 300만 갤런이었다. 300만 갤런을 기념하는 폭탄은 사진 기록으로 아직도 미국에 보관되어 있다.

이렇듯 엄청난 공격으로 인해 북한에서는 전투기로 확인이나 식별이 가능한 일체의 인공 구조물이 사라져 갔다. 또한 중국군과 인민군의 모든 병참선과 군수보급 통로도 차단당했다. 1951년 3월 극동군은 미 의회의 정

제3땅굴 전시관 입구. 북한의 남침용 땅굴은 현재 4개까지 확인되었다.

기회의에서 이렇게 보고했다. "더 이상 한반도에 폭격할 목표물은 없다." 미군의 폭격과 공습으로 북한 전역은 초토화되었다. 실제 전쟁 이전까지 북한 지역에서 건설된 일체의 사회 기반시설 중 배수로나 제방, 둑 등 극히 일부 구조물을 제외하고는 모든 것이 폭격으로 사라졌다. 미군 전투기와 폭격기에 대한 공포는 전쟁 과정에서 중국군을 중심으로 새로운 대응 전략을 낳았다. 그것은 바로 땅속으로 들어가는 것이다. 원시적이고 노동력도 상당히 많이 들지만 공습에 대한 대책으로는 아주 효과적인 방법이었다. 전선이 교착되던 1951년 5월부터 중국군은 모든 전선에서 방어진지를 지하에 구축해 요새화했다. 북방 한계선 주변을 따라 북쪽으로 20~30킬로미터 지대의 지하에는 어마어마한 규모의 지하 갱도와 땅굴을 실핏줄처럼 건설했다.

미군의 압도적인 공습에 대한 대비로 중국군은 1951년 10월부터 한반도 허리를 잇는 모든 전선에서 지하 갱도를 구축하기 시작했다. 1952년 말까지 건설된 지하 요새는 중국군이 파 들어간 것이 약 200킬로미터였고, 인민군이 판 것이 88킬로미터였다. 이와 함께 엄체호■는 78만 개, 대피소·지휘소·토치카 등은 10만 개나 되었다고 한다. '난공불락의 지하 만리장성'으로 불린 이 땅속 요새는 단순한 대피 시설을 넘어서 중국군과 인민군의 주요 생활 거점이자 전투 방어시설로 자리 잡았다. 중국군과 인민군은 맨손으로 땅굴을 팠다. 전시에 이렇게 엄청난 군사 시설을 조성했다는 것은 한국전쟁 때 이미 인민군의 땅굴 파는 경험이 상당한 수준에 이르렀다는 것을 의미한다. 인민군이 전쟁 때부터 살기 위해 죽을 힘을 다해 익히기 시작한

■　　적의 사격이나 폭격으로부터 사람과 장비를 보호할 수 있도록 콘크리트나 벽돌 등으로 벽과 지붕을 두껍고 견고하게 만든 호다.

지하 갱도 굴착 경험과 기술은 정전협정 체결 이후 더욱 체계화되어 발전해 나갔다.

한국전쟁에서 미군의 폭격과 공습에 혹독하게 당한 김일성은 1962년부터 '4대 군사노선'을 내걸고 특히 '전 국토의 요새화'라는 기치 아래 북한 전역의 모든 군사시설을 대부분 지하화했다. 그때부터 비무장지대의 모든 관측소와 GP 등도 지하 갱도로 깊이 파고들었다. 북한 전 지역에서 모든 주요 군사시설과 장비 등 전쟁물자까지 지하로 다 비축하는 방대한 작업이 이루어졌다. 전 국토의 요새화의 배경에는 미국의 핵 위협도 무시할 수 없는 이유였다. 북한은 한국전쟁 당시부터 미국의 핵 위협에 극도의 공포감을 가졌다. 그래서 가능한 모든 군사시설과 국가 주요 시설을 지하 요새에 조성한 것이다. 특히 북의 인민군은 이미 1960년대 후반에 어떤 나라보다 땅속으로 군사시설을 조성하는 기술과 경험이 축적된 상태였다. 그러던 것이 1968년 전후 미국과의 대치, 남한과의 충돌을 경험하면서 전쟁 위협에 대한 대책으로 '기습용 땅굴 조성'으로까지 발전한 것이다. 더욱이 그 시절은 인민군이나 국군 모두 비무장지대 일대에서 정전협정을 위반하는 일이 다반사였다. 그래서 본격적으로 전쟁을 고려한 '기습침투용 땅굴'을 조성한 것으로 보인다. 땅굴은 비무장지대에서 보여 준 인민군의 어떤 정전협정 위반 사례보다 남한 사회에서 확실하게 각인되었다. 그래서 발견 초기부터 갱도라는 표현보다는 두더지를 연상케 하는 '땅굴'로 불렀다. 유엔군사령부는 1990년대 후반까지 땅굴 탐지작업을 계속 진행했고, 군사분계선을 지하로 관통하고 파 들어온 땅굴이 약 20개가량은 더 있을 것으로 보았다. 지난 1990년 3월에 발견된 제4땅굴 이후 추가 확인된 땅굴은 없다. 은밀성도 그렇고, 환기 문제 등 일반적인 갱도나 터널 같은 지하 구축시설에서 보이는 기술적인 문제들을 고려할 때, 땅굴을 더 만들 가능성은 상당히 낮아 보인다. 다만 전쟁 때부터 지금까지 북한은 상당한 지하 갱도 건설 노하우를 길러왔기에, 비무장지대 군사분계선 아래로는 지금까지 발견하지 못한 추가 땅굴의 가능성을 배제할 수는 없을 것이다.

국군과 인민군은 전쟁을 통해 각각 큰 상처를 입었고, 그것을 극복하는 과정도 전쟁만큼이나 치열했다. 공포로부터 시작된 기억의 흔적들은 전쟁 이후에도 비무장지대에서 구체적인 모습으로 남아 있다. 한국전쟁에서 국군과 인민군이 겪었던 전쟁의 트라우마는 여전하다. 이 증후군들은 정전 70년이 지났으나 아직도 치유되지 못한 채 '공격과 방어의 군사시설'로 재생되고 있다.

비무장지대에서 흘러내린 피

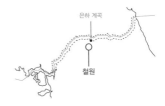

은하 계곡

철원

산림지대의 능선을 따라 이어진 철책선을 걷는다. 숲으로 시야가 가려진 사이사이로 비무장지대의 여러 풍경이 스쳐간다. 맞은편 인민군 고압선 철책의 윤곽이 드러난다. 북방 한계선이 길게 늘어져 수풀 사이로 띠처럼 이어져 있다. 황폐화된 산지 사이로 북측 철책선이 선명하게 확인된다. 제3땅굴을 지난 후 평강고원 쪽 풍경이 조금 보이다 이내 사라지고 만다. 철원의 비무장지대는 평야 지대뿐 아니라 산림도 무성하다. 제3땅굴 지역을 지나면서부터 본격적인 산림 생태계가 나타난다. 신갈나무, 굴참나무, 상수리나무 등 참나무류가 많고 군데군데 소나무도 보인다.

이 지역은 3사단 관할 지역이다. 부대 이름은 '백골'이며 사단 상징도 해골 아래에 X자 형태로 뼈를 그려 놓은 해적 깃발과 동일하다. '백골이 진토 될 때까지 싸워 조국을 지킨다'는 의미가 있다고 안내 장교가 설명했다. 철책선을 따라가며 산림 생태계를 살펴보고 주변 경관을 관찰하고 기록했다. 비무장지대는 전쟁 당시 어느 곳이든 치열한 전투가 벌어지지 않은 곳이 없다. 수많은 시체를 땅에 묻었고, 살과 피가 거름이 되어 썩은 곳이다. 그것이 산림을 울창하게 만든 것인지, 숲도 습지도 무성하기 이를 데 없다.

3사단 지역도 전쟁 당시 격전의 현장이었다. 게다가 정전협정이 체결된 이후에도 대표적인 교전들이 여러 차례 벌어진 곳이다. 우리 일행과 안내 장교가 부지런히 살펴보는데 전면 비무장지대에 제법 큰 골짜기가 나타났다. 안내 장교는 그곳을 가리키며 "이곳이 은하 계곡입니다."라고 부연 설명을 곁들인다. 은하 계곡이라니, 동화나 만화영화에 나올 법한 이름이다. '은하 계곡'이란 지명이 어떻게 생겼는지 궁금해졌다. 그러나 안내 장교도 초병도 이름의 유래를 아는 이는 없었다. 은하 계곡은 낭만적인 지명과 달리, 자칫하면 큰일이 날 뻔한 충돌이 여러 차례 있었던 곳이다. 그것도 가장 최근에 국군과 인민군이 서로 총구를 겨누고 치열하게 불을 뿜었던 현장이다.

지난 1997년 7월 16일 철원 김화읍 먹실리, 3사단 비무장지대 은하 계곡에서 인민군 7명과 국군이 충돌했다. 양측 간에 300발의 소총 사격과 포 사격이 발생해 인민군 3명이 죽고, 2명이 부상당했다. 국군은 별다른 인명 피해는 없었다. 가장 최근 비무장지대에서 국군과 인민군 간에 일어난 교전이었다.

은하 계곡은 한탄강 본류에서 불과 5~6킬로미터밖에 떨어지지 않은 곳이다. 그래서 평소에는 안개가 자주 낀다. 교전이 일어난 그날도 평소보다 안개가 많이 끼어 있어, 국군 GP와 철책선 주변 초소에서 군사분계선

쪽을 예의 주시했다. 본래 비가 오거나 안개가 끼는 등 날씨가 안 좋은 날은 경계 수준을 높이는 것이 기본이다. 그러나 육안으로 관찰하기 쉽지 않은 날이라 국군 측에서는 다소 긴장이 감돌았다. 그런데 인민군 민경대대가 그날 은하 계곡 일대의 군사분계선 표지판을 점검하고 확인하기 위해 투입되었다. 김정일의 지시로 군사분계선 표지판을 확인하여 '국군이 손을 댔는지, 건드렸는지 유무를 확인'하는 중이었다. 그러나 인민군 지역은 군사분계선을 기준으로 북쪽 방향에 워낙 지뢰를 촘촘히 매설했기 때문에 남쪽 구역으로 약간 우회하여 이동했다. 이 과정에서 국군 GP에서 군사분계선을 넘은 인민군을 발견해 총격이 시작되었고 본격적인 교전으로 접어들었던 것이다.

양측은 1972년 남북공동성명 이후부터 군사분계선 지대의 순찰을 하지 않은 것으로 보인다. 그 이전에 국군과 인민군은 정기적으로 군사분계선을 순찰했다. 문제는 이런 순찰에서 사소한 실수가 교전으로 이어질 수 있다는 것이었다. 특히 서부전선과 중부전선은 군사분계선 주변의 하천 습지나 물길, 물골 등이 많아 안개가 자주 낀다. 이런 날은 위치 분별이 어려워 어느 쪽이든 군사분계선 순찰에 나서면 자칫 실수로 상대편 지대로 넘어갈 수 있다. 그렇게 헤매다 GP나 철책선 초병들에게 발각되면 교전이 일어나는 것이다. 통상 비무장지대에서 국군이든 인민군이든 군사분계선을 기준으로 자신들 지역에 대한 수색 정찰과 매복은 일상적인 활동이지만, 군사분계선 표지판 앞까지 들어가는 경우는 드물다. 그런데 그날은 10명이 넘는 인민군 민경대원들이 군사분계선을 넘었고, 경고방송도 제대로 전달되지 않았는지 서로 간에 교전이 벌어진 것이다.

또 다른 교전은 1992년 5월 22일 발생한 교전이다. 이 사건 역시 3사단,

은하 계곡에서 발생했다. 북한 무장특수요원이 침투하던 중 국군 GP에서 발견되었고, 교전이 벌어져 3명 전원이 사살되었다. 군사분계선을 넘어온 무장간첩의 침투를 저지한 것이다.

은하 계곡 일대의 1997년 7월 교전은 1990년 이후 교전 중 가장 직접적이고 본격적인 교전이었다. 무장간첩으로 불리는 침투요원과의 교전이 아닌, 군사분계선을 지키는 양측 병사들 간의 교전이었기 때문이다. 1997년 이후에는 간헐적으로 몇 발의 총탄이 날아온 적은 있어도, 수백 발의 총탄이 오간 적은 없었다. 더구나 30밀리미터가 넘는 탄은 총기류 탄환이 아닌 포탄에 가깝다. 그래서 확전으로 이어질 수 있는 확률이 높다. 총격과 포격의 차이는 물리적 파괴력도 다르지만 상대가 받아들이는 정치적 의미도 달라진다.

국군과 인민군 간의 충돌과 교전은 수없이 발생했지만 냉전 해체기인 1990년 이후 발생한 주요 교전 두 건 모두 3사단 은하 계곡에서 있었다. 이런 충돌은 교전 수칙에 의거해 냉정하고 이성적으로 대응하지 않으면 심각한 상황으로 치닫게 된다.

비무장지대의 군사분계선은 여전히 화약고다. 정전 체제의 한계이면서 역사적으로 군사분계선에 대한 긴장 완화 조치가 부족한 결과다. 군사분계선에 대해 어떤 경우든 양측의 합의를 통해 좀 더 인지하기 쉽도록 표지판을 정비하는 것이 가장 시급하며, 낡은 표식에 대해서는 검토하고 보완하는 장치가 있어야 한다. 신뢰도의 문제이지만, 신뢰를 어기지 않기 위한 제도적·구조적 노력도 중요하다.

비무장지대는 1972년 7·4 남북공동성명을 기준으로 대치와 충돌의 양상이 달라졌다. 이전에는 교전이 일상화되어 있었고, 이후에는 드물었다.

다만 한 가지 예외적인 사건이 있었는데 이 역시 3사단 비무장지대에서 일어났다. 교전이 확전될 뻔했던 대표적 사례로 손꼽히는 충돌이었다.

1973년 3월 7일, 3사단에서 비무장지대 내부 군사분계선 0654호 표지판 교체 작업이 있었다. 서부에서 동부 끝까지 이어진 전체 군사분계선 중 정중앙에 위치한 표지판이었다. 사전에 유엔군사령부에 교체 통보를 하고 작업을 실시했다. 군사분계선 0654번 표지판을 교체하고 복귀하는 도중 맞은편 인민군 559 GP에서 소총 사격을 하여 3사단 소속 장교와 부사관 등 2명이 부상을 입었다. 이에 국군 측은 경고방송을 통해 인민군에게 사격을 중지할 것을 요청했다. 그러나 계속 사격을 가하자, 당시 현장에 있던 3사단 사단장이 직접 명령을 내려 155밀리미터 곡사포와 105밀리미터 곡사포를 동원해 사격의 원점이었던 인민군 559 GP를 집중 공격했다. 당시 포격은 수십 발이 넘었다고 한다. 559 GP는 박살이 났고, 인민군은 사상자도 발생한 것으로 알려진다. 또한 그날 저녁 3사단의 트럭을 전부 동원하여 남방한계선과 군사분계선 턱까지 서치라이트를 켠 채 시위를 벌였다. 이로 인해 인민군은 '전군비상경계령'과 '동원령'이 선포되기도 했다. 다행히 유엔군사령관의 담화를 통해 "북의 정전협정 위반으로 부상자가 발생, 구출 위해 자위적 조치를 취한 것"이라며, "전투할 의사는 분명히 없음"을 밝혔다. 이 사건으로 3사단장 박정인 준장은 한 달 후 해임되었다. 1973년 3사단 포격 사격은 되로 받고 말로 갚은 격인데, 자칫 교전 수칙의 준수를 과도하게 실행하거나 서로 간에 치킨게임식으로 받아치면, 심각한 상황으로 갈 뻔했던 사건이었다. 일각에서는 인민군의 버릇을 고쳐놓은 것으로 평가하는 시각도 있지만, 상황이 더 커졌으면 전쟁으로 비화할 여지도 있었던 매우 위험한 충돌이었다. 1970년대 이후 가장 치열했던 교전으로 기록되며, 정전 역

비무장지대 철책선에는 언제 불꽃이 일어 전쟁으로 돌입할지 모르는 일촉즉발의 위기가 항상 감돈다. 국군도 인민군도 모든 화기에는 실탄이 장전되어 있고, 각종 포탄과 폭약이 불을 뿜을 준비가 되어 있다.

사에서도 기록할 만한 교전이었다.

비무장지대에서는 국군과 인민군 간의 충돌뿐만 아니라 유엔군사령부와 인민군 간의 충돌도 빈번했다. 그중 가장 최근에 있었던 것이 지난 1984년 11월 23일 판문점에서 있었던 교전이다. 이 사건은 정전협정 이래로 판문점에서 벌어진 최대 교전이었다. 평양 주재 소련대사관의 외교관이던 바실리 야고브레비치 마쓰작이 관광객으로 판문점 북측 지역에 왔다가 회담장 건물 사이로 귀순한 사건이었다. 이 과정에서 마쓰작의 귀순을 막기 위해 인민군 민경대대 병사들이 총격을 하자 유엔군사령부 소속 경비병도 맞받아 총격을 가한 교전이 벌어졌다. 판문점은 이쪽이든 저쪽이든 마음만 먹으면 얼마든지 넘어갈 수 있는 곳이다. 회담장 건물 사이로 100~200미터 정도만 전력 질주하면 일단 넘어갈 수 있다. 그래서 아직도 남과 북 모두 자국 국민들에 대해서는 관광이든 방문이든 엄격히 제한하는 분위기다. 회담장 바로 10미터 앞에 서면 폭 50센티미터, 10센티미터 정도의 낮은 콘크리트 턱으로 군사분계선이 표시되어 있는 것 빼고는 철조망도 지뢰도 없다. 그러므로 경비병들이 한눈파는 사이에 남이든 북이든 뛰어가면 막기 어려웠다.

귀순에 성공한 소련 외교관 마쓰작도 판문점의 이런 상황을 사전에 파악했는지 군사분계선을 통과해 남쪽으로 뛰었다. 당황한 인민군 민경대원 3명이 이를 제지하기 위해 군사분계선을 넘어 남쪽 지대까지 따라 내려와 소총 사격을 가한 것이다. 이에 유엔군사령부 경비병들도 응사하면서 본격적인 교전이 시작되었다. 초기에는 유엔군사령부 소속 한국인 병사 1명이 죽고, 미군 1명이 부상했다. 그러다 교전이 커지면서 인민군 민경대원들이 추가되어 17명이 무장한 채 군사분계선을 넘어 남쪽 지대로 들어왔다. 유엔군사령부도 경계 인원이 충원되어 교전이 본격화되었다. 그 과정에서 내려온 인민군 민경대원 3명이 죽고, 1명이 부상당했다. 인민군 측이 직통전화로 사격중지를 요청하고 유엔군사령부가 수락하며 상황은 수습되었다. 당초 판문점 공동경비구역은 1978년 도끼 살해 사건 이전에는 경비구역 내에서 군사분계선의 경계에 상관없이 공동으로 오가며 활동하고 있었다. 그러나 도끼 살해 사건 후 군사분계선을 기준으로 양측 경비 병력들은 서로 간에 넘어 다니지 않기로 합의했다. 그런데 갑자기 소련 외교관이 판문점에서 귀순하는 상황이 발생하자 다급해진 인민군이 무장한 채 사격을 하면서 군사분계선을 넘어온 것이다.

판문점 마쓰작 사건도 30여 명의 유엔군사령부 병사와 인민군 들이 자동소총으로 집중사격을 했던 본격 교전이었다. 더구나 장소가 정전 당사자들이 유일하게 회담을 하는 곳이었던 만큼 교전 중 양측 간에 상황 통제가 되지 않았다면 피해가 커지는 것은 물론이고, 더 큰 충돌로 발전할 수 있었다. 다행히 당시에는 유엔군사령부와 인민군 간에 직통전화가 있어서 교전 20여 분 만에 서로 자제할 것을 확인하고 교전이 중지되었다. 귀순한 소련 외교관 마쓰작은 이후 망명을 신청하여 미국으로 건너갔다.

끝나지 않은 교전

미군과 인민군 간의 교전은 1980년대에 몇 차례 더 있었다. 대부분 판문점과 주변 지역에서 일어났다. 1992년까지 판문점 양옆에 있는 241 GP '오울렛'과 242 GP '콜리어' 등 두 개의 GP를 미군이 관리하고 있었다. 그러다 1992년부터 관리권이 국군에게 넘어갔다. 1980년대 이 두 곳 주변에서 여러 차례 교전이 있었다. 오울렛과 콜리어 두 GP는 비무장지대에서 군사분계선과 가장 가까운 GP들이다. 군사분계선 바로 뒤에 있는 GP는 비무장지대의 역사에서 참으로 많은 사건과 아픔을 빚어낸 현장이었다. 미군이 주둔하던 GP도 예외가 아니었다.

1980년대 중반 유엔군사령부 소속의 미군들이 서부전선 판문점 인근 241 GP 오울렛으로 근무 교대를 하는 과정에서, 길을 잘못 들어 인민군과 치열한 교전이 발생했다. 이 과정에서 다수의 미군이 죽는 사고도 있었다. 당시 미군들은 GP 주둔 임무 교대를 할 때, 차량으로 들어가지 않고 남방한계선인 철책선부터 GP까지 걸어서 이동하는 것이 관례였다. 그래서 소대장이 앞장서서 GP 투입 병사들을 이끌고 들어가다가 실수로 군사분계선을 넘게 되어 교전이 벌어졌다.

241 GP 오울렛은 사천강 일대 지역으로, 평소에도 안개가 많이 끼는 곳이다. 그래서 자칫 주의를 기울이지 않으면 쉽게 군사분계선을 넘어 북쪽 지대로 들어갈 수 있다. 당시 비무장지대 지리에 다소 어두웠던 미군 소대장의 인솔로 군사분계선을 넘으면서 인민군과 교전이 발생했고, 이 과정에서 5명 이상의 미군이 죽었다. 당시 상황이 얼마나 치열했던지 미군 헬기까지 날아오는 등 격렬한 상황으로 이어졌다고 한다. 비무장지대의 교전에서 헬기가 투입되는 것은 부상자 후송 차원이든 공격 차원이든 상황의 심각함을 방증하는 조치다.

비무장지대의 교전에서 희생당한 군인들은 모두 소중한 청춘들이었다. 미군이든 유엔군이든 국군이든 인민군이든 다들 사랑하는 가족이 있다. 죽는 경우 가족은 평생 한으로 남는다. 부상당한 경우 당사자가 느끼는 고통은 흔히 영화와 드라마에서 보는 것과 차원이 다르다. 시간이 지날수록 육체적·정신적 고통이 엄청나다. 사실 총탄에 맞으면 처음 30분간은 통증보다 충격이 더 크다고 한다. 권투 선수나 격투기 선수가 센 타격을 맞고 쓰러졌을 때도 아픔보다는 뇌진탕과 비슷하게 정신이 없는 상태부터 찾아온다. 그러다 30분 정도 지나면 탄환이 관통하거나 스쳤던 부위에 극심한 통증이 밀려든다. 이때 출혈이 심해지면 다시 정신은 가물거리고 혼미해진다. 피가 많이 흘러 흥건해지면 들것이나 응급붕대 주변은 핏덩어리처럼 붉어진다. 출혈된 피는 마치 소피가 선지가 되는 것처럼 굳어간다. 관통되어 뚫린 부위에서는 피가 샘솟듯 분출되기도 한다. 교전은 양측 군 당국에 작전일지나 전투기록으로 남지만, 죽은 병사들의 가족과 부상당한 병사들에게는 죽을 때까지 상처로 남는다.

비무장지대의 교전은 항상 전쟁의 서막이 될 가능성이 있기 때문에 그 사태가 심각하다. 비무장지대에서 가장 심각했던 위기는 크게 두 번 있었다. 보는 사람마다 차이는 있지만, 한번은 1977년 8월 판문점 도끼 살해 사건이고, 또 한번은 1968년 전후다. 사건의 충격과 파장으로 인한 직접적인 전쟁 돌입 가능성은 판문점 도끼 살해 사건이 높았다. 하지만 이 사건은 미국과 북한 모두 전쟁을 의식하고 긴장하고 있었기에 사태를 통제하려는 의지가 있었다. 반면 1968년에는 그해 연초부터 시작된 1·21 김신조 청와대 침투 사건을 비롯하여 푸에블로호 납북 사건, 울진 삼척 침투 사건 등 굵직굵직한 사건이 잦았다. 이와 함께 비무장지대 내부에서도 지속적으로 교전이 발생했다. 문제는 이런 개별적인 '작은 교전'들도 자칫 전쟁으로 전화될 수 있다는 점이다. 군사분계선을 넘나드는 교전은 1966년 10월부터 증가하다가 1967년에 점점 달아올랐고, 1968년에는 다시 전쟁이 나는 것 아

군사분계선의 전방을 응시하는 국군 병사들의 모습. 북쪽의 인민군들이 어떻게 움직이는지를 관찰하고 있다.

닌가 싶을 정도로 비무장지대에서만 100여 건의 교전이 있었다. 이 시절은 정전협정 이후 비무장지대에서 가장 교전이 치열했던 해로 기록된다.

1968년 전후로 교전이 빈번했다는 점은 철책선 순찰로를 걸으면서 자연스럽게 알게 된 사실이다. 안내 장교의 설명이 없어도 철책에는 교전의 흔적들이 아직도 남아 있어 교전 장소임을 알 수 있다. 서부전선부터 동부전선까지 이어진 철책선 곳곳에는 경계 초병들에게 경각심을 주고, 환기를 시키기 위해 많은 '적 침투 사례' 안내판이 세워져 있다. 주로 1967년, 1968년 등 과거 이 지역에 적이 침투해 왔다는 것을 알리는 경고판이다. 부대마다 디자인은 제각각이지만 내용은 대동소이하다. 침투 일자, 인원, 교전 결과 등이다. 1968년 전후 국내외 촉각과 관심이 집중된 굵직굵직한 사건이 워낙 많았기 때문에 나머지 중소 규모 교전들에 상대적으로 관심이 적었는지 모른다. 그러나 이 1968년을 정점으로 1960년대 말 비무장지대에는 수많은 청춘이 국군과 인민군, 무장간첩의 이름으로 총탄을 날리며 피를 흘렸다.

냉전의 정점이던 시절, 한반도의 비무장지대도 전운이 감돌았다. 남과 북은 국제질서의 최일선에서 첨예하게 대립했다. 언제 또다시 전쟁이 발발할지 모를 그런 위험천만한 교전을 아슬아슬하게 피해 가면서, 곡예를 부리듯 전쟁이라는 악마의 유혹에서 벗어났다.

성재산에서 떠올린 심리전

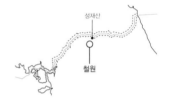

성재산

철원

          멸공 OP에서 탁 트인 경관에 몰입하며 비무장지대를 한참 동안 바라보았다. 감탄사가 절로 나온다. 한탄강부터 시작하여 남방 한계선을 중심으로 북으로는 들판이고, 남으로는 논이다. 둘 사이는 언뜻 조화롭지 않은 것 같으면서 비대칭의 대칭을 보여 주고 있다. 비무장지대의 들판은 탁월한 경치였다. 비무장지대다운 면모다.

    이제 한탄강이다. 비무장지대 중 화산암의 영향을 받아 독특한 지형적 특징을 보여 주는 대표적인 강이다. 한탄강의 기암절벽과 협곡은 연천과 포천 곳곳에서 절경을 자랑하지만 비무장지대 안에서도 그 모습은 여전하다. 다소 붉은 기운이 도는 절벽을 한쪽에 끼고 있는 한탄강은 철원평야와 함께 또 하나의 자연사의 비경이라 할 수 있다. 용암이 기존의 하천을 따라 흐르며 용암대지를 만든 뒤 새롭게 형성된 물줄기가 대부분 용암대지와 구

북쪽에서 남쪽으로 비무장지대를 관통하여 흘러 내려오는 한탄강 물줄기다.

지형 간의 경계선을 따라 흘렀다. 액체 상태의 용암이 고체인 현무암으로 식자 수축 작용이 일어났고, 흐르는 용암과 맞닿은 원래의 화강암 지형과 수축한 현무암 대지 사이에 틈이 생겼다. 빙하기를 지나 간빙기에 이르자 높은 지대인 평강과 철원에서 녹은 빙하는 낮은 틈으로 흘러간다. 이렇게 해서 형성된 강이 바로 한탄강이다. 물은 생명의 출발이고, 문명의 젖줄이다. 한탄강에서 동쪽으로 펼쳐진 민들레벌판, 유곡천 습지, 만도벌판 등은 전쟁 이전에는 한탄강 유역권으로 인근의 농촌마을을 번성하게 했다. 물이 있고 습지가 있는 곳에 논이 있으면 새들에게도 천국이다. 그래서 한탄강에는 호사비오리와 같은 국제적 보호를 받는 이동 철새가 찾아온다. 호사비오리는 멸종 위기종이자 천연기념물인데, 희귀조류라서 그런지 흰 빛깔의 몸에 검은 얼굴을 지녔다.

한탄강을 지나 계속해서 들판 한가운데 대전차 방벽을 따라 이동한다. 이곳의 대전차 방벽은 1990년 봄 콘크리트 장벽 논란 때 신문과 방송에 이미 소개된 적이 있었다. 비무장지대에는 들판 곳곳에 숲이 형성되어 있고, 군데군데 물웅덩이가 있으며 실개천과 소하천도 흐른다. 자연의 풍광에 취해 정신이 없다. 그런 경험을 백두대간, 지리산, 설악산에서도 했지만, 논두렁이 코앞인 이곳에서도 취하게 되긴 마찬가지다. 대전차 방벽 위를 걸으면서 주변 풍광으로부터 받은 기운에 여유가 절로 생긴다. 바람도 시원하고, 공기는 씻어놓은 듯 신선하다. 비무장지대 쪽에서 불어오는 바람은 싱그럽다.

철원 김화 일대 3사단 지역은 비무장지대 중에서도 경관이 다양하기로 손꼽힌다. 이 지역은 여러 모습의 자연을 품고 있다. 산림과 숲부터 강과 둔치, 습지, 평원, 초지, 물웅덩이, 묵논 등 있을 건 다 있다. 거기다 철책선 바같에는 전원의 풍경을 맘껏 자랑하는 논들까지 즐비하다. 동부전선만큼 광활하지 않을 뿐, 산림 지역도 제법 있다. 마치 비무장지대 경관의 현장전시관 같다. 경관으로는 철원 김화가 어느 지역보다 탁월하다는 것은 다음 날 답사 때도 확실히 느꼈다. 반면 3사단 지역은 공식적인 안보 관광지나 평화 관광지가 없는 지역이다. 멸공 OP도 별도의 신청을 하여 3사단에서 검토해야 출입이 가능하며, 다른 곳도 당일개방을 하는 곳은 없다.

한탄강을 건너자마자 펼쳐진 민들레벌판도 인상적인 경관을 보여 주었다. 민들레벌판은 초지 사이에 드문드문 숲이 자리 잡고 있어서 마치 아프리카 사바나 같은 모습이었다. 민들레벌판이라는 이름은 민들레가 많아서 붙인 이름이 아니다. 민들레벌판을 옆에 두고 걸어가면 방벽 바로 앞 곳곳에서 크고 작은 현무암 바위와 돌을 볼 수 있는데, 크기는 1미터 전후로 한눈에 작은 구멍이 송송 뚫린 현무암임을 알 수 있다. 이런 모습을 보면서 머릿속으로 되새긴다. '그래 여기가 철원이기 때문에 바윗돌들이 저렇게 박혀 있는 것이지. 제주도나 백두산이 아니고서야 내륙 어디에서 화산이 분출하여 빚어진 현무암을 볼 수 있을까?' 화산이 빚어 놓은 땅, 철원 여기저기 박혀 있는 현무암들을 '멍돌'이라 불렀는데, 그 멍돌이 많은 곳을 '멍돌뜰'이라 했다. 이 멍돌뜰이 '먼들'이 되고 방언음운으로 '멘들'까지 이어져 전쟁 이후에 '민들레'가 되었다고 한다. 돌이 꽃이 된 셈이다. 어쨌든 민들레벌판에 자생 민들레는 없다. 군사시설 주변에 서양 민들레는 있을지 모르겠다.

민들레벌판에서 유곡리까지 발걸음이 가볍다. 멀리 북쪽은 산으로 둘러싸여 있다. 북방 한계선 너머 산은 점점 높아지는 듯하다. 철책선에서 북쪽을 보니 서쪽 방향으로 서방산(해발 717미터)이 버티고 서 있고, 거기서 뻗어 나온 능선들이 동쪽으로 이어진다. 동쪽에는 오성산(해발 1062미터)이 버티고 있다. 이 산들에서 뻗어 나온 여러 갈래의 능선들이 철원 김화 3사단 지역 비무장지대를 에워싸고 있다. 서방산도 오성산도 전쟁 때는 격전지였다. 근처에는 대부분 헐벗은 산지로, 산은 있되 숲은 사라진 모습이다. 숲은 없어도 여름철이라 잡초가 우거져 전체적으로 녹색을 띠는 북의 철책선이 동서로 구불구불 펼쳐진다.

이어지는 유곡리 대전차 방벽 위를 여유롭게 걷는다. 비무장지대 내부는 초지로 뒤덮인 들판이고, 바깥은 논이다. 철원평야 이상으로 경지 정리가 깔끔하다. 논 뒤쪽에 마을이 보이는데 역시 민통선 마을이다. 한쪽은 비무장지대 유곡천 습지와 들판, 다른 한쪽은 논이다. 풍경이 나무랄 데 없다. 철책선 주변에서 보았던 농지 중 경치가 남다르다. 한탄강부터 성재산까지 남방 한계선이 이어지는데 유곡리만 김화가 아닌 근북면이다. 유곡리 이외의 근북면은 북한 지역에 속한다. 그래서 철원군 산하의 면사무소는 없다. 근북면은 철원 중 북한 지역에 속하는 읍면이다.

유곡리를 지나니 서서히 비탈이 시작된다. 철책선은 산림 사이를 파고든다. 성재산에 접어든 것이다. 그렇게 높지 않지만, 계단으로 된 철책선 순찰로를 걸어가니 허벅지가 묵직해진다. 땀을 흘리며 왔던 길을 되돌아보니 유곡리 일대 비무장지대와 철책선 바깥의 논들이 사이좋게 어우러져 있다.

성재산 정상 가까이 다가서니 주변 조망이 시원하다. 특히 오성산은 한눈에도 제법 웅장한 자태를 뽐내고 있었다. 민통선 도시인 김화읍에서도 보이는 오성산이다. 안내 장교가 "전쟁 때 많은 피를 흘리고도 인민군에게 넘겨줘서 비통함이 크다."는 이야기를 전해 준다. 오성산과 성재산 일대는 한국전쟁 이전부터 격전지였다. 성재산은 통일신라 때부터 산성이 있던 곳이다. 지금도 성재산 주변의 8부 능선을 중심으로 산성의 흔적이 곳곳에 남아 있다. 철책선 순찰로 근처에서 무너져 내린 성곽의 흔적을 보았다. 성재산성은 강원도기념물 78호로 산성 및 성 쌓기 방법에 관한 학술적 가치가 높다. '성산성'이라 부르기도 하는 성재산성은 통일신라 때부터 후삼국, 고려, 조선까지 계속해서 개보수를 하면서 사용한 것으로 추정하고 있다. 기록에는 전체 성곽의 길이가 892미터로 되어 있고, 비무장지대 내부에도 성곽의 유적이 남아 있다고 한다. 성재산성은 철책선 안쪽이든 바깥 쪽이든 복원사업을 하면 좋을 듯하나 주변 산림 지대가 미확인 지뢰 지대로 추정되어 손쓸 방법을 찾지 못했다.

성재산에는 성재산성이라는 유산과 함께 대형 전광판이 근대 유산으로 남아 있었다. 지난 2004년 6월까지 약 50년 가까이 국군과 인민군은 비무장지대 군사분계선을 사이에 두고 서로 체제 경쟁 차원의 심리전을 전개했다. 그 흔적 중 대표적인 것이 야간에 환하게 불을 밝히는 대형 전광판인데, 성재산 정상 바로 아래에는 남방 한계선에서도 대표적인 대규모 전광판이 있었다. 높이가 3미터가량 되고, 길이가 10미터는 족히 되는 규모다. 오성산 일대 인민군들을 겨냥한 선전 시설이었다. 지금은 전광판의 콘크리트 골조만 남아 있고, 전등은 모두 제거한 상태였다. 밤마다 환하게 켜졌던 대형 전광판은 그 자체로 인민군들의 가슴에 '남한이 잘사는구나.' 하는 생각이 들게 하는 말 그대로 '심리적 장치'였다. 그러나 이제는 사라졌다. 2004년 6월 15일을 기해 선전방송이 중단되면서 선전 입간판과 전광판도 모두 철거되었다.

성재산 정상에 남아 있는 선전 전광판의 구조물. 지금은 전등을 철거하고 아래 지지대 역할을 하는 구조물만 남아 있다. 비무장지대에서 빚어진 체제 경쟁에서 남쪽이 우위를 점했던 선전전은 2004년에 막을 내렸다.

비무장지대 심리전의 중추

1960년대 초부터 시작된 비무장지대의 심리전은 독특한 문화현상이며 정전의 유산이었다. 한반도 비무장지대에서 펼쳐진 심리전 차원의 선전방송과 선전 입간판은 국제사회에서도 유례가 없는 '냉전의 퍼포먼스'였다. 이렇게 광범위한 지역에서 두 개의 체제가 동시에 생방송을 진행한 것은 인류 역사에서도 유일무이했다. 40년 가까이 진행된 비무장지대의 심리전은 비무장지대의 군사문화적 기억이었다. 공영일까, 국영일까 따지기도 힘들지만 남북 모두 정부와 군 당국의 책임하에 이루어진 방송이었고, 군인 신분의 방송 종사자들이 방송 제작의 전반을 담당해 기획 구성부터 편성, 진행까지 맡았다. 더욱이 방송은 대형 스피커를 통해 소리가 248킬로미터에 달하는 지역에 직접 송출되는 매우 드문 전달 방식을 취했다. 비록 비무장지대를 지키는 국군과 인민군을 대상으로 했지만 이는 분명한 고정 청취자였다. 최소 3만 명 이상 되는 병사들이 매일 낮과 밤에 싫어도 들어야 했다. 인류 방송 역사에서 이토록 특이한 방송이 또 있었을까. 한반도 비무장지대에서 실시한 국군 방송과 인민군 방송이 유일할 듯하다.

국군의 비무장지대 선전방송은 1962년에 시작되었다. 인민군은 이보다 몇 년 먼저 시작했다. 그 후 1972년 7·4 남북공동성명이 발표되면서 중단했다가 1980년 가을부터 다시 재개되어, 2004년 6월까지 진행했다. 1992년 남북기본합의서가 체결될 당시 비무장지대 심리전 중단이 검토되었으나 실행되지 못했다. 그 후 2000년 6월 남북정상회담에서 북이 '쌍방 비방 중지'를 제안하고, 2004년 남북장성급회담에서 합의가 되면서 비로소 중단된 것이다. 그날을 기억하는 국군 병사들은 마지막 방송이 인상적이었다고 한다. 비무장지대는 항상 긴장과 적대가 흘렀는데, 그날 하루는 잠시나마 예외적인 분위기가 형성되었던 것이다. 1953년 정전협정 이후 60년 가까운 세월 동안 처음으로 국군과 인민군이 서로를 짧은 시간이지만 존중했던 날로 기억한다. 마지막 선전방송을 기억하는 장교들과 고참 병사의 이야기에는 가슴 뭉클한 느낌마저 전해진다.

선전방송의 중단은 정확히 2004년 6월 15일 00시였다. 국군은 철책선 부대들에게 6월 14일 밤을 기하여 간단한 선전전 중단 의식이 있다는 사항과 몇 가지 지침을 전달했다. 당시 철책선에서 근무했던 병사들의 기억에 남는 지침은 "00시 정각에 야간 경계등을 1분 동안 일제히 소등하라."라는 것이었다. 마지막 선전방송은 먼저 북측에서 "지난 50년간 함께해 준 국군 장교, 사병 여러분 감사합니다."라는 멘트와 "이다음에 다시 만나요."라는 구절이 이어지는 노래가 울렸다. 남측에서도 "인민군 여러분, 그동안 함께하여 고맙습니다. 통일의 그날 만나겠습니다. 건강히 잘 지내십시오."라는 멘트와 애국가를 틀었다. 서로가 인정할 수 없었던 비무장지대의 국군과 인민군 간에 호칭을 써 준 것이다. 이날을 기억하는 국군 장병들은 "의외였고, 신선한 느낌이었다."라고 기억하고 있었다. 남북 각자의 마지막 노래 방송이 끝나고, 밤 00시 정각에 차임벨이 울렸다. 모든 초소에서 야간 경계등 스위치를 내렸다. 전체 남방 한계선의 야간 경계등이 모두 꺼졌다. 이어 1분간 고요가 이어졌다. 전시 상황의 특별한 작전이 아닌데 남방 한계선 전체에 걸쳐 야간 경계등이 모두 꺼진 것은 드문 일이었다. 비록 1분간의 고요였지만 분위기가 남달랐다. 야간 경계등은 다시 켜졌고, 병사들은 다시 초소에서 경계근무를 실시했다. 그렇게 선전방송이 없는 고요한 첫 근무가 시작되었다.

국군의 선전방송은 이쪽저쪽 모두에게 재미있었다고 한다. 목소리도 상냥한 여성 앵커가 맡아서 그런지 진행도 부드러웠고, 듣기도 좋았다고 한다. 선전방송이 중단되기 전 몇 년 동안 국군의 선전방송에서 주로 틀었던 노래를 보면, 김정일이 좋아했다는 최진희의 〈사랑의 미로〉를 비롯해 보아의 〈넘버원〉, 박상민의 〈해바라기〉, 송대관의 〈차표 한 장〉, 김수희의 〈남행열차〉, 설운도의 〈다함께 차차차〉, 양수경의 〈바라볼 수 없는 그대〉 등이 스피커를 통해 군사분계선을 넘어 인민군들의 적적함을 달랬다. 인민군들도 국군의 선전방송에 나오는 노래를 혼자서 혹은 떼창으로 부르곤 했다고 한다. 문화의 힘은 이런 것이다. '이쪽이 더 좋다.'라고 백 마디 주장하는 것보다 사람의 마음을 여러 갈래로 어루만지는 음악이 훨씬 더 깊이 파고든다. 가요를 가르쳐 주는 코너도 있었다고 한다. 한 주 단위로 노래를 정해 한 구절씩 따라하게 만드는 프로그램이었다. 국군 병사들 중에는 철책선이나 GP 초소에서 근무 중 한 구절 한 구절씩 따라 부르는 경우가 많았다고 한다. 아마 인민군 병사들도 초소나 참호에서 매복이나 근무를 서면서 혼자 마음속으로, 혹은 친한 동료들끼리 소곤거리면서 따라 불렀을 것이다.

국군의 선전방송 중에는 인민군의 실생활에 유용한 정보도 있었다는데, 일기예보였다. 북한 전방 지역을 시군 단위로 나누어 해당 지역의 날씨에 대해 상세 예보를 했다. 예를 들면 '오늘 평강군 최저기온 영상 15도이고, 최고기온은 23도이며, 강수 확률은 30퍼센트가 되겠습니다.'라는 식의 방송이었다. 기상예보에서는 남북 격차가 크기 때문에 인민군도 유용하게 청취했다고 한다. 뿐만 아니라 대형 전광판에서 보여 주는 일기예보의 정확성에 인민군 지휘관이나 간부 들이 내심 상당한 충격을 받았다고 전해진다. 국군방송의 뉴스는 올림픽 금메달부터 국제 경기의 우승이나 입상 소식을 비롯해, 국제사회에서 대한민국이 긍정적으로 평가받는 부분만 선별하여 내보냈다. 흔히 정부가 쓰는 지표인 국민총생산 얼마, 경제 규모 몇 위, 수출 몇 위 등 국력을 과시하는 멘트가 많았다.

인민군의 선전방송은 딱딱하고 재미가 없었다고 한다. 주로 주체사상과 김일성과 김정일의 업적이나 위대성 등을 담은 이야기가 나오거나, 혁명가나 인민군 군가 등이 나왔다고 한다. 이런 노래들은 대부분 무겁고 웅장한 멜로디의 곡들이었다. 북한 음악 중 그나마 들을 만했던 것은 가끔 나오는 러시아풍의 음악이었다고 한다. 가사의 내용을 떠나 멜로디는 클래식 음악의 분위기가 제법 풍겼다고 한다. 따지고 보면 북한의 근대 음악이 러시아에서 전수되었고, 이에 직간접적인 영향을 받았을 것이다. 한국전쟁 전후부터 1980년대까지 북한의 당과 국가, 군대의 공식적인 합창, 협주곡 등은 러시아 음악의 영향을 받았다. 그래서 북한 음악에는 시베리아 대륙의 유전자가 남아 있었던 것이다. 이런 탓에 남한에서는 의외일지 몰라도 북한 음악의 멜로디와 분위기에 '쇼스타코비치'의 선율이 남아 있었다. 그러나 남북 모두 젊은 병사들은 장중한 것보다 경쾌한 음악을 좋아하기 마련이다. 국군 병사들은 인민군 병사들에 비해 다양한 장르의 음악 속에서 자라온 탓에, 북한의 단조로운 국가 주도의 음악에는 별다른 흥미를 느끼지 못했다. 그나마 국군 병사들에게 반응이 있었던 북한의 선전방송용 노래는 〈반갑습니다〉와 〈휘파람〉처럼 남한에서 알려진 노래들 정도였다. 당시 병사들 사이에서 몇몇 노래는 귀에 익어 저절로 따라 부르게 되는 경우도 있었다고 한다.

선전방송은 남북 모두 비무장지대 심리전의 중추였다. 국군도 인민군도 GP에서 양쪽의 선전방송 내용을 꼼꼼히 기록하여 상급부대에 보고했다. 서로 중요한 정치적 메시지를 전달하는 하나의 통로였으며 체제 변화상을 읽어내는 중요한 지표 중 하나였다고 한다. 남북이 서로 간첩 이외의 수단으로 상대를 파악하는 중요한 수단이었던 셈이다. 가끔은 새로 부임한 국군 지휘관에 대한 환영 멘트도 있었다. 이는 자신들의 정보력을 과시하는 심리전의 전형이었다. 하지만 선전방송은 대체로 내용의 구성과 짜임새 그리고 재미에 있어서 국군방송이 군사분계선 양쪽의 청취자들에게는 훨씬 인기가 좋았다. 국군방송의 완벽한 우세였다. 북한에서 먼저 선전방송을 중단하자고 제의한 것도 이런 이유 때문이었다. 북한의 선전방송은 국군은 물론이고 인민군에게도 별다른 인기가 없는 반면, 국군방송은 인민군들도 즐겨 들으니 중단하고 싶었을 것이다. 1980년대 이후부터 심리전은 남쪽의 일방적 우세로 넘어가면서, 김정일을 비롯한 인민군 수뇌들은 선전방송을 중단하기로 결단을 내렸다.

선전방송과 함께 심리전의 또 다른 분야로 선전 입간판과 전광판을 들 수 있다. 이들 시설물은 심리전 차원에서 주로 군사분계선 가까운 위치의 GP나 주변 봉우리, 혹은 능선에 설치되어 맞은편에서 한눈에 보이도록 배치했다. 주로 합판이나 철판에 흰색으로 쓴 글씨가 1킬로미터 전후 거리에서도 보이도록 큼지막하게 입간판 형식으로 세워졌다. 선전 입간판의 내용을 보면 인민군이 설치한 것은 "조선은 하나다", "반미 구국", "자주", "주한 미군 철수" 등 북한의 단골 레퍼토리가 많았고, 한때 북에서 체제의 우월성이라 강조했던 "세금 없는 나라", "무상 교육" 등과 함께 "월북 환영", "오라, 북으로" 등도 있었다. 반면 국군은 효과가 거의 미미한 입간판 대신 전광판으로 인민군을 압도했다. 주로 남방 한계선 철책선의 OP나 전망대 등에 설치했던 대형 전광판은 말 그대로 전기를 연결하여 대도시의 네온사인처럼 설치한 것인데, 국군은 이를 통해 여러 가지 심리전 효과를 보았다. "자유대한", "자유를 찾아서 오라", "우리는 한민족" 등처럼 자유민주주의나 동포애를 강조하는 것도 있었지만, 일기예보처럼 인민군도 자연스럽게 관심을 가질 만한 생활 정보도 있었다. 국군의 대형 전광판이 인민군들에게 끼치는 영향은 무시할 수 없었다. 1980년대 중반 이후부터 대형 전광판은 내용에 상관없이 존재하는 것만으로도 인민군들에게 남한의 실상을 은연중에 짐작케 하는 심리전 효과를 발휘했다. '얼마나 전기가 남아돌면 저렇게 큰 전광판을 다 밝힐 수 있을까?' 하는 생각을 유포시킨 것이다.

비무장지대의 선전방송과 선전 전광판의 중단은 남한에서도 몇 차례 논란이 있었다. '대북 선전 효과가 있는데 왜 없애느냐?'라는 것이 그 이유였다. 효과를 생각하면 일리 있는 주장이다. 그렇지만 좀 더 넓은 차원에서 긴장 완화와 화해의 길로 가려면, 남쪽에서 먼저 열린 마음으로 포용하는 자세가 필요하다. 총은 총을 불렀던 것이 비무장지대의 역사였다. 인내하면서 대립과 적대를 해소하려는 실천과 노력이 필요하다. 선전방송 중단은 남쪽이 한 수 양보한 것이기 때문에 비무장지대의 긴장 완화와 군사적 충돌을 방지하기 위한 실천적인 조치로 역사에 남을 것이다. 다시 남북 간 대화의 자리가 마련된다면 북한에 '남과 북은 이미 지난 2004년에 6·15 남북공동선언을 기념하여 북의 제안을 수용해 비무장지대 선전방송을 중단했다. 그러니 이제는 비무장지대의 화약고인 GP도 철거하여 충돌과 대결의 거점을 해소시켜 나가자.' 하고 재차 이야기할 수 있을 것이다.

절정의 풍광을 간직한 저격능선

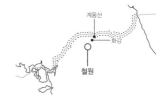

성재산 정상부터 철책선은 다시 비
탈면을 따라 아래로 내려간다. 이내 구 5번국도가 지나가던 곳이 나온다.
지금은 철책선으로 막혀 있다. 전쟁 이전 김화의 번성을 상징했던 구 5번국
도와 금강산 철도는 세월을 잊은 듯 잠자고 있다. 철책선 바로 뒤 남쪽으로
몇백 미터 안 가서 '김화역'이 있던 터도 보인다. 지금은 논과 밭으로 변해
있지만 과거에는 교통의 요지였다. 철원군 김화읍 생창리라 불리는 민통선
지역은 지금은 철원에서 제법 기반을 닦은 농촌 마을이다. 그러나 남방 한
계선 바로 뒤에 있는 탓에 마을 한가운데를 동서로 가로지르는 대규모 지
뢰 지대가 있어 엄중함이 흐른다. 생창리는 여느 민통선 마을 중에서도 비
무장지대라는 특수성이 지역 활성화의 자원으로 이용될 가능성이 가장 엿
보이는 마을이다. 생창리 코앞에 있는 비무장지대의 역사와 내력 그리고 절

정의 풍광 때문이다.

생창리는 비무장지대 철책선에서 불과 500미터 떨어져 있다. 생창리에서 남방 한계선 남쪽 500미터 거리까지 아스콘 도로가 연결되었다. 이 지점이 바로 생창리 마을의 제일 북쪽 지점이다. 냉전시대에 마을 주민들이 겪은 고생은 그야말로 '옛날이야기'가 되어가고 있다. 지척의 생창리를 두고 비탈로 한없이 이어진 계웅산(해발 604미터)을 오르기 시작한다. 산비탈로 이어진 철책선은 오르면 오를수록 비탈의 진수를 보여 준다. 서부전선의 파주부터 중부전선의 철원 김화 3사단 지역까지 걸어오면서 철책선 비탈이 제일 가파른 곳이 성제산이었는데, 곧이어 나타난 계웅산 비탈길이 성제산의 오름길을 무색케 한다. 길이도 그렇지만 비탈의 경사면이 비할 바가 아니다. 서서히 중부전선의 본색이 드러나는 듯했다. 이번 탐사를 떠나기 전 각종 자료와 지도를 살펴보면서 중동부전선부터는 산악 지형이 나타나는 것을 익히 알고 있었다. 하지만 머릿속에 그린 것과 몸으로 부대끼는 현실은 차이가 있기 마련이다. 계웅산을 오르니 남쪽으로 넓게 펼쳐진 생창리 일대의 논과 마을이 한눈에 들어온다.

김화읍 생창리 일대에는 과거 전쟁 이전 김화의 영화가 잠들어 있다. 지금도 생창리 주변에는 근대 문화유산들이 남아 있어 김화의 번성했던 시절을 조금이나마 설명해주고 있다. 1930년대에 만들어진 다리인 암정교를 비롯하여 김화역과 철도 노반, 그리고 도로 원표 등이 남아 있다. 특히 도로 원표는 근대 도로의 흔적을 보여 주는 교통 안내 시설로, 콘크리트 기둥처럼 되어 있는 모습이 특이하다. 이런 근대 유산들이 남방 한계선에서 남쪽 500~1,000미터 이내에 위치하고 있다. 비록 철책선 순찰로에서 조금 떨어진 곳이지만 즐비한 문화유산들은 김화의 영화를 반추하는 듯하다. 김화는 철원이면서 홀로 김화이고 싶어 하는 곳이다. 지금은 행정구역상 철원군 김화읍이지만, 과거에는 남다른 풍요를 누린 지역이었다. 번성했던 시가지는 철원군보다 작았지만, 교통의 요지로 기능하면서 철원의 또 다른 거점 역할을 했다. 그렇지만 전쟁은 이런 김화를 철저히 잊게 만들었고, 지금 김화는 강원도에서도 조용한 농촌 지역이자 군사도시로 자리매김했다. 김화에서 과거의 영화는 오로지 와수리 일대에서만 이어지는 듯하다. 와수리에는 일명 '와수베가스'라 불리는 민통선 인근의 대표적인 군인 거리 중 하나가 형성되었다. 대한민국 '리' 단위 지역 중에서는 둘째 가라면 서러워할 정도로 술집, 식당, PC방 등이 즐비하고, 서울에서 직행버스가 수시로 밀려드는 버스터미널도 있다. 군인들로 인해 형성된 대표적 거리요, 도심이다. 와수리 이외의 김화의 마을들은 전부 농촌을 형성하고 있는데, 그중 가장 농촌스러우면서 전방 같은 곳이 생창리다.

계웅산은 정상까지 철책선이 지나간다. 비탈로 이어지는 철책선을 따라 오르니 숨이 가빴지만 만만치 않은 경사에 쉼터도 별로 없어서 참고 올라가기만 했다. 생창리를 바라보면서 숨을 몰아쉬며 걷고 또 걸었다. 걷다 보니 계웅산 정상이 나타났다. 계웅산 정상은 땀을 쏟으며 허벅지가 당길 정도로 거친 숨을 몰아쉬면서 올라온 여행자를 배신하지 않았다. 허벅지와 발바닥이 묵직했지만 보람은 확실하게 있었다. 계웅산 정상은 상상한 것 이상의 모습으로 우리 앞에 펼쳐졌다. 계웅산을 둘러싸고 있는 중부전선 철원 김화 일대 비무장지대의 풍광은 입이 벌어질 정도였다. 서부전선에서 중부전선까지 지나온 풍경들과는 또 다른 변화무쌍한 모습을 보여 주었다.

계웅산에 서니, 비로소 동부전선이 동쪽으로 파노라마처럼 한없이 뻗어 있는 광경을 볼 수 있었다. 남대천 건너 승리전망대부터 삼천봉까지 철책선은 쭈욱 뻗어 간다. 뒤편 오른쪽에는 장벽처럼 적근산이 민통선 전체를 아우르는 듯한 모습으로 펼쳐진다. 남방 한계선이 동쪽으로 켜켜이 쌓여 있는 능선 사이로 파고들며 사라지고, 그 뒤 동쪽으로 화천, 양구, 인제가 아득하게 보인다. 발아래는 남대천 자연 하천의 빼어난 경치가, 둔치와 주변의 평원, 습지는 물론이고 철책선 뒤 민통선으로 흘러가는 용양보 습지와 김화평야, 평온해 보이는 생창리 마을까지 모습을 드러낸다.

단언컨대 248킬로미터 철책선 중 산과 강이 만나 이토록 역동적인 경관을 빚어낸 곳은 계웅산과 남대천이 으뜸이다. 비무장지대의 자연 생태계와 문화유산은 여전히 조사와 탐구가 더 필요했지만, 철책선을 직접 종주하며 살펴보니 풍광에 있어서는 어느 정도 윤곽이 잡혔다. 경관이라는 것이 보는 기준과 의미 부여에 따라 차이가 있으나, 어느 지형 속에서 자연의 여러 요소가 골고루 형성되어 있는가에 따라 객관적 평가 기준이 나올 수 있다. 계웅산은 남대천과 궁합을 맞추면서 절묘한 풍광을 보여 주고 있다. 계웅산처럼 남방 한계선 철책선에서 360도 파노라마로 조망이 펼쳐지는 곳은 거의 없다. 대부분 안보나 평화 목적의 철책선에 위치한 이름 있는 전망대들도 북쪽 비무장지대 조망은 탁월하지만, 사방으로 경치가 펼쳐진 곳은 찾기 어렵다.

계웅산 정상에서 벅차오른 가슴은 오성산(해발 1062미터)이라는 큰 산으로 인해 조금씩 수그러들었다. 계웅산 북쪽 방향 비무장지대 안에는 한국전쟁 최대의 격전지였던 저격능선이 있다. 이 능선과 계웅산이 북으로 뻗어가는 능선이 군사분계선 근처에서 모여들어, 하나의 줄기로 모이는 정점이 바로 오성산이다. 계웅산 북쪽에는 오성산이 장벽처럼 자리잡고 있다. 계웅산에서 철책선을 지나 북쪽으로 이어지는 능선이 비무장지대며, 군사분계

계웅산 정상에서 남쪽의 민통선을 바라본 전경이다.

선을 지나 북방 한계선을 넘어가면 오성산 정상의 우람한 자태를 자랑하는 산지가 나온다. 한국전쟁사에서 빼놓을 수 없는 저격능선은 오성산으로 뻗어가는 능선 바로 오른쪽에 위치하고 있다.

오성산은 철원 김화 일대에서 유독 우뚝 선 자태를 보여 준다. 민통선 이남의 철원 와수리 일대에서도 오성산의 도도한 산세를 관찰할 수 있다. 오성산은 군사적 개념을 모르는 사람들이 보아도 지리적 위치에서 주변을 압도하고 있음을 느끼게 한다. 김화 일대의 모든 산은 크게 보면 오성산 자락으로 봐도 무방하다. 산세가 크고 홀로 우뚝 솟아 있는 형세여서, 철원군 근북면, 김화읍, 근동면, 원남면 일대에서도 오성산의 우람한 자태가 관찰된다. 오성산은 김일성이 강한 집착을 보였던 중부전선의 군사적 거점이었다. 김일성은 '오성산에 직접 방문하여 전투를 독려할 정도'로 중국군과 다걸기를 했다. 그런 배경에는 오성산과 저격능선이 철원 삼각 지대의 한 축을 이루고 있으며, 군사 전략적으로도 중요한 위치에 있기 때문이다. 구 5번 국도와 금강산 전기철도 등 교통의 중심이라는 점도 빼놓을 수 없다.

한국전쟁의 대표적 격전지 중 하나였던 오성산과 저격능선은 미군과 국군에게는 아린 기억이 남아 있는 곳이다. 계웅산과 저격능선이 북쪽으로 모여 산줄기를 형성하는 곳에 상감령이라는 고개가 있다. 이 고개는 한국전쟁의 역사에서 남한도 북한도 크게 기억하지 못하는 지명이다. 그러나 중국에서는 한국전쟁의 격전지를 상징하는 지명으로 널리 알려져 있다. 오성산은 국군에게는 분하고 쓰린 기억이고, 중국군에게는 승리의 기억을 안겨 준 곳이다. 특히 중국에서는 한국전쟁에서 가장 큰 격전지로 기념한다.

중국군은 저격능선 전투와 계웅산 바로 북쪽의 무명 삼각고지 전투를 합하여 '상감령 전역'이라 불렀다. 행정구역상으로는 철원군 김화읍 감봉리 일대로 상감령과 하감령이 있다. 이 두 고개는 저격능선과 계웅산 능선을 넘나든다. 상감령 전투, 저격능선 전투는 1952년 가을부터 1953년 7월까지 계웅산과 오성산 일대에서 국군 2사단, 미군 7사단이 중국군 15군과 맞섰던 전투였다. 중국군 1만 4,867명이 전사하고, 국군은 사망자와 부상자를 합쳐서 4,830여 명이었다. 그래서 국군은 전사 기록에서 승리한 전투로 평가하기도 한다. 중국이 상감령 전투를 크게 기념하는 것은 저격능선을 두고 승리한 기념비적 전투이기 때문이 아니라, 오성산을 지킨 것에 의의를 두었기 때문이다. 중국군은 오성산 일대에서 지하 갱도를 구축하고 치열하게 미군의 화력 공세를 맞받아치며 싸웠다. 더욱이 전사자는 중국군이 훨씬 많았지만, 그런 희생을 치르면서까지 미군으로부터 오성산을 지켰다는 자부심을 기리고 있는 것이다. 그래서 중국은 오성산 전투에 대해 '항미원조 전쟁' 역사의 한 장으로 큰 의미 부여를 하고 있다.

  심지어 중국은 상감령 전투를 지금까지 초등학교 국어 교과서에 실을 정도로 국가적 의미를 부여하고 있다. 지난 1956년에는 〈상감령〉이라는 영화를 만들어서 '사회주의 조국애'를 홍보하는 선전물로 제작해 많은 중국인들이 관람케 했다. 또한 영화의 주제곡인 〈나의 조국〉은 2000년대 이후까지 중요한 국가 행사와 외교 무대에서 불릴 정도로 중국의 국가적인 명곡으로 남아 있다. 〈나의 조국〉은 올림픽과 미국 백악관에서도 연주될 정도로 유명한 곡이다. 그러나 중국도 마오쩌둥 시대가 가고 난 이후부터는 한국전쟁 자체를 크게 기념하거나 되새기는 분위기는 아니다. 그래도 상감령 전투만큼은 지금까지도 중국인들 사이에서 〈나의 조국〉이라는 곡으로 남아 있다. 중국에 거주하는 한국인 아이들이 중국 초등학교에 다닐 경우 상감령 전투에 대해 배우고, 관련된 노래도 따라 부르게 된다. 북한에서 만든 한국

계웅산 정상에서 김화 남대천까지 비무장지대 철책선이 이어지고 있다.

전쟁에 얽힌 노래를 따라 부르면 국가보안법으로 처벌되지만, 〈나의 조국〉은 예외다. 최근에는 중국과의 교류와 교역 비중이 워낙 커서 한국전쟁에 참조한 중국군 영웅들에 관한 노래인데도 크게 상관하지 않는 분위기다. 아마 이것이 세월이고 화해일 것이다. 그렇지만 정작 남과 북은 비무장지대를 마주보면서 여전히 원수로 남아 있으니 안타까울 따름이다.

중국군은 한국전쟁에 참전한 군대 중 가장 많은 피를 흘렸다. 인민군, 국군, 미군보다 현격히 많은 병사들의 피를 뿌리면서 한국전쟁 역사의 일부가 되었다. 북한의 한국전쟁 역사는 '위대한 수령과 당 중앙의 현명한 영도로 세계 최강 미 제국주의와 맞서 싸워 이긴 전쟁'으로 기록하고 있다. 그렇지만 인민군에게 한국전쟁은 1950년 9월 중순까지 길게 잡아야 약 3개월이 승리의 역사였고, 나머지 2년 10개월은 고난과 시련의 시기였다. 중국의 '항미 원조'가 없었으면 자력으로 버티기 어려웠을 처절한 생존의 사투였다. 그런 점은 국군도 크게 다르지 않았다. 이승만은 북진 통일을 주장하며 미국을 압박했지만, 실상은 미국의 군사적 지원이 없었다면 버티기 힘든 상황이었다. 적어도 국가 지도자로서 이승만의 리더십은 1953년 7월에 낙동강 맨 끝 부산으로 쫓겨간 것 자체로 모든 것이 설명된다. 그러나 그에게는 미국이라는 나라의 정치 구조와 원리를 본능적으로 간파한 눈썰미가 있었기에 주한 미군과 백악관을 적절히 밀고 당기면서 생존을 이어갔다. 그러나 이런 이승만의 줄타기도 정전협정의 조속한 체결을 원했던 미국의 이해와 충돌하면서 미군은 이승만 제거를 위한 군사 쿠데타를 고려하기도 했다고 한다.

오성산과 저격능선에 뿌려진 국군과 미군 그리고 중국군과 인민군 병사들의 피와 원혼은 아직도 군사분계선을 사이에 두고 화해하지 못한 채

배회하고 있을지 모른다. 철책선을 걸으면서 새롭게 알게 되고 느낀 것이 여럿 있지만, 격전지를 구체적 공간으로 실감한 것은 빼놓을 수 없다. 다큐멘터리나 영화와는 또 다른 처절했던 역사의 현장을 생생하게 되새겨 볼 수 있었던 것이다.

계웅산 정상에서 오성산과 저격능선 혹은 상감령의 실체를 떠올리면서, 정전시대를 거치며 변화해 온 남한과 중국의 관계와 여전히 고착 상태에 있는 북한과 미국의 관계를 되짚어 보았다. 한국전쟁의 무대는 한반도였지만, 전쟁의 주역은 미국과 중국이었다. 남한이든 북한이든 서로 자신들이 주도해 이긴 전쟁이라고 주장하지만, 실제 전쟁은 모든 측면에서 미국과 중국이라는 두 강대국이 직접 맞서 싸우며 주도한 전쟁인 것이다. 다만 전장이 한반도였고, 국군과 인민군이 각각의 지원과 후원자인 군대를 따라 함께 싸운 전쟁이었다. 그런데 미국과 중국도 서로 화해를 했고, 남한과 중국도 화해는 물론 먹고사는 문제에서 가장 끈끈하게 교류하고 있다. 오직 남과 북, 북한과 미국만이 화해하지 못하고 으르렁거리고 있다. 북한을 화해와 공존의 무대로 이끌어야 한반도는 정전협정에서 새로운 시대로 넘어갈 것이며, 진정한 평화의 시대로 진입하게 될 것이다. 저격능선 혹은 상감령에서 이런 동북아시아의 현실을 되짚어 본다.

금강산 전기철도에서 되새기는
식민지와 전쟁

계웅산 정상을 넘어서니 남대천이
흐르는 곳까지 계속해서 내리막이다. 제법 비탈이 심하다. 계웅산은 생창리
쪽에서 올라올 때도 가파른 비탈을 자랑하더니, 내려가는 길도 만만찮다.
이곳에서 밤낮없이 순찰을 다니는 초병들의 무릎이 걱정스럽다. 젊어 팔팔
할 때라지만 1년 동안 이런 내리막길을 다니다 보면 관절에 무리가 가지 않
을까 싶다. 우리 일행도 안내 장교도 내리막에서 혹시 미끄러지지 않을까
조심조심 발걸음을 디디며 내려갔다. 비탈이 가파른 철책선 사이사이로 남
대천의 모습은 더욱 구체적으로 보인다. 본류의 물줄기가 곡류를 형성하는
모습을 비롯해 자연 하천의 면면이 흥미롭다. 남대천의 다양한 모습이 손에
잡힐 듯 여러 각도에서 관찰된다. 남대천 물줄기 주변에는 둔치가 너르게
펼쳐지면서 형성된 크고 작은 숲이 자리하고 있으며, 물둠벙 같은 작은 습

지도 있다. 둔치를 품은 큰 하천 습지 안에 작은 습지가 놓여 있는 이색적인 특징을 보여 주고 있다. 계웅산 정상부터 남대천 본류 사이 철책선 순찰로에서는 자연 하천의 원형을 좀 더 구체적으로 살펴볼 수 있다. 비무장지대의 하천에서 본류의 물줄기를 비롯한 둔치의 다양한 모습을 자세히 관찰할 수 있는 곳은 남대천이 으뜸이다.

남대천은 북한의 금성면 어천리 수리봉에서 발원하여 비무장지대를 지나 남서 방향으로 흐른다. 이후 민통선을 지나 김화읍 당구미에서 한탄강과 합류하고, 북한의 아침리를 지나 비무장지대를 통과하며 생명력 넘치는 습지를 형성한다. 비무장지대의 대표적인 자연 하천으로 낮은 산지와 평원, 습지가 하나로 연결된 생태계의 어울림을 한눈에 보여 준다. 강변의 모습은 비무장지대 안쪽도 탁월하지만 철책선을 지나 민통선 지역에서 바라보면 자연 습지의 원형이 그대로 살아 있다. 군인들은 철책선 사이로 물길이 지나가는 곳을 '수통문'이라 부른다. 남대천은 수통문을 지나면서 작은 호수처럼 변한다. 과거 물줄기를 막아 만든 용양보라는 저수지다. 그런데 이 용양보 지역이 이제는 생물 다양성의 보고가 되었다. 남방 한계선을 넘자마자 물줄기는 천연 호수처럼 너르게 습지를 형성하면서 곳곳에 울창한 왕버들 군락을 형성한다.

철책선 안팎 물가 곳곳에서 무리를 이루며 자라고 있는 왕버들나무는 습지의 생명을 지키는 수문장처럼 물가를 에워싸고 있다. 웬만한 습지 보호 지역으로 지정해도 손색이 없을 정도로 생물 종이 다양하고, 원시적인 아름다움을 갖추고 있다. 이곳은 수달과 원앙의 보금자리이며, 물속에는 묵납자루가 부글부글하다. 서식지로서 다양성이 뛰어나고 경관이 탁월하다. 비무장지대 안쪽 남대천 습지와 철책 바로 뒤 민통선에 위치한 용양보는 하나의 자연 생태계 서식지로 연결되어 있다. 물이 흘러내리면서 빚어낸 생태계는 철책선이 만든 단절의 영향을 받지 않고, 인간의 간섭이 없는 자연 하천이 얼마나 아름다운지를 맘껏 보여 준다. 마치 생명의 경연장과도 같다. 멧돼지, 노루 등 대형 포유동물을 제외하고 대부분의 생물들은 비무장지대와 민통선을 하나의 생활 터전 삼아 마음껏 활개 치며 살고 있다. 남대천은 곤충부터 어류와 양서·파충류, 포유류, 조류 등 온갖 생물들의 완벽한 보금자리가 되고 있다.

김화 남대천은 비무장지대 하천 중 습지 경관이 제일 탁월한 곳이다. 계웅산전망대부터 승리전망대를 지나면서 계속해서 관찰되는 남대천의 경치는 자연 하천의 원형이 무엇인지 생생하게 보여 준다. 남대천은 전쟁 이전에는 김화평야를 적시는 젖줄이었다. 풍성한 생산의 근원이었고, 삶의 터전을 제공해 주는 물줄기였다. 더불어 남대천 둔치는 철원에서 금강산으로 가는 통로였다. 지금도 비무장지대 안에는 일제 강점기 금강산을 오가던 협궤열차 노반이 하천 물줄기 주변에 그대로 남아 있다. 남대천은 전쟁 이후에도 극적인 생명의 진수를 그대로 드러냈다.

남대천의 용양보 남방 한계선을 지나 비무장지대 안쪽에는 협궤열차의 노반이 그대로 남아 있다. 수풀이 융단처럼 뒤덮여 마치 이끼로 조경을 한 듯 기찻길이 그대로 있다. 레일과 침목은 사라졌지만 철길의 원형인 노반은 그대로 남아 있는 것이다. 뿐만 아니라 물줄기 위에는 당시 철교도 그대로 있다. 노반의 철도 시설물은 사라졌지만, 철교의 구조물은 그대로 남아 있다. 80년 가까이 된 철교가 무심하게 물길 위에 걸쳐 있다. 해방 이전에는 이 철도를 통해 빈번하게 금강산을 오갔지만 전쟁을 거치면서 철길은 자연의 손길이 끌어안았고, 이제는 자연 하천의 너른 품이 되었다.

금강산 전기철도 노반이라는 유산

금강산 전기철도는 우리나라 철도 역사에서도 보기 드문 레일의 폭이 좁은 협궤열차였다. 금강산 전기철도는 1931년 7월 1일 개통되었다. 철원역부터 내금강산역까지 약 117킬로미터에 달하는 관광 철도였다. 철원역부터 시작하여 동철원, 동송, 양지, 이길, 정연, 유곡, 금곡, 김화, 광삼, 하소, 행정 등을 거쳐서 내금강까지 들어갔다. 당시의 역들은 아직까지 철원군의 주요 '리' 단위 마을들로 여전하다. 양지, 이길, 정연, 유곡, 김화 등은 철원의 대표적인 민통선 마을들이다. 민통선 지역인 양지리부터 이길리, 정연리에는 금강산 철도의 노반이 남아 있다. 특히 한탄강을 건너는 구간에는 금강산 철교가 있다. 김화읍 도창리와 갈말읍 정연리 사이를 오간 철도 교량인데, 아직까지 원형 그대로 남아 근대 문화재로 지정되어 있다. 금강산 철교는 노동당사와 함께 철원의 비무장지대를 상징하는 대표적인 근대 문화유산으로 알려져 있다.

비무장지대 내부에 있는 금강산 전기철도의 노반을 보니 먹먹한 심정이 밀려든다. 일제 강점기에 철도는 일본인들의 자본과 기술에 전적으로 의존했다. 철도가 주로 남북 종단으로 발전한 것도 일본이 대륙 침략의 전진기지로 활용하려 했기 때문이다. 금강산 전기철도 역시 일본 사람들의 관점에서 이루어진 시설이었다. 입에 풀칠이 급했던 조선 사람들에게 금강산으로 관광 가는 열차는 그림의 떡이었다. 당시 금강산 열차의 요금은 도시 노동자 몇 달 치 월급에 달하는 비싼 값이었다. 그래서 금강산 전기철도의 실제 이용자는 일반 조선인이 아닌 주로 일본인이나 일제와 연결된 기관에 일하는 조선인 정도였다.

비무장지대 안에 길게 늘어진 금강산 전기철도는 식민지와 전쟁으로 이어지는 한반도 고난의 역사를 그대로 관통하고 있는 역사 유산이다. 이 땅의 근대 유산이 대부분 그렇듯이 식민지에서 태어나, 전쟁을 고스란히 지켜보면서 현재까지 원형을 유지하고 있다.

남대천 수통문을 지나면서부터 철책선은 오르막으로 이어진다. 비탈길을 조금 오르자마자 금강산 철도의 노반이 더욱 선명하게 보여 손에 잡힐 듯하다. 철도 노반은 북쪽을 향해 남대천 물줄기를 거슬러 오르는 것처럼 내금강으로 이어진다. 철책선을 따라 왕버들 군락 사이사이로 철도 노반은 계속 이어진다. 또 하나의 흥미로운 근대 유산이 더 있다. 금강산 전기철도의 에너지원이었던 전력 공급용 송전탑이 아직 남아 있었다. 망원경으로 자세히 보니 고압선은 사라지고 없었지만, 철탑만은 분명하게 우뚝 서 있다. 비무장지대 안에 있는 몇 안 되는 근대의 흔적이다. 앞으로 비무장지대의 문화유산 탐사를 통해 밝혀지겠지만, 비무장지대는 60년 전 농촌과 도시였던 곳이다. 그래서 비록 큰 규모는 아니지만, 과거 근대의 흔적과 전통 농촌의 흔적이 곳곳에 남아 있다. 이 중 사회 기반 시설로는 경의선의 흔적과 함께 금강산 전기철도의 노반과 송전탑이 대표적이다. 일본 자본이 건설하고 전기도 양수 발전에 의해서 만들어 이곳 송전탑에 공급한 것이다.

80여 년 전 일본이 강원도 내륙까지 파고드는 철도를 건설한 목적이 과연 무엇이었을까? 금강산 전기철도는 1921년 강원도 철원역에서 창도역 사이를 오가는 철도로 시작되었다. 창도는 유화철 생산지로 유명한 곳이었다. 일제는 유화철을 개발하여 일본 본토로 반출하기 위해 철원-창도 간 협궤열차가 다니는 철도를 개설한 것이다. 이후 1931년에 창도-내금강 사이 구간으로 늘어나고, 전기가 공급되면서 금강산 전기철도는 철원-내금

김화 남대천 일대에는 일제시대에 철원에서 금강산까지 다니던 금강산 전기철도의 흔적이 아직도 곳곳에 남아 있다. 당시 철교의 교각이 아직도 있다. 나무로 된 다리는 한국전쟁 때 군인들이 철교를 이용해 만든 것이다.

자연 하천의 원형이 그대로 살아 있는 비무장지대 내부의 김화 남대천 전경. 물줄기 외곽으로 희미하게 이어진 선이 금강산 전기철도 노반이다.

강 구간을 다니는 철도로 변모했다. 자원 수탈에서 시작해 조선에 군림하던 일제 지배층의 관광용 열차로 거듭났다. 조선총독부가 강원도 내륙 깊숙한 곳에 철도를 만든 것은 강원도 내륙에 사는 조선 사람들의 교통 문제를 해결하기 위한 것도, 조선에 필요한 자원을 공급하기 위한 것도 아니었다. 일본인이 조선에 들어온 가장 중요한 목적인 수탈에 이용하기 위한 철도였다.

철책선에서 금강산 전기철도라는 식민지 근대 유산을 바라보며 전쟁과 식민지의 깊은 연결 고리를 곱씹었다. 비무장지대와 정전협정을 낳은 전쟁과 분단의 뿌리를 파고들면 식민지 지배가 도사리고 있다. 민족의 수난이었던 식민지의 기억은 그렇게 전쟁과 연결되어 있다. 역사에서 한 시대는 다음 시대를 준비하기도 하고 규정하기도 한다. 적어도 20세기와 21세기 한반도를 가장 강력하게 규정했고, 민족 구성원 전체를 고통에 몰아넣은 두 사건이 바로 일제의 식민지 지배와 한국전쟁이었다. 그런데 이 두 거대한 사건이 별개가 아니라 긴밀히 연결되어 있음을 남대천 금강산 전기철도의 흔적을 바라보며 상기하게 된다. 일제가 이 땅을 지배하면서 많은 근대적 산업 시설과 사회 기반 시설을 조성한 것처럼 보이기도 한다. 그런 시설들 중에는 해방 이후까지 이어진 것도 있다. 그러나 모든 것은 하나의 목적, 일제의 아시아 침략과 수탈을 위해서였다.

일제가 한반도에서 추구한 통치의 핵심은 군국주의와 천황제로 이어지는 아시아 침략의 발판이자 전진 기지를 이루는 것이다. 근대적 개화와 문물의 도입도 천황과 대동아공영을 위해 중국으로 나아가는 침략 전쟁의 길을 위한 것이었다. 아울러 일본인과 일본 본토의 이익이란 관점이 1차적이었고, 조선인과 중국인은 이를 위해 이바지하는 식민지 민족이었다. 이렇듯 식민지의 정치와 경제, 문화 등 일체의 근대적 통치 행위는 천황제와 군국

주의로 일관했다.

또한 일제의 식민지 지배는 한반도 구성원 스스로의 정상적인 발전을 가로막았다. 산업과 경제의 발전뿐만 아니라 민족 구성원 내부의 사회적 통합도 기대할 수 없었다. 이로 인해 근대적인 정치 질서를 세우고, 그것에 입각해 사회를 통합하여 새로운 국가의 기틀을 세우려는 과정에서 민족 내부의 여러 정치 세력 간의 갈등과 대립은 만만치 않았다. 좌든 우든 외세에 의존하여 내부의 문제를 해결하려는 경향이 심했고, 그 결과 전쟁이라는 악마의 유혹이 한반도를 집어삼켰다.

인류의 어떤 나라도 근대적 체제가 단박에 이루어진 적은 없었다. 훈련과 적응이 필요하며, 갈등 과정에서 때로는 다투고 때로는 타협하면서 스스로 제도와 구조를 정착시켜 간다. 이런 과정에서 심한 경우 피를 흘리기도 하는데 그중 가장 극단적인 경우가 내전이다. 그런데 한반도는 외세의 힘에 기댄 내전이었기에 더욱 치열하고 처절했다. 한국전쟁은 우리에게 민족 내부의 갈등이 어떤 것이든 아무리 심각해도 전쟁만은 피해야 한다는 뼈아픈 교훈을 남겼다.

전쟁을 거치면서 남과 북은 민주주의를 근본부터 위협하는 권위주의적 정치 체제를 강화해 갔다. 그렇지만 남한은 1990년대 중반까지 무수한 피를 흘리면서 독재에 저항하여 민주주의를 일구어 왔다. 반면 북한은 민주주의와는 거리가 먼 독재 체제를 3대째 지속하고 있다.

비무장지대를 무대로 한 정전 체제에서 우리가 당면한 과제는 평화협정의 체결을 통한 긴장과 대립의 해소다. 비무장지대에서 평화협정을 이루어 실질적인 민족 통합을 위한 단계적 실천을 하는 것이 절실하다. 전쟁을 겪으며 대립했던 두 체제가 하나의 미래를 꿈꾸기 위해서는 무엇보다 서로

김화읍 생창리의 남대천에 남아 있는 음양교 전경. 1930년대에 만들어졌는데 전쟁 때 일부 파괴되었으나 교각과 상판은 여전하다. 김화 일대에는 근대 유적들이 곳곳에 남아 있다.

를 이해하고 포용하는 공존의 과정이 있어야 한다. 이것이 바로 민족의 통합이며, 이질적인 두 사회의 통합이다. 이런 밑거름 없이 한반도의 단일한 미래는 요원하다.

금강산 전기철도 노반이라는 식민지 근대 유산을 통해 비무장지대와 정전 체제의 현실을 다시금 되새겨 본다. 거창한 포부의 통일보다 실질적인 평화 체제의 정착과 남북의 통합이라는 과제가 떠오른다. 100년 전 우리 스스로가 이루지 못한 근대 체제의 꿈은 아직도 남아 있다. 정전 체제를 끝내는 날 그 꿈은 이루어질 것이다.

들어가면 죽는다

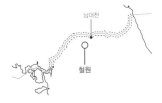

　　　　　　김화 남대천을 지나면서 3사단 지역
에서 15사단 지역으로 접어들자 본격적으로 산악 지형이 나타났다. 그날은
중동부전선 전체가 이슬비에 젖어 있는 듯했다. 곳곳에 안개가 자욱했다.
웬만하면 그냥 하루를 쉬고 다음 날 조사를 진행할 텐데, 중동부전선의 전
체 일정이 만만치 않았다. 흐린 날이었고, 15사단 지역 철책선을 걸으면서
산림 지역 산지조사를 하던 중이었다. 그날 대인지뢰의 실체를 온몸으로 체
험했다. 오후에 15사단 지역인 승리전망대를 몇백 미터 남겨두고 부지런히
철책선을 걷던 중이었다. 초소의 초병이 우리 일행을 안내하고 있던 간부에
게 다가와 긴급 사항을 전달했다. "인접 사단에서 지뢰 사고가 발생, 1군 지
역 전체 철책선의 모든 이동을 중지하라는 명령 하달. 일단 대기하라는 명
령 전파!"였다. 이렇게 대인지뢰 또는 폭탄이 불시에 터지거나, 훈련이 아닌

예상치 않은 총격이 벌어지면 전 전선이 단일한 명령 체계에 의해 일사불란하게 대응하고 움직인다는 사실을 이날 우리는 처음으로 경험했다.

우리 일행은 초소 뒤 벙커 안 한구석에 쪼그려 앉아 대기했다. GOP 경계근무를 서는 병사들이 다음 근무지로 이동하면서 휴식하는 작은 쉼터와도 같은 공간이었다. 물주전자와 컵, 소소한 잡지 정도가 비치되어 있었다. 상급 부대의 '이동해도 좋다'는 명령이 떨어질 때까지 1시간가량 대기하면서 휴식 중인 병사들과 자연스럽게 대화가 오고 갔다. 당연히 대인지뢰에 대한 이야기부터 시작되었다. 1990년대 이후 먹을거리가 풍성해져서 병사들이 더덕을 캐고 뱀을 잡아 구워 먹는 등 과거 군대 시절의 추억 같은 일들은 없어졌다고 한다. 그래서 미확인지뢰가 대부분인 숲 속으로 들락거릴 일도 거의 없어 지뢰 사고는 상대적으로 줄었다. 하지만 훈련 중 이동할 때나 예기치 못한 경우의 사고는 가끔씩 있다고 한다.

서부전선부터 비무장지대를 걸으면서 중부전선을 거쳐, 동부전선의 동해안까지 단 하루도 지뢰를 의식하지 않은 날은 없었다. 또 철책선 주변 치고 미확인 지뢰 지대 아닌 곳이 거의 없었다. 남과 북의 긴장과 적대, 대립 등이 역사적 사실을 인식하는 머리의 영역이라면, 지뢰는 심장과 피부, 촉수의 영역이었다. 알면 알수록 무서운 실체가 지뢰였다. 철책선을 걷다가 불과 2~3미터 옆에 지뢰가 널려 있다는 사실을 알게 되면 모골이 송연해졌다.

서부전선의 시작인 1사단 지역부터 대인지뢰의 실체가 우리 앞에 나타났다. 도라산 OP를 지나 철책선 순찰로에서 마주했던 지뢰 경고판이 잊히지 않는다.

'들어가면 죽는다'

아무 말은 없었지만, 그 경고는 비수보다 날카롭게 느껴졌다. 철책선 바로 옆 미확인 지뢰 지대에 세워져 있는 작은 경고판 문구였다. 그 어떤 경고 문구도 이날처럼 강한 느낌은 없었다. 뒷골목이나 화장실 한구석 낙서에서 오만 가지 욕설과 음담패설은 흔히 보지만, 공공시설에 게시한 안내문구 중 이토록 선명한 경고는 없을 것이다. 이 일곱 글자가 주는 의미는 두고두고 잊히지 않았다.

1사단을 지나 연천 25사단 지역 철책선을 걸으면서 잊을 수 없는 또 하나의 지뢰 경고판을 보았다.

'길이 아니면 가지 마라'

철책선 순찰로 바깥 쪽 민통선 방향의 미확인 지뢰 지대의 숲과 초지 곳곳에 붙어 있는 경고판이었다. 지뢰 지대의 위험을 압축적으로 담고 있는 경고판이었다. 이 경고판은 철책선과 뒤쪽의 소대급, 중대급 주둔지와 막사를 둘러싸고 있는 모든 통로와 길에 붙어 있었다. 지뢰의 실체를 알고, 그것이 얼마나 공포스러운지 알게 된다면 '길이 아니면 가지 마라'는 경고문이 만만치 않은 무게감을 주는 말이라는 사실을 체감하게 된다. 길이 아닌 곳을 가다 그곳에 묻혀 있던 대인지뢰를 밟으면 죽거나 발목이 절단된다. 철책선 주변은 오직 군인들만 다니는 곳이다. 그래서인지 '지뢰가 위험하다', '지뢰가 폭발하면 죽을 수도 있다'는 경고보다 '길이 아니면 가지 마라'라는 말이 더욱 명료하고 의미심장해 보인다. 비무장지대를 비롯하여 철책선 순찰로 일대, 그리고 민통선 이북 지대는 온통 지뢰밭이라 해도 과언이 아니다. 군인들이 수색과 정찰을 목적으로 개척한 이동로를 빼고는 전부 지뢰

한국전쟁이 남긴 비극적인 상처 중 하나인 대인지뢰 경고판. 서부전선과 중부전선의 비무장지대 주변에서 흔하게 볼 수 있다.

지대로 봐야 한다.

한국전쟁의 결과로 형성된 비무장지대의 흔적 중 가장 비인간적인 방어 수단이 바로 대인지뢰다. 수백만 발이라고 추정만 할 뿐 정확한 수도 모르고, 뿌려진 위치도 다 파악되지 않고 있다. 향후 한반도 정전협정이 평화협정으로 바뀌어도 쉽게 해결하기 어려운 문제임이 틀림없다.

비무장지대의 살아 있는 괴물, 대인지뢰

대인지뢰는 인류가 만들어 낸 가장 비인간적인 무기다. 선전포고도 없이 순식간에 목숨을 빼앗거나, 발목을 절단시킨다. 다행히 살아남는다 해도 평생 불구로 지내야 하는 잔혹한 무기다. 지뢰는 아군과 적군을 구분하지 않으며 어른, 아이도 가리지 않는다. 누구든 무자비하게 해치워 버리는 살인자, 그것이 지뢰다.

동부전선 21사단 지역 양구에는 해안면이란 곳이 있다. 가칠봉 OP와 을지전망대로 이어지는 철책선 뒤쪽에는 면소재지 전체가 민통선 지역인데, 이곳이 양구 해안면이다. 지리적 특이 지역으로 해안분지다. 한국전쟁 때는 '펀치볼'로 알려진 곳이다. 이곳은 비무장지대 일원 민통선 마을 중 지뢰 피해자가 가장 많은 곳이며, 피해자는 지금도 간혹 나오고 있다. 민통선 이북에 포함된 지역 중 가장 대표적인 마을인 해안면은 '민간인통제선 북방 지역'으로 분단의 상처와 아픔이 가장 짙게 깔린 상징적인 곳이다. 이곳에서는 농지 개간과 농업 활동 과정에서 많은 대인지뢰 사고가 발생했고, 수많은 사람들이 피해를 입었다. 지금도 대인지뢰의 피해를 언급하면 한이 맺혀 말을 잇지 못하는 분들이 여럿 있다.

해안면 백춘옥 씨가 사고를 당한 것은 1998년 8월 12일이었다. 해안면 월산리 자락 밭에서 일을 마치고 개울가에서 손을 씻다가 지뢰를 밟아 발목이 날아갔다. 사고가 터지자 부리나케 달려온 군인들이 그가 밟은 지뢰의 이름이 'M14 대인지뢰'라고 알려 줬다. 사고의 충격은 그의 삶을 바꿔 버렸다. 농사를 짓기 힘든 것은 물론 시도 때도 없이 통증이 엄습해 왔다. 하지만 대한민국 정부는 백씨에게 아무런 보상도 해주지 않았다.

박춘영 씨의 발목을 날려버린 것도 M14 대인지뢰였다. 지난 1963년 봄이었다. 신작로 주변 밭에서 고사리를 캐다가 순식간에 '쿵' 하는 폭음과 함께 모든 게 끝났다. 군 당국에서는 치료는 고사하고 '조용히 입 다물라'는 언질만 주었다. 박씨는 "그런 시절이었다."라고 말했다. 박씨를 분노하게 하는 것은 시간이 지나 세상이 좋아졌는데도 수십 년 동안 이어진 그의 피해를 외면하는 정부였다. 그는 "너무 억울하고 고통스러운 세월이었다."라며 눈물을 닦았다.

힘들고 어렵지만 대인지뢰에 대한 대책을 마련해야 한다. 특히 민간인 피해자에 대한 구제는 국가와 정부가 적극적으로 나서야 한다. 이제부터라도 들판에서 이삭 줍는 심정으로 하나하나 접근해야 할 것이다. 대인지뢰 대책 마련에 대해 북한도 남한도 외면하는 풍토가 남아 있다. 다행인 것은 2014년 10월 '지뢰 피해자 지원에 관한 특별법'이 국회를 통과했다. 2015년 4월부터 이 법이 발효되면 지뢰 피해자들에 대한 보상이 점진적으로 이뤄질 것이다. 오랜 시간 전쟁과 분단의 또 다른 희생자였던 지뢰 피해자에게 국가의 손길이 미치게 된 것이다.

기록에 따르면, 한국전쟁부터 시작해 정전협정 체결 당시는 물론이고

1960년대 후반 서로 무장간첩을 보낼 때도 비무장지대를 비롯한 남방 한계선 주변이나 뒤쪽 민통선 지역 곳곳에 M14 대인지뢰를 뿌렸다고 한다. 헬기를 이용하여 박스에 담긴 대인지뢰를 그냥 낙엽 뿌리듯 하늘에서 땅으로 떨어뜨린 것이다. 심지어 철원 근동면 적근산 일대에는 1980년대 중반까지 대간첩 작전을 수행하면서 헬기로 삐라 뿌리듯 지뢰를 매설했다. 가장 위험한 것은 역시 M14 플라스틱지뢰다. 이 지뢰는 발목만 잘라버리는 비인간적인 무기다.

지뢰 지대는 매설 목적과 방법에 따라 크게 두가지로 나뉜다. 계획 지뢰 지대와 미확인 지뢰 지대다. 계획 지뢰 지대는 군이 방어의 목적으로 248킬로미터 전체 전선에 걸쳐 방어 주요 지점에 계획을 세워 매설한 지뢰 지대다. 작전과 경계 목적으로 지뢰를 매설한 계획 지뢰 지대는 해당 작전 부대에서 매뉴얼에 입각하여 관리하고 있다. 구체적인 지점이 표시된 매설 지도와 설치한 지뢰의 종류 및 개수도 해당 작전부대에서 보관하고 있다. 그래서 전시가 아닌 상황에서 작전성이 없다고 판단될 경우, 지뢰 제거를 비롯한 탐지도 상대적으로 손쉽다. 관리 카드를 바탕으로 설치 매뉴얼에 따라 하나씩 뽑아내면 제거가 가능하다.

문제는 미확인 지뢰 지대다. 과거 한국전쟁 때 치열한 전투 과정에서 살포 또는 매설했거나, 1960년대까지 헬기 등의 항공기로 살포한 경우다. 이런 미확인 지뢰 지대의 경우 지뢰의 종류나 수량을 알 수 없다. 더구나 어디 어떻게 매설되어 있는지 알 수가 없어 아군과 민간인을 수시로 위협한다.

군사분계선 이북 지역도 이남 지역 못지않게 엄청난 수의 지뢰가 매설된 것으로 추정하고 있다. 북한은 관리 지역인 북방 한계선 인근 철책선 전면에 대규모 계획 지뢰 지대를 구축해 놓았다. 북에서는 흔히 '지뢰원'이라 부르는 이 지대는 북한의 대표적인 철책선인 고압전선 바로 아래에 있으며, 수십에서 수백 미터의 폭으로 지뢰 지대를 형성하여 248킬로미터 비무장지대 전체에 형성되어 있는 것으로 알려져 있다. 북한의 지뢰원은 목함지뢰, 플라스틱지뢰, 대전차지뢰, 말뚝지뢰 등 소련과 중국 등에서 사용하던 지뢰가 주류를 이룬다. 비무장지대 북한 관할구역에서 매설되어 관리되는 지뢰원은 전시나 작전시 방어 목적으로 설치되었다. 하지만 1990년 이후부터는 귀순자나 탈북자 들의 저지선으로도 효과가 상당하다고 알려졌다. 실제로 북한 철책선 인근에서 근무하다 귀순하려던 인민군 병사가 고압전선을 통과하고도, 이 지뢰원에 걸려 남쪽으로 오지 못하고 죽은 경우도 있다고 한다. 비무장지대에서 대인지뢰의 위협은 적에 대한 위협일 뿐만 아니라 자국군에 대한 위협이기도 하다.

대인지뢰는 비무장지대의 살아 있는 '괴물'이다. 비무장지대는 전 세계에서 가장 많은 대인지뢰가 매설돼 있는 곳으로 꼽힌다. 국제대인지뢰대책회의(ICBL)는 전 세계 분쟁 지역 중 대인지뢰가 가장 많은 지역으로 한반도 비무장지대를 꼽았다. 국제대인지뢰대책회의는 비무장지대를 중심으로 한반도 전역에 최소한 220만 개 이상의 지뢰가 묻혀 있다고 한다. 다만 정확한 수는 파악하기 힘든 것으로 알려졌다. 심지어 계획적으로 매설한 지뢰보다 비행기에서 대량 살포한 '미확인 지뢰'가 더 많다. 여기에 전쟁 중 방치된 수많은 불발탄까지 합치면 상상을 초월할 정도의 지뢰와 폭발물이 비무장지대를 뒤덮고 있다. 남과 북이 평화시대로 접어들어 비무장지대의 일부 지역을 제한적으로 이용하더라도, 나머지 지역은 대인지뢰의 위험성 때문에 상당한 시간 동안 민간인 출입을 통제할 수밖에 없는 상황이다.

국제 평화운동의 이슈, 대인지뢰

대인지뢰는 국제사회의 평화운동 중 가장 큰 이슈이자 현안이다. 전 세계 140여 개 나라가 대인지뢰의 전면적인 금지를 담은 오타와 협약에 가입했다. '오타와 협약'은 지난 1997년 발효되었다. 군축과 무기에 관한 국제협약 중 가장 많은 국가가 동참했다. 국제사회는 오타와 협약을 통해 '대인지뢰의 사용뿐만 아니라 생산, 비축, 유통, 보관, 저장, 매설 등 지뢰에 관한 일체의 접근을 금지하겠다.'는 약속을 했다. 이를 계기로 인류는 지구상에서 영원히 지뢰를 금지하고 추방하는 활동을 활발히 전개하고 있다. 1990년대 중반부터는 대인지뢰에 대한 민간 차원의 국제적인 금지운동과 캠페인도 아주 활발해졌다. 국제사회는 대인지뢰 피해자를 돕고 지뢰를 제거하는 활동에 많은 관심을 갖고 예산 지원도 많이 하고 있다. 일본만 하더라도 국제사회에 1,000만 달러 이상을 기부하기도 했다. 비틀스의 폴 매카트니는 라이브 공연의 수익금을 대인지뢰 금지 활동에 기부하기도 했다.

또 교통사고로 사망하여 비운의 황태자비로 알려진 영국의 다이애나 비도 대인지뢰 금지 운동에 누구보다 많은 기여를 한 인물이다. 그 공로로 노벨평화상 수상자 후보에 거론되기도 했다. 그래서 국제대인지뢰대책회의의 대표 조디 윌리엄스가 지난 1997년 노벨평화상을 수상했다. 한편 오타와 협약을 거부한 미국도 대인지뢰 제거에는 많은 예산을 지원하고 있다. 일본만 해도 정부와 민간이 협력하여 대인지뢰 금지운동에 관한 기금만 1,000억 원가량 확보하고 있다.

오타와 협약에 아직도 가입하지 않은 나라는 북한, 중국, 러시아, 파키스탄 등을 비롯하여 한국, 미국 등 주로 냉전을 선도했거나 국제적 분쟁의 중심에 있는 나라들이다. 미국이 이 조약에 가입하고 있지 않은 가장 큰 이유는 한반도 비무장지대 때문인 것으로 알려졌다. 지난 1995년 빌 클린턴 미국 대통령이 일본에 방문했을 때 NHK가 "왜 미국이 대인지뢰 금지협약에 가입하지 않고 있느냐?"란 질문을 던졌을 때 "한반도 비무장지대의 대치상황 때문에 억지력 차원에서 불가피하다."라는 답변을 했다. 하지만 미국내의 군사 전문가들도 대인지뢰의 군사적 용도에 의문을 제기한다. 실제로 대인지뢰가 한반도의 전쟁 억지에 기여할 수 없다는 점은 여러 차례 언급되었다. 주한 미군사령관을 지낸 제임스 홀링워스를 비롯 합참의장을 지낸 데이비드 존스, 걸프전 사령관이던 노먼 슈워츠코프 등도 "한반도에서 대인지뢰는 전혀 쓸모가 없으며, 심지어 전쟁 수행을 방해한다."고 했다. 미국의 대인지뢰 정책도 2010년 전후부터 서서히 변화가 감지된다. 지금껏 주한 미군의 주둔을 이유로 오타와 협약 가입을 유보해 온 미국도 2010년을 전후로 전향적인 고려를 하고 있는 분위기다. 여기에는 국제사회의 압력이 한몫을 하고 있다. 미국이 오타와 협약에 가입하면 한국 정부도 따라서 가입할 가능성이 높다. 이렇게 되면 비무장지대 군사분계선 이남 지역의 비무장지대와 민통선의 모든 지뢰를 제거해야 한다. 대인지뢰와 대전차지뢰, 그리고 계획 지뢰 지대와 미확인 지뢰 지대까지 모두 제거하게 된다. 이런 상황이 2020년 이전에 올 수 있을 것으로 보인다.

여기에는 몇 가지 중요한 문제가 따른다. 지뢰 제거의 방법과 절차에 관한 것이다. 지뢰의 제거는 환영할 만한 일이지만, 그 방법에서 기존 군부대가 군사작전하듯 지뢰를 제거하게 되면 비무장지대와 민통선의 생태계는 극심한 훼손을 겪게 된다. 국제사회가 비무장지대의 생태적 가치를 중요한 것으로 인식하고 보전하기 위한 노력과 합의가 필요하기 때문에 머리를 맞대고 차근차근 준비해야 할 것이다. 토양과 산림의 기반을 크게 훼손하지 않고 위험한 지뢰만 제거하는 기술과 방법에 대한 논의가 필요하다.

국제사회는 지난 20년 동안 천문학적인 예산과 기금을 모아 캄보디아, 코소보, 앙골라 등 국제적 분쟁 지역에 방치된 대인지뢰를 제거하기 위한 실질적인 활동을 전개했다. 앞으로 이런 경험을 체계적으로 정리하고 수렴하여 한반도 비무장지대의 대인지뢰를 제거하고 관리하기 위한 준비를 도모해야 할 것이다. 기술적인 차원에서 훼손 없이 지뢰 제거가 불가능하다면 일정 기간 동안은 비무장지대의 대인지뢰 제거를 유보하는 것도 방법이다. 비무장지대를 국제사회가 영원히 보전한다는 전제로 대인지뢰에 대한 해결책을 강구하는 세심한 접근이 필요하다.

북한 산림 황폐화의 실상

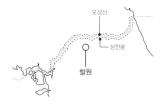

김화 남대천을 통과한 철책선은 천불산(해발 585미터)과 비조봉(해발 637미터) 산줄기를 지나 승리전망대를 거쳐 삼천봉(해발 815미터)까지 이어진다. 남대천에서 한번 떨어졌던 고도는 서서히 높아지고, 천불산 자락을 지나면서 철책선은 400~500미터 능선과 산자락으로 이어진다. 자연스럽게 오성산을 비롯하여 저격능선과 그 밖의 여러 능선들이 남대천을 휘감듯 에워싼 모습이 보인다.

천불산부터 승리전망대까지의 철책선 순찰로는 거의 오름길이다. 뒤를 돌아보면 오성산부터 비무장지대를 따라 계웅산까지 이어진 산줄기의 흐름이 남대천에서 아래로 푸욱 꺼진 듯 내려간다. 승리전망대 일대에 서면 멀리 오성산부터 계웅산까지 이어지는 산줄기가 한눈에 관찰된다. 또 계웅산부터 남대천을 거쳐 천불산까지 이어지는 철책선 풍경은 여기부터가 본격적인 중동부전선임을 안내하는 듯하다.

　　남대천을 지나 승리전망대에 이르러 오성산을 바라보니 왜 전쟁 때 양측이 피 튀기며 차지하려 애썼는지 알 것 같다. 이 산이 철원 동쪽 전체를 아우르는 지형적 요지임이 분명해 보였다. 승리전망대는 비무장지대 정중앙, 철원군 근남면 마현 2리 마을 앞산의 최전방에 위치하고 있다. 이곳에서는 민통선의 대성산, 적근산, 삼천봉이 한눈에 들어오고 오성산과 저격능선도 한 시야에 들어온다.

　　오성산 동남쪽으로 여러 갈래의 능선이 가지처럼 뻗어 비무장지대 남대천까지 내려온다. 그런데 남대천을 거슬러 올라 북쪽으로 들어가는 주변의 모든 산지가 헐벗어 있다. 비무장지대 북방 한계선 이북 지역은 어디나 나무 한 그루 남아 있지 않고 풀만 덮여 있다. 남대천 북방 한계선 이북 지역인 김화군 하소리를 거쳐 아침리 마을까지 주변의 모든 산지는 민둥산이다. 충격이었다. 서부전선부터 계속 관찰되던 북한의 산림 황폐화는 남대천을 지나 승리전망대에 접어들면서도 계속되고 있었다.

　　오성산에서 동쪽으로 6킬로미터 정도 뻗어 나간 충현산(해발 533미터)까지 웅장한 산지가 에워싸고 있다. 하지만 산세는 웅장해도 숲은 남아 있지 않다. 오성산과 충현산을 거점으로 김화군에 해당하는 북한 민통선 전체가 산림을 찾아볼 수 없는 초토화된 산지뿐이다. 하소리와 아침리 주변 산자락에는 비탈밭도 관찰되는데, 비라도 오면 쓸려 내려갈 듯 위태로워 보인다. 오성산을 정점으로 남대천 주변에 들어선 산지 곳곳에 산사태가 나 있다. 특히 충현산 한쪽 사면에 대형 산사태가 발생한 것이 승리전망대와 삼천봉 사이 철책선에서도 뚜렷하게 보인다.

　　승리전망대를 지나 1~2킬로미터가량 철책선으로 가는 길에서 금강산

가는 길 주변에 북한 마을이 보인다. 남대천 인근의 북한 한계선 인민군 초소와 주변에서 활동하는 하전사인 듯한 군인들을 어렵지 않게 관찰할 수 있었다. 북방 한계선 이북의 마을은 김화군 하소리 협동농장과 아침리 마을이다. 선전 마을이라 하는데 그저 주민들이 살고 있는 마을인 것 같다. 비무장지대에서 관찰되는 북한의 마을들은 대부분 1970년대까지 조성된 마을들이다. 당시만 하더라도 북한이 경제적으로 남한과 비슷하거나 더 나았다. 그래서 아침리와 같이 반듯한 모습에 제법 잘 조성된 농촌 마을을 선전 마을이라 주장할 수도 있었다. 인민군 민경대대에서 근무하다 탈북했던 복수의 증언에 따르면 북방 한계선 바로 뒤쪽 지역 인근에 주민들이 살고 있다고 한다. 북한은 언제부터인가 비무장지대 북방 한계선을 남한보다 훨씬 군사분계선에 가깝게 밀고 내려오면서, 과거 비무장지대인 곳과 본래 북방 한계선 인근인 곳에 제법 규모가 큰 집단농장을 조성하여 농사를 짓고 있다. 개성공단 인근의 북한 주민들이 사는 마을들을 지근거리에서 살펴보아도 1980년대 이전에 가꾼 남한 마을들의 모습보다 제법 틀이 잡혀 있고, 집도 농촌 주택 치곤 살 만한 모습이다. 다만 1980년대 이후 경제가 힘들어지면서 에너지와 식량 등 경제력에서 비교가 안 되는 상황이 되었기 때문에 지금은 그런 비교조차 무색해져 버렸다. 망원경으로 본 북한 마을의 구획은 잘 정리된 듯했다. 그러나 마을을 둘러싼 주변 산지는 온통 민둥산뿐이었다. 계웅산부터 남대천과 승리전망대를 거쳐 삼천봉으로 연결되는 남방 한계선에서 보이는 북한의 모든 산지는 헐벗은 그대로의 속살을 가감 없이 보여 주고 있었다.

파주부터 철책선을 따라오며 곳곳에서 북한 산림 황폐화의 실상을 확인했다. 하지만 천불산과 승리전망대를 넘어서면서 북한 민통선 산지의 적

나라한 현실에 절망했다. 숲과 산림이 없어진 비탈에 산사태가 본격적으로 나타나고 있었다. 오성산 자락 남대천과 광삼평야를 둘러싼 산지의 실상을 보니 북한 민통선 산림 황폐화는 전 지역에 걸쳐 심각한 상황으로 치닫고 있음을 확인하게 됐다. 비무장지대에서 바라본 군사분계선 이북 지역, 특히 북방 한계선 넘어 북측 지역의 산림이란 산림은 모두 초토화되어 있는 것이다. 수사적 표현이 아니라 가장 정확한 표현이 초토화였다. 북한의 민통선 지역 산지는 풀과 흙뿐이었다.

산지가 헐벗어 나무 뿌리와 엉켜 있는 토양층이 사라지면, 잡초만으로는 비탈을 따라 쏠려 내려가는 토사를 잡아줄 수 없다. 이런 곳은 땅의 지력이 약해져 비탈면에 있는 흙은 빗물에 의해 사정없이 쏠려 계곡으로 밀려가고, 모여든 흙탕물은 다시 하천으로 유입된다. 그래서 웬만한 비에도 하천의 물이 쉽게 범람하여 농사가 파탄 나고 그로 인해 식량난이 가중되는 악순환이 생긴다.

북한은 1990년대 중반 '고난의 행군' 시기에 먹을 것이 없고 사회 전체적으로 배급 체계가 붕괴되면서 에너지 공급도 중단되거나, 심각한 제한이 있었다. 이 시기 많은 북한 주민들은 10월부터 5월까지 추운 북한의 날씨를 견디기 위해 에너지가 필요했고, 그저 유일한 선택이 마을이나 집 주변 산에 있는 나무를 베어다 때는 것이었다. 이런 과정을 통해 북한의 산림은 서서히 황폐화되어 갔다. 평양과 비무장지대, 중국 국경지대 등을 제외하고는 국가 통제가 무너지면서 급속도로 산의 나무를 베어서 연료로 소비했다. 국가의 기본적인 산업과 경제 구조 자체가 무너진 상황에서 인민들에겐 산에 남아 있는 나무가 마지막 에너지원이었다. 북한에서 물자 공급과 지원이 그중 제일 괜찮다는 최전방 군사 지역도 에너지와 연료가 부족해지면서 주변의 모든 나무와 숲을 베어 버렸다.

지난 2000년 전후부터 북한 산림 황폐화에 대한 분석은 여러 차례 있었다. 하지만 생생한 실상을 확인하기는 힘들었다. 그나마 지금껏 북한 산림 황폐화의 실상을 근접하여 확인한 것은 조·중 국경지대인 압록강과 두만강 일대로, 중국 지역에서 북한 마을 주변 산지의 다락밭과 민둥산의 실상을 관찰한 것이 유일하게 구체적인 모습이었다. 이제까지 북한 산림 황폐화에 대해 밝혀진 정보는 위성자료를 분석한 수치나 국제기구의 보고에서 밝혀진 통계 자료가 주된 것이었다. 기존 북한 산림 실태 정보는 2차원적 시각 효과를 나타내는 위성사진이 주를 이루었으나 이런 정보는 좀 더 구체적이고 생생한 현장의 실상을 파악하는 데에는 한계가 있는 것이다.

외부인이 북한 내부의 실상을 알고 싶어도 알 수가 없었다. 북한이 외국인에게 개방하는 곳은 평양과 백두산, 묘향산, 금강산, 개성과 판문점 정도였다. 그런데 2006년 비무장지대 조사를 통해 북한 산림 황폐화의 실상을 구체적으로 알 수 있었다. 그것도 북한에서는 가장 물자 보급이 양호하다는 최전방 지역의 실상이 드러났다. 북한 산림 황폐화가 얼마나 심각한지를 진단할 수 있는 중요한 정보를 얻은 것이다. 남방 한계선을 따라 서부전선 파주부터 중동부전선으로 접어드는 철원군 근남면 한북정맥까지 비무장지대와 그 너머 북방 한계선 지역과 북한 민통선 지역을 살펴보니, 산림 황폐화가 얼마나 심각한지가 세부적으로 드러났다.

산림 황폐화의 심각한 현실은 파주 1사단 도라산전망대부터 확인된다. 멀리 북방 한계선 뒤쪽 산지를 꼼꼼히 살펴보면, 북쪽으로 개성공단 주변까지 웬만한 산은 나무와 숲이 거의 남아 있지 않은 모습이 확연하다. 개성공단 주변 산지만 하더라도 산지는 분명하나 숲은 고사하고 나무 한 그루 남

비무장지대 남방 한계선에서 확인할 수 있는 북한 산림 황폐화의 실상. 파주부터 고성까지 북방 한계선 이북 지역 산림 전체가 황폐화되어 가고 있다. 수목은 거의 남아 있지 않고, 초지만 남아 있으며, 비탈 지역 곳곳에서 산사태가 발생하고 있다.

아 있지 않다. 지형의 물리적 형태는 산지이지만 구성은 초지나 잡초밭으로 이루어진 산비탈만 남아 있다. 더욱 우울한 사실은 개성공단 주변에 2000 년 정상회담 이후 남북교류사업의 일환으로 '나무심기' 행사를 여러 차례 했는데 그조차 겨울을 버티기 힘들었던 인근 주민이나 군인 들이 다 뽑아서 땔감으로 이용한 것이다. 절망적인 현실이었다.

파주에서는 사천강 바로 뒤쪽부터 민둥산이 나타났다. 파주 중면 여니산(해발 241미터)에서 빠져나온 산자락 곳곳이 황량한 초지였다. 임진강과 연결된 구릉성 산지에는 비탈면에 그대로 밭을 조성한 모습이 보인다. 남쪽 지역인 파주시 탄현면 임진강변의 갈대군락 근처에서도 망원경에 허허벌판과도 같은 산비탈 모습이 잡힌다. 연천군 백학면 고랑포리부터 사미천 본류를 지나서 승전 OP에 이르는 비무장지대 북방 한계선 이북 지역 전체도 황폐화된 산지뿐이다. 특히 사미천 주변 산지 대부분은 잡초만 있을 뿐 나무도 숲도 없다.

사미천 둔치부터 주변의 모든 산지들은 예외 없이 잡초만 남아 있고 숲은 찾아볼 수 없다. 주변에 큰 규모의 마을들이 있는 것도 아닌데 연천 백학면에 해당하는 북방 한계선 이북 지역은 전체가 산림이 거의 사라진 상태였다. 군데군데 산복이나 산자락에 밭을 일구어 흙만 보이는 곳도 나타난다. 황폐화된 산지에 밭을 일군 것이다. 남한의 남방 한계선 이남의 민통선이 대부분 산림 지역으로 들어차 있는 것과 대조를 이룬다. 다만 두어 봉우리 주변에 소규모의 숲이 남아 있다. 그것은 예외 없이 벙커나 관측소 등 인민군 군사시설을 은폐하기 위해 일부러 베지 않은 경우다. 그래서 이런 곳은 자세히 관찰해 보면 남쪽에서 관찰되는 지점에만 숲이 남아 있고 주변 전체는 초지다.

임진강 본류 주변 산지도 산림 황폐화는 심각했다. 경기도 연천군 왕징면 고왕산 이북 지역부터 임진강 본류가 흐르는 연천군 중면을 거쳐 강원도 평강군 역곡천에 이르는 북방 한계선 이북 지역 전체도 산림 황폐화 지역이 펼쳐진다. 임진강 본류를 중심으로 북방 한계선 이북 지역의 경우, 구릉성 산지가 드넓게 나타나는데 산림 지역은 거의 없다. 드문드문 산정 주변에 몇 그루의 나무로 추정되는 흔적만 남아 있고, 대부분은 초지로 변해 있다. 그 사이 산자락에는 비탈밭을 일군 곳만 보인다. 정상적인 산지이면 제법 산림이 형성되어 있을 정도의 구릉성 산지이지만, 집중적으로 벌채를 하고 땔감으로 활용한 듯 산림은 남아 있지 않았다. 임진강 본류의 동쪽인 역곡천 일대까지 이런 상황은 계속해서 이어진다.

북한 산림 황폐화로 인한 중요한 사실이 있다. 수해 피해의 증가다. 비록 북한 지역이라도 임진강 수계의 모든 물은 본류를 따라 연천과 파주로 넘어온다. 북한에서 갑자기 황강댐을 방류하는 것만 문제가 아니다. 큰비가 내릴 때 이처럼 숲이나 산림이 남아 있지 않은 곳은 물이 삽시간에 본류로 모여들어 범람의 원인이 된다. 2000년 이후 임진강 수계의 범람이나 홍수 피해도 북한 산림 황폐화가 근본적인 원인 중 하나였던 셈이다.

철원 비무장지대 이북 지역도 산림 황폐화의 실상은 광범위하다. 역곡천부터 철원평야를 지나 철원군 근북면 한탄강 본류까지 이어지는 남방 한계선에서 관찰되는 북한 지역 민통선 전체 산지는 숲과 나무가 사라진 채 민둥산만 남아 있었다. 북한 행정구역으로 평강군 북면 일대다. 봉래산을 비롯하여 발리봉(해발 489미터), 왕재봉(해발 608미터), 서방산(해발 717미터)이나 역곡천에서 한탄강까지 추가령 구조곡 일대의 모든 산지는 헐벗은 모습의 봉우리와 능선 들만이 늘어서 있다. 철원 일대 남방 한계선의 관측소나 초소 어디에서도 산지의 형태를 띠거나 솟아오른 곳은 예외 없이 숲이 없는 벌거숭이 지역이다. 얼마나 살림살이가 어려우면 산이라는 산은 죄다 나무를 베어 내 저토록 황량하게 방치했는지, 안타까움에 가슴이 미어지고 말할 수 없는 비애가 밀려들었다.

산림이 사라졌기 때문에 산지나 평지나 관찰되는 시각적 색감은 동일했다. 산림 지역은 평야나 평원 지역에 비해 같은 녹색이라도 시각적으로 진하게 관찰된다. 그러나 철원평야를 중심으로 북한 민통선 지역은 평야나 산지의 색감이 동일하다. 숲과 산림이 사라져 산비탈에도 잡초만 남아 있기 때문이다.

북한은 선군정치의 나라로 군이 사회의 모든 영역에서 중심이다. 당연히 물자 보급이나 경제 지원도 군이 1순위다. 그런데 군인들만 주둔하고 생활하는 북한 민통선 지역에서 이토록 심각한 산림 황폐화를 보여 준다는 것은, 군사 지역이 아닌 일반 주민들이 거주하는 지역의 산림 황폐화가 더욱 심각할 것이라는 추정을 강하게 뒷받침한다. 유사 이래 동양에서는 '치산치수는 다스림의 근본'이라 했다. 21세기인 현재에도 이 통치원리는 그대로 적용된다. 그래서 산지 관리와 하천 관리는 아무리 강조해도 지나침이 없다. 미국이나 중국도 자연재해 앞에서는 적극적으로 대책을 마련하고 국가적 대비를 하고 있다. 남한도 1970년대 초반까지는 산림 황폐화가 심각한 수준이었다. 농촌과 산촌에서 땔감을 위해 나무를 베어 갔다. 그러자 정부 차원에서 국토녹화사업에 적극적으로 뛰어들었다. 1970년대 중반 정부는 국토녹화사업을 적극적으로 추진해 당시 한 해 예산의 6퍼센트를 투입할 정도로 주력했다. 1990년대 후반에 접어들자 전 국토의 산림이 거의 회복되었다. 그러나 남한만의 울창한 산림은 반쪽에 불과하다. 한반도 전체를 조망하는 국토 관리가 필요하다. 기후 변화로 인한 기상 이변과 온난화 대책은 남한만의 노력으로는 불가능하다.

북한 산림 황폐화는 남북 교류의 한 분야가 아니다. 남한이 아무리 기후 변화 대책을 잘 수립해도 지금처럼 한반도 절반이 방치되는 상황에서는 '밑 빠진 독에 물 붓기'다. 기후 변화 대책은 한반도 차원에서 마련해야 실효를 거둘 수 있다. 이미 국제사회는 스웨덴 코펜하겐에서 개최된 '기후변화 당사국 총회'에서 즉각 기후 변화 극복 대책으로 산림의 복원과 확대를 제안했다. 기후 변화의 시대에 산림의 가치는 아무리 강조해도 지나침이 없다. 지금 장기적인 대책을 수립하여 적극적으로 나서지 않는다면 산림 황폐화는 북한 체제의 기본적인 토대를 끊임없이 뒤흔들 재난으로 작용할 것이다. 어쩌면 이미 그런 상황에 접어든 것인지도 모른다.

북한 산림 황폐화 대책은 남북 교류에 있어 정부가 장기적인 안목을 가지고 본격적으로 재원을 투자해야 할 분야다. 근본적인 대책을 마련하지 않는다면 북한에 도로와 발전소 등을 비롯한 사회 기반 시설과 경제특구를 아무리 지원해도 실효를 거두기 어려울 것이다. 한반도 차원에서 지속 가능한 산림 복원 정책을 펴는 것은 통일시대 국토 관리의 핵심 과제가 될 것이다.

18

한북정맥과 비무장지대의 산

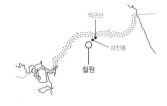

철원평야를 지나면서 400~500미터
의 산들이 출현했다. 한탄강과 남대천 사이에도 여러 산들이 존재감을 드러
냈다. 성재산, 계웅산, 천불산 등을 거치면서 철책선은 비탈길의 실체를 보
여 주었다. 북방 한계선 이북 지역은 더했다. 서방산과 오성산을 비롯하여
700미터가 넘는 산들이 곳곳에 자리 잡고 있었다. 철원평야도 추가령구조
곡 가운데 위치했기 때문에 너른 평야를 형성했지만, 주변을 호위하듯 둘
러싸고 있는 것은 죄다 산이었다.

　남대천부터 승리전망대로 이어지는 길을 오르면서 이제부터 중동부전
선이구나 싶었다. 발걸음도 무겁고 심장 박동도 빨라진다. 승리전망대를 뒤
로하고 철책선을 걷는 길은 계속해서 오르고 내리기를 반복하니 롤러코스
터가 따로 없다. 걷다가 초소 근처에 앉을 곳만 생기면 연신 준비해 간 물을

벌컥벌컥 들이킨다. 땀을 흘리며 초소를 지나가는데 초병들이 얼음물을 건 넨다. 물 한잔을 건네받으면서도 푸른 옷을 입은 청춘들의 배려와 정성이 느껴졌다. 여름철 낮에 철책선에서 근무하는 초병들은 대부분 재활용한 페 트병에 미리 물을 얼려 온다. 한여름에 비무장지대를 걸었기 때문에 서부전 선부터 중동부전선까지 이런 모습을 계속해서 볼 수 있었다. 우리 일행도 초병들의 배려에 고마워 준비한 간식을 주었다. 행동식으로 준비해 간 초콜 릿 같은 과자류지만, 초병들의 얼굴엔 미소가 크게 번졌다. 안내 장교가 동 행해서인지 초병들의 얼굴은 약간 경직된 분위기였지만, 그래도 '어디 출신 인지, 휴가는 언제 가는지' 등 자연스러운 대화가 오갔다. 초병들도 '빨리 제대하라'는 이야기에 함박웃음이 터진다. 반면 이병이나 일병에게 농담조 로 "제대할 날이 정말 올까?" 하고 물으면 장난이라는 것을 알면서도 얼굴 에 그늘이 드리운다. 병사들에게 제일의 관심사는 역시 제대와 휴가였다.

248킬로미터를 걸으면서 초소에서 무수한 초병들과 눈인사를 나누고 때로는 이야기도 나누었다. 우리를 안내하는 장교가 사단에서 온 경우는 초 병들과 대화가 거의 없었지만, 연대나 대대에서 나온 경우에는 초병들과 이 야기의 실타래를 풀어 갈 끈이 무궁무진했다. 대화 주제도 다양했지만, 항 상 말미에는 '수고하라'라는 인사가 빠지지 않았다. 최전방 철책을 지키는 부대는 해당 사단에서 두 개 대대만 담당한다. 그래서 사단 전체가 이 두 대 대의 장병들이 고생한다는 걸 알고 있었다.

서부전선에서 시작하여 중동부전선까지 걸어온 길 중 가장 높은 고도 를 향해 걷고 또 걸었다. 승리전망대를 뒤로하며 오르고 내리기를 반복했지 만 고도는 서서히 높아졌다. 그 절정이 바로 삼천봉(해발 815미터)이었다. 강원도 철원군 근남면과 근동면, 원동면 등 3개의 읍면이 만나는 삼각점에 걸쳐 있는 이 봉우리는 중동부전선이 본격적으로 펼쳐지는 분기점으로 봐도 무방하다. 삼천봉을 경계로 서쪽으로 갈수록 지대가 낮아지며, 동쪽으로 갈수록 높아진다. 더욱이 삼천봉은 한반도 산줄기 체계의 한 획을 차지하는 백두대간 한북정맥이 지나가는 줄기에 자리 잡고 있다. 한북정맥은 백두대간 추가령 동쪽의 백봉에서 갈라져 나온 산줄기다. 백봉은 원산시와 평강군, 회양군의 경계다. 한북정맥은 한강의 이북을 경계 짓는 산줄기로 임진강 수계와 북한강 수계를 가르는 분수령이자, 중동부 비무장지대의 중심축이다. 한반도 13정맥의 하나이며, 한북정맥을 기점으로 서로는 임진강, 동으로는 북한강 수역이 펼쳐진다.

한북정맥은 금강산 북쪽 추가령에서 백두대간을 빠져나온 산줄기가 비무장지대를 관통하여 서울의 북한산으로 이어져 일산과 고양을 지나 파주시 교하읍 장명산에서 끝난다. 비무장지대에서 수도권을 향해 남서쪽으로 뻗은 생태축이자, 산줄기의 중추다. 삼천봉은 백두대간 추가령에서 출발한 한북정맥이 비무장지대를 관통하고 처음 만나는 남한의 봉우리다. 이렇게 남북으로 이어지는 남방 한계선에 위치한 삼천봉에서 바로 뒤에 버티고 선 적근산(해발 1073미터)을 거치고, 말고개를 지나 대성산(해발 1175미터) 줄기로 이어진다. 과거 1990년대 중반까지는 대성산까지가 민통선이었다. 그래서 1980년대까지 비무장지대 생태조사 보고서에는 대성산의 동식물이 구체적으로 언급되기도 했다.

삼천봉 OP에서 만난 장병들은 적근산에 대한 흥미진진한 이야기를 들려줘 우리 일행의 눈을 빛나게 만들었다. 반달가슴곰이 살아 있다는 것이었다. 그것도 한두 사람이 아닌 다수가 구체적인 발견 위치와 시간을 뚜렷하게 언급했다. 사향노루에 대한 증언도 있었다. 특히 적근산 일대에서 30년 넘게

비무장지대를 코앞에 두고 서 있는 한북정맥 적근산 전경이다.

비무장지대 천불산과 그 뒤의 대성산 전경. 대성산-말고개-적근산-삼천봉으로 이어지는 한북정맥은 비무장지대를 만나면서 북한으로 이어진다.

근무한 주임 원사는 반달가슴곰과 사향노루의 형태적 특징을 동물도감과 거의 일치하게 구체적으로 설명해 주었다. 이쯤 되면 반달가슴곰과 사향노루의 서식 가능성은 더욱 높아진다. 사실 남한에서 멸종 위기 동물이 사라진 가장 큰 이유는 밀렵이었다. 지리산 반달곰이 사라진 것도 1980년대 중반까지 전문 밀렵꾼의 소행이었다.

사향노루가 사라진 것도 마찬가지다. 반달가슴곰과 사향노루는 둘 다 문화재청 천연기념물이면서 환경부 멸종 위기 1급인 포유동물이다. 이들이 멸종이라는 비극의 길로 접어든 것은 이들 몸의 일부가 한약재로 쓰였기 때문이다. 반달가슴곰은 쓸개가 문제였고, 사향노루는 배꼽 밑에 붙은 사향이 문제였다. 이 두 가지는 예부터 한방에서 중요한 약품으로 인정받아 돈이 되었기에 밀렵꾼들의 집중 표적이 되었다. 반달가슴곰은 남한에서 가장 주목받는 멸종 위기 동물이다. 지난 2002년 이후부터 비무장지대 내부에서 반달가슴곰의 서식이 확인되고 있다. 대표적 현장은 철원과 양구다. 지난 2005년 철원 일대 비무장지대 내에서 활동하는 반달가슴곰이 군부대 적외선 감시카메라에 촬영되었다. 2003년에는 양구 인근에서 군의 관측 장비에 반달가슴곰의 활동이 구체적으로 확인된 바 있다. 당시 양구 동면 가칠봉 일대 군 관측소에 곰이 비무장지대를 이동하는 것이 포착되었다.

적근산에는 반달가슴곰, 사향노루와 함께 수달, 담비, 하늘다람쥐, 삵 등도 서식하고 있다. 백두대간과 국립공원 등에 주로 서식하는 남한의 대표적 포유동물은 거의 다 살고 있다. 대인지뢰의 위협으로 밀렵꾼들을 비롯한 사람들의 출입이 거의 없어진 탓이다. 최전방에서 생활하는 군인들이 동물을 포획하거나 밀렵하는 경우는 없다. 비무장지대 내부 GP 근무자들과 남방 한계선에서 철책선을 지키는 장병들 사이에는 미신인지 몰라도 '야생동물을 건드리면 사고가 난다'는 불문율이 있었다. 서부전선부터 중동부전선까지 여러 부대를 거쳤는데, 모든 부대에서 국방부와 합참의 지시보다 더 엄격하게 지켜지고 있었다. 우리가 만난 장병들에게 "야생동물을 잡는 일은 없느냐?" 하고 물으면, 다들 단호하면서도 분명하게 "동물을 잡거나 건드리면 사고가 납니다. 그래서 일절 손대지 않습니다."라고 대답했다. 더욱이 비무장지대 일대의 숲에는 미확인 지뢰 지대가 곳곳에 있어 동물을 잡으려 해도 접근이 어렵다.

국군은 비무장지대 야생동물과 공존하고 있었다. 이는 비무장지대 산림 생태계의 실태를 알기 위해 철책선을 걸어 조사하는 과정에서 파악한 중요한 사실이었다. 반면 인민군은 식량난으로 인해 동물들을 잡는 것으로 알려져 있다. 먹을 것이 부족해 어떤 경로를 통하든 동물을 손에 넣을 수만 있으면 맛있게 먹는다고 한다. 실질적인 북방 한계선이나 다름없는 4개의 고압 철선에 가끔씩 야생동물이 걸리는데 이 중 1만 볼트 고압선에 걸린 것은 숯 덩어리가 되지만, 나머지 고압선에 걸린 것은 대부분 먹는다고 한다. 그런데 걸린 동물이 반달가슴곰이나 사향노루 등 진귀한 동물일 경우, 자연스럽게 간부나 정치위원 또는 보위부원이 차지한다고 한다.

적근산은 야생동물의 낙원이면서 희귀식물도 즐비하다. 군사도로 주변에는 솔나리와 왜솜다리를 비롯한 희귀식물 군락이 넓게 펼쳐져 있다. 적근산 일대는 신갈나무, 서어나무, 들메나무, 가래나무 등 천연 활엽수림이 분포한다. 능선부에는 소나무가, 정상부에서는 신갈나무가 어우러져 있다. 적근산 자락인 삼천봉 일대에도 활엽수림이 넉넉하게 분포하고 있다. 특히 계곡부 주변 숲은 민간인의 출입이나 간섭을 받지 않아 신나무, 버드나무 등이 안정적으로 성장했다.

울창한 산림 생태계를 자랑하는 적근산을 비롯해 중동부전선 비무장지대 일원에는 지역을 대표하는 큰 산들이 즐비하다. 철원 근동면의 적근산을 비롯하여 화천의 백암산, 양구의 백석산, 인제의 백두대간, 고성의 건봉산 등이 있다. 북한 쪽도 마찬가지로 북방 한계선 바로 뒤에는 큰 산들이 많다. 철원평야의 서방산과 김화에서 이모저모 살펴보았던 오성산을 비롯하여 철원 원남면의 월봉산, 양구의 어은산, 인제 북방의 무산, 고성의 금강산 등이다. 비무장지대는 정전협정 당시부터 전쟁 당사자였던 양측이 서로 차지하고 있던 고지를 기점으로 가운데 지점에 군사분계선을 그었다. 그래서 내부 지역인 군사분계선 근처에는 큰 산이 없다. 대부분 남방·북방 한계선 뒤에 큰 산이 자리 잡고 있다. 이런 이유로 인해 산림 생태계가 울창한 산림 지역은 민통선 지역이 훨씬 발달했다.

적근산 자락 삼천봉을 지나면서 비무장지대와 민통선의 산림 생태계를 제대로 파악할 수 있었다. 적근산부터는 백두대간의 양호한 숲과 견줄 정도로 넉넉한 품을 드러냈다. 초병들 중에는 도시에서 자라 숲을 모르다 군대 생활 2년 동안 자연의 품이 무엇인지 느끼고 가는 경우도 있다고 한다.

철책에서 짬밥을 먹다

철책선을 따라 걸으면서 초병들과 긴 대화를 나누기는 쉽지 않다. 하지만 초소 주변에 머무르면서 관찰하거나 쉴 때는 짧지만 유익한 비무장지대의 특징이나 초병들의 소감을 들을 수 있었다. 장병들과 제법 긴 대화를 이어 갈 기회는 주로 점심을 먹을 때다. 철책선에서 밥을 먹을 수 있는 곳은 경계부대 식당뿐이었다. 그래서 주로 소대급 주둔지나 중대급 주둔지 식당에서 '짬밥'이라는 병식을 먹었다. 이것도 출입 신청하면서 해당 사단의 출입 허가 담당자와 어느 부대의 대략 어떤 지점에서 점심식사를 할 것인지 협의한다. 그래서 우리 일행은 매일매일 철책선을 걸으면서 황송하게도 장병들과 함께 식사를 할 수 있었다. 다만 이런 경우 식비는 반드시 지급했다. 국방부의 1일 병식 산정비를 기준으로 방문 인원수를 합산한 식비를 대대 군수 보급관에게 냈다.

적근산 북사면을 횡단하는 철책선을 지나면서 점심식사는 대대본부 식당에서 했다. 그런데 그곳에서 철책선 경계대대 부대장을 만났다. 그는 "누추합니다. 소찬이지만 맛있게 드십시오. 저희들은 이렇게 살고 있습니다." 라며 식사 안내를 해 주었다. 다소 마른 편인 체구와 달리 눈빛은 맑고 빛났다. 식당에서 부하들과 대화를 나눌 때 장교와 부사관 들도 대대장과의 대화가 그렇게 딱딱하거나 경직되어 있지 않다는 것이 느껴졌다. 군대에서도 과거의 권위적인 지휘 방법으로는 부하를 통솔하기 어렵다고들 한다. 명령도 중요하지만, 설득과 공감이 그 못지않게 중요해진 것이다.

철책선에서 본 지휘관들은 대부분 자신의 직업에 충실한 모습이었다. 대대장부터 중대장, 소대장 그리고 참모와 보급관들까지 직업 군인들도 초병들과 다름없이 출퇴근 없는 붙박이 생활을 하고 있었다. 장교들은 최전방에서 통상 2년 정도 근무한다. 그중 철책선 근무는 장교나 병사, 부사관 모두 1년간 하게 된다. 장교들은 대개 전방에서 2년 근무하면 후방 지역 부대인 군사령부나 합참, 육본, 국방부 등으로 가지만 부사관들은 해당 사단에서 군생활을 시작해 그 부대에서 전역하는 것이 일반적이다. 특히 대대 주임 원사들은 최전방에서 계속 근무하는 경우가 제법 있다. 현지의 상황

및 지형적 특성을 비롯하여 부대 운영의 세밀한 부분을 알아야 하기 때문에 계속 전방에 있으면서 1년은 철책선, 2년은 민통선 인근에서 생활한다. 철책선 부대의 기본 단위인 대대의 작전은 지휘관인 대대장이 지휘하지만 부대 운영은 주임 원사가 한다. 비무장지대 철책선에서 경계 임무를 수행하는 소대장, 중대장, 대대장은 자기 책임 구역의 현황과 특성을 파악하고 있지만, 그 지역의 역사적인 내력까지 다 알기는 어렵다. 그런 점에서 자기가 맡은 지역에서 과거 어떤 일이 있었고, 부대 주둔지를 중심으로 어떤 애로사항이 있는지는 부사관들이 다 챙긴다. 그중 주임 원사는 마치 어머니처럼 부대와 병사들의 안살림을 세세하게 챙겼다. 군대는 경험을 무시할 수 없는 조직이다. 그런 점에서 대대 책임자인 대대장은 길어야 20년 전후다. 그러나 주임 원사는 30년 전후가 흔하다. 대부분의 철책선 대대에서는 대대장보다 주임 원사가 군대 생활을 더 오래했다. 그래서 대대장과 주임 원사가 서로 존중하며 정서적인 일체감이 높은 경우는 부대 운영도 잘되고, 대대장과 주임 원사 모두 개인적인 군대 생활도 편안하다고 한다. 반면 둘 사이에 보이지 않는 갈등이 있으면, 군대 생활에 애로사항이 생기는 것은 물론, 대대 전체의 분위기도 안 좋고 병사들에게도 안 좋은 영향을 준다고 한다.

철책선 대대에서는 장교나 부사관, 병사 모두 근무상 가장 큰 어려움으로 '수면 부족과 불규칙한 생활 리듬'을 꼽았다. 실제로 올빼미가 따로 없다. 남들 다 자는 밤에 근무를 서야 하고, 초저녁에 한두 시간, 아침 상황 종료 확인 후 서너 시간 쪽잠과도 같은 수면을 취해야 하는 것이 가장 어렵단다. 그래서 직업군인인 부사관이나 장교도 건강에 무리가 따른다고 한다.

철책선을 걷다가 알게 된 사실인데, 병사들이 의외로 밥을 잘 먹지 않는 경우가 많았다. 특히 아침을 거르는 병사들이 제법 있었다. 물론 야간 근무를 마치고 입맛이 없는 경우도 있지만, 밥과 국을 먹기보다 컵라면에 밥을 말아 먹는 경우도 흔했다. 적근산 대대 식당에서도 취사병들은 이런 상황을 당연시했다. 그래서 아침밥을 일부러 적게 하는데 그래도 잔반이 남는 경우가 많다고 한다. 이렇게 남은 음식물 쓰레기를 처리하는 입들이 있는데 야생동물이다. 철책선 잔반 처리장의 이색 풍경이었다. 취사병들이 농담을 그럴싸하게 시작해 잠시나마 우리 일행을 즐겁게 해 주었다. "이 근처에 호랑이가 있습니다. 자주 나타납니다."라고 운을 뗀 것이다. 그래서 우리가 "무슨 호랑이냐?"고 했더니 취사병 중 고참 병장이 웃으면서 하는 말이 짬통(음식물 쓰레기통) 뒤에 항상 고양이가 오는데 이 녀석을 병사들은 '짬타이거'라고 부른다는 것이었다. 그 자리에 있던 모두가 웃음보가 터졌다. 하기야 호랑이나 표범도 동물분류학상 고양잇과에 해당하니 전혀 틀린 말은 아니다. 짬타이거와 함께 '짬돼지'도 있었다. 그날 우리는 그 '짬통'에서 300근은 족히 되어 보이는 상당한 몸집의 멧돼지가 정신없이 짬밥을 먹어 치우는 모습을 넋을 놓고 보았다. 이 녀석은 우리의 눈길은 안중에도 없이 자기 배만 채우기 바빴다.

중동부전선 최전방의 짬밥은 맛과 질에서 나쁘지 않았다. 무엇보다 위생 관리가 철저하다는 인상을 받았다. 동부전선의 어느 중대 식당에서 만난 군수보급관은 여름철 식중독이 '군사분계선을 넘어오는 적의 침투보다 무섭다'는 농담을 던지기도 했다. 철책선 부대의 병력은 빠듯하다. 그래서 일개 소대라도 식중독이 퍼지면 주변 경계 지역 전역을 담당하는 대대 전체에 비상이 걸린다. 환자가 많다고 그 소대가 맡은 작전구역이 열외가 될 수는 없다. 그래서 식중독이 퍼진 소대가 생기면 어쩔 수 없이 인접 소대가 평소 갑절에 달하는 근무를 서야 한다. 그러니 철책선 부대에서 식중독 환자가 발생하는 것은 그 자체가 비상이다. 이런 이유 때문에 급식하고 남은 음식은 보관해서 다시 먹지 않고 무조건 전량 폐기한다. 그래서 비무장지대 철책선 부대 식당에서는 음식물 쓰레기가 많이 나온다. 식중독을 예방하기 위한 자구책이 멧돼지와 야생동물들에겐 먹이가 되고 있다. 이렇게 야생동물에게 매일매일 밥을 주면 야수적 본성은 사라지고 가축처럼 변할 수도 있지만 산에서 시작하여 산으로 끝나는 그곳에서, 인간과 동물이 먹을 것을 사이에 놓고 서로 눈빛을 나누며 소통을 하고 있었다.

유해발굴사업과 금성지구전투의 기억

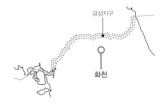

　　　　　　　　　　　적근산 북사면은 겹겹이 가지 능선
으로 퍼져 나가고, 그 사이에는 계곡이 나타났다. 철책은 이곳을 횡단하면
서 오르락내리락 이어진다. 오르막에서는 종아리와 허벅지의 팽팽한 긴장
이 심장으로 전해져 담금질하듯 계속 압력이 전해진다. 반면 내리막에서는
체중의 압력이 무릎에 충격을 준다. '역시 중동부전선이구나' 하는 실감이
더해지면서 걷고 또 걸었다.

　적근산을 지나자 철원까지 나타났던 굴곡과는 차원이 다른 철책선 순
찰로가 우리 앞에 이어졌다. 걷고 있는 순간 비탈과 내리막도 힘겨웠지만
머릿속으로는 그다음 일도 떠오른다. '벌써부터 이렇게 힘든데, 동부전선으
로 접어들면 더 힘들겠지.' 그래도 어쩌랴. 작정하고 나선 길이고, 어쨌든
가야할 길인 것을……. 마음을 다스리고 걷지 않으면 더 힘들게 느껴지는

것이 자연에서의 생리다. 하루하루 비무장지대의 색다른 모습에 몰입하며 산림 생태계를 살피며 걷다 보면 몸은 고돼도 시간은 정신없이 흘러간다. 한 굴곡을 넘어서는 턱에 다다라 맞은편에 길게 이어진 비탈을 보면 저기를 어떻게 오를까 싶다. 능선과 계곡을 파고들며 크게 횡단하듯 옆으로 이어지는 철책선은 비무장지대 특유의 경관이다. 이렇게 동부전선으로 뻗어가는 철책선은 능선을 타거나 횡단하면서 4~5킬로미터씩 길게 이어진다.

철원군 근동면 일대의 철책선은 이렇듯 중동부전선의 정점으로 파고들고 있었다. 조사는 하루하루 비지땀을 흘리면서 진행되었다. 그 와중에 비무장지대 산악 지형의 장엄한 모습에 취하기도 했다.

적근산에서 동쪽 화천 주파령과 흑운토령으로 이어지는 철원 근남면과 근동면 일대는 전쟁 때 대표적인 격전지였다. 안내 장교는 많은 사연을 들려주었다. 주로 이 지역 주변에서 벌어진 한국전쟁 당시 전투에 관한 이야기였다. 간간이 관찰하기 위해 서서 둘러볼 때나 쉬는 틈을 이용해 격전지 이야기를 들으며 전쟁의 기억을 더듬었다. 보통 두 시간에 한 번 꼴로 초소 옆 그늘이나 순찰로 옆 응달의 맨땅에 앉아서 쉬었다. 여름에는 초소마다 초병들이 가지고 다니는 물을 한잔 얻어먹기도 하고, 가져온 물을 마시기도 했다. 자연스레 초병들과 인사도 나눈다.

땀을 흘리면서 부지런히 걸었다. 적근산을 지나 화천 방향으로 굽이굽이 철책선을 걸었다. 한참 걷고 있는데 토목공사 비슷한 작업을 하는 현장이 나타났다. 서부전선부터 남방 한계선 순찰로를 걸으면서 장병들의 생활관 공사 현장은 여러 곳 보았지만, 땅을 이곳저곳 파헤치는 토목공사는 처음이었다. 무엇을 하는 것인지 궁금했다. 공병대에서 군사시설을 조성하나 싶었지만 안내 장교의 설명은 전혀 달랐다. 국군유해발굴단의 조사작업 현장이었다. 한두 번 기사로 접했으나 유해발굴단을 직접 만난 것은 처음이었다.

국군유해발굴단은 육군 소속의 장교 서너 명과 병사들 서너 명으로 비교적 단출했다. 발굴 현장은 지역마다 다르다고 했다. 전방만 발굴하는 것이 아니라 낙동강 일대처럼 지금은 후방이지만 한국전쟁 때는 최전선 전투 현장이었던 곳을 여러 기록과 증언을 토대로 조사·발굴한다고 했다. 비무장지대는 국군유해발굴사업에서 1순위 현장이다. 전쟁 당시 지금의 군사분계선을 사이에 두고 거의 2년간 줄곧 뺏고 뺏기면서 전우들의 시체를 제대로 수습하지 못하고 후퇴하다가 휴전을 맞이한 것이다. 그 후 47년 동안 조국은 그들을 잊고 지냈다. 말로는 전쟁의 교훈과 호국영령을 이야기했지만 실제로는 별로 관심이 없었다.

국방부 기록에 따르면 한국전쟁의 국군 전사자와 실종자는 16만 2,374명으로 나와 있다. 이 중 2만 9,202명은 현충원에 묻혀 있고, 나머지 전사자 13만 명가량 중 4만 명은 비무장지대 및 북한에, 9만 명가량은 남한 지역에 묻혀 있을 것으로 추정하고 있다.

국방부는 지난 2000년 4월부터 한국전쟁의 격전지에서 수습하지 못한 국군의 유해를 발굴하는 일에 착수했다. 당시 한국전쟁 50주년 기념사업의 일환으로 '국군유해발굴사업'을 한시적으로 시작한 것이다. 이후 정부는 2007년 초부터 담당부대를 육군본부에서 국방부로 바꿔서 '유해발굴감식단'을 정식 발족했다.

미군은 격전지에서 죽은 전사자들에 대한 발굴사업을 가장 적극적으로 실행하는 나라로 유명하다. '조국은 당신을 잊지 않는다'라는 모토를 내걸고 전 세계에 걸쳐 실종자와 전사자에 대한 수색과 탐사 작업을 하고 있다. 미국합동전쟁포로실종자사령부(JPAC)는 400명가량의 전문 인력으로 구성

비무장지대는 어디나 한국전쟁 때 치열한 격전지였다. 지금도 남방 한계선 주변은 조금만 흙을 파도 실탄, 탄피 등을 흔히 볼 수 있다.

되어 있으며 전 세계 미군이 전투를 치룬 주변국에 분소를 두고 작업하고 있다. 베트남전쟁과 관련해 태국, 베트남, 라오스 등에, 태평양전쟁에 관련 해서는 파푸아뉴기니에, 그리고 제2차 세계대전과 관련해 유럽에 부대를 운영하면서 발굴사업을 벌이고 있다. 미국인들이 가지는 조국애의 이면에 는 정부의 이런 모습이 단단히 한몫하고 있는 것이다.

　발굴사업은 예상하는 것보다 훨씬 어렵다고 한다. 전투 당시 죽은 병사 들은 일단 급하게 진지나 고지 주변 아무데나 묻기 바빴다. 먼저 죽은 동료

당시 전투를 기억하게 하는 탄피와 탄클립이다.

를 묻었던 병사도 내일 바로 그 옆자리에 묻히는 격전의 한가운데에서는 시신을 묻는 것조차 힘겨운 일이었다. 심지어 사망자의 기록을 남기는 것 자체가 쉽지 않은 일이다. 전투가 밤낮으로 벌어지는 최전선 고지와 방어선 에서는 전투용 참호 한구석에 시신을 쌓아 놓고 흙으로 덮어 버리는 것이 최선이었다. 적의 고지를 향해 공격하다 죽은 병사들의 시신은 애초 오매불 망 비무장지대를 중심으로 지금의 남방 한계선과 북방 한계선 어딘가에 거 름이 되어 흔적조차 찾기 어렵다. 미군은 병사들의 치과 진료기록이 남아 있어 이를 통해 시신과 대조해 신원을 확인한다. 하지만 국군 병사들은 그런 기록이 거의 없어 군번줄 외에는 병사 개인의 신원을 확인할 수가 없다.

2000년 당시 발굴에 착수할 때 격전지라 할 수 있는 비무장지대의 남방 한계선 인근의 고지가 있던 주요 봉우리와 능선에서는 시신이 제법 나왔다. 유해발굴작업에서 가장 중요한 흔적은 역시 '뼈'다. 두개골을 비롯해 정강이뼈, 팔뼈, 갈비뼈 등 인간의 사체로 확증할 수 있는 뼈를 찾는 작업이 주가 된다. 격전지의 교통호나 참호였던 곳에서는 개인 장비인 철모, 수통, 대검, 탄띠, 소총 부품, 실탄과 탄피 그리고 M1 실탄 클립 등이 중요한 흔적이 된다. 발굴작업을 하는 주변에서 발견되는 이런 잔해들은 유해발굴의 구체적인 증거로 삼을 수 있다.

비록 전쟁이라는 처절한 살육전에서 죽었지만, 망자의 한을 달래는 것은 적과 아를 떠나 살아남은 이들의 기본적인 예의다. 여기에 전사자의 발굴작업 기록까지 덧붙일 수 있을 때 평화의 초석을 다질 수 있다. 가까운 예로 태평양전쟁 때 집중적인 전투가 벌어진 오키나와는 일본 양심세력의 노력 끝에 오키나와 지방정부가 주도하여 오키나와 평화공원을 조성했다. 또 추모자 명부 기록으로 확인 가능한 전쟁 당사자와 격전지 언저리에서 죽은 조선인 강제 징용자까지 남김없이 비석으로 이름을 남겼다.

전쟁은 기록되어야 한다

전쟁은 기록하고 기억해야 한다. 전쟁에 대한 평가는 후대가 하더라도 인간이 저지른 가장 참혹하고 끔찍한 선택인 전쟁에 대한 가감 없는 기록은 평화의 단초가 된다. 승자와 패자를 떠나 전쟁을 기억하고 그로부터 역사적 교훈을 얻는 것이야말로 전쟁을 방지하고 평화로 나아갈 수 있는 시발점이다.

전쟁의 기억은 기록으로부터 비롯된다. 전쟁과 전투 기록에서 경계해야 할 것은 수치로 망자를 기록하는 것이다. 전사 편찬을 넘어서서 그 전투에서 얼마나 많은 사람이, 어떻게 죽어갔는지에 대한 생생한 기록이 필요하다.

북한은 발굴과 기록보다는 추모 사업에 열성적이다. 전형적인 전시국가요, 극장국가이기 때문에 특히 전쟁에서 싸우다 죽은 사람들을 추모한다. '조국은 그대들의 영웅적 투쟁을 잊지 않는다'라는 구호처럼, 전쟁 때 전사한 사람들에 대한 기념사업에 열성적이다. 북한도 유해발굴사업을 하는지는 알 수 없다. 북미 관계 때문에 미군의 유해발굴을 허가하거나 우연히 발견한 유해를 인도해 주는 경우는 가끔 있다. 반면 한국전쟁의 실질적인 당사자인 중국은 한국전쟁의 격전지에서 수십만 명의 중국군이 죽었지만, 발굴작업을 하지 않고 있다. 1950년 겨울 한국전쟁 당시 소위로 참전했던 마오쩌둥의 아들이 죽었을 때, 중국군 사령관 펑더화이가 시신을 베이징으로 옮길 것을 건의했다. 하지만 마오쩌둥은 "인민해방군의 전통에 따라 거기 묻으라."라고 지시했다. 아들까지 바치면서 전력투구했던 한국전쟁에서 중국은 참전국 중 가장 큰 희생과 피해를 겪었지만, 한편으로는 국제사회에서 정치적 입지를 드높이는 계기가 되었다.

적근산 자락 철책선에서 접하게 된 국군유해발굴 현장은 한국전쟁에서 '금성지구전투'로 기록된 격전지 한가운데였다. 이 전투는 미군과 국군에게도 여러 의미가 있지만, 중국군에게는 최후 결전과도 같은 전투였다. 금성지구전투는 철의삼각지대전투나 동부전선의 단장의능선과 가칠봉전투에 비해 상대적으로 덜 부각된 측면이 있다. 하지만 이 전투야말로 정전협정을 목전에 두고 양측이 막판에 전력투구한 전투였다. 그렇게 지루하게 끌던 정전협정이 1953년 여름에 휴전 협정 타결의 실마리가 보이면서, 각국은 전쟁의 마무리에 열을 올렸다. 정전협정을 목전에 두고도 이긴 전쟁으로 기록되고 싶은 당사자들의 냉전적 명분이 청춘들을 사지로 내몬 것이다.

1951년부터 지금의 비무장지대를 중심으로 약 20~30킬로미터 범위 안에서 뺏고 뺏기는 고지전을 벌이면서 고착 상태는 이어졌다. 한국전쟁이 남긴 큰 상처는 청춘들의 무의미한 죽음이었다. 전쟁은 정치와 외교의 부재가 얼마나 많은 사람들의 피를 요구하는지를 똑똑히 보여 줬다. 그 생생한 무대가 지금의 군사분계선을 중심으로 한 비무장지대 일대였으며, 이 끔찍한 피의 퍼포먼스는 무려 2년이나 지속된 것이었다.

미국과 중국은 어차피 더 이상 전쟁의 지속을 통해 얻을 것이 없었고, 하루라도 빨리 전쟁을 끝내고 싶었다. 그래서 정전협상의 회의장에 마주 앉았다. 그러나 한편으로는 냉전이 시작되는 국제질서의 재편기에 상대에게 양보하기 싫어 사사건건 시비를 걸며 2년 넘는 시간을 끌었다. 이 과정에서 미국과 남한, 중국과 북한의 무수한 젊은이들이 한반도 허리에서 이름 없이 사라져 갔다. 허망하고 비정한 죽음의 마지막 결전이 바로 삼천봉부터 북한강 사이에서 벌어진 '금성지구전투'였다. 금성지구전투는 중국군에게는 엄청난 출혈과 희생을 안겨 준 전투였다. 이 전투를 중심으로 중국은 1953년 봄에 참전 사상 가장 많은 135만 명의 중국군을 일시에 투입했다. 이 기록은 인류 전쟁사에서도 손에 꼽힐 정도였다. 더구나 총과 포를 쏘는 근대 이후의 전쟁에서는 유례가 없는 전면적인 전투였다. 당시 중국은 정전협정 전후의 고비가 되는 전투를 승리로 쟁취하여 대미를 장식하고 싶었다. 아울러 남과 북은 서로 간에 한 치의 땅이라도 더 확보하고 싶었다.

금성지구전투는 중동부전선 강원도 철원군 원동면의 금성천 수계 일대에서 벌어졌다. 적근산부터 삼천봉은 백두대간 한북정맥으로 북한강과 임진강을 가르는 경계다. 삼천봉 서쪽은 모든 물줄기가 김화 화강을 거쳐 한탄강으로 흐르다 마지막에는 임진강으로 모인다. 반대로 동쪽은 금성천으로 모여서 평화의 댐 위쪽인 북한강 상류로 접어든다. 그래서 금성천으로 연결되는 모든 계곡과 골짜기 상류에 있는 봉우리와 능선 등은 중국군과 국군이 서로 양보할 수 없는 격전지가 된 것이다.

비무장지대를 바라보면서 중국에게 '한국전쟁은 무엇인가'라는 질문을 던진다. 오합지졸에 불과했던 김일성의 인민군이 남침을 할 수 있도록 주춧돌을 마련해 준 나라가 중국이었다. 1949년 항일전투와 중국혁명을 통해 억세게 단련된 조선족 출신 중국군 3개 사단을 북한에 넘겨주었고, 이 병력은 한국전쟁 개전 초기에 노도처럼 밀고 내려왔다. 미군의 개입으로 낙동강에서 압록강까지 후퇴하던 인민군을 구원해 다시 전세를 새롭게 재편한 것도 중국이었다. 중국군은 1950년 11월 압록강을 건너와 한국전쟁에 참전하면서 그해 겨울 당시까지 '세계 최강'인 미군에게 기억하기 싫은 패배를 안겨 주었다. 맥아더는 1950년 10월 중국군의 참전 가능성을 언급한 보고에 코웃음 치며 중국의 참전 가능성은 적으며, 설사 참전해도 세계 최강인 미군이 오합지졸 중국군을 단숨에 제압할 것이라며 기고만장했다. 하지만 맥아더의 호언장담은 오판이었고, 현실은 정반대였다. 중국군은 미군에게 해외참전 역사에서 가장 치욕스런 겨울을 만들어 주며 서울까지 내려왔다.

한국전쟁에서 펼쳐진 열강의 세력 다툼

　　나라마다 전쟁에 참여한 기록은 다 있다. 한국전쟁에 관한 기록도 미군
·국군·중국군·인민군 모두 가지고 있다. 국군도 나라를 지켜 낸 호국의 6
·25로 기록하고 있고, 인민군은 '영명한 지도자, 위대한 수령이 승리로 이
끈 조국해방전쟁'으로 정리하고 있지만, 실제 전쟁을 이끌어 간 당사자는
미국과 중국이었다. 1950년 6월 25일부터 시작해 김일성이 압록강으로 건
너 중국으로 쫓겨날 때까지는 북한과 미국의 전쟁이었다. 그러나 그해 11
월 중순 중국 인민해방군이 참전하고부터 전쟁은 세계 최강 미국과 혁명을
통해 다시 국제 무대에 등장한 중국의 대결 구도로 변모했다. 중국은 한국
전쟁을 통해 가장 큰 희생을 치렀지만, 확실한 몇 가지를 챙겼다. 미국과 필
적하는 강대국으로 부상하는 국제적 입지를 다진 것이다.

　　중국은 청나라가 무너지고 아편전쟁 이후 유럽 열강으로부터 온갖 수
모와 치욕을 겪으며 동양의 종이호랑이로 전락했다. 나라가 산산조각난 중
국은 1930년대부터 항일전을 거치면서 마침내 혁명을 통해 농민의 국가를
세웠다. 그 뒤 한국전쟁에서 제2차 세계대전 승전의 주축이었던 미국과 자
웅을 겨루고 물러서지 않는 전쟁을 치러 낸 것이다. 중국은 한국전쟁을 계
기로 명실공히 세계 5대 강국의 반열에 올랐다. 1930년대 이래 대장정을
거치면서 중국 군대는 막강한 실전경험을 가진 저비용 고효율의 군대로 거
듭났던 것이다. 전장의 어떤 상황에서든 '이가 없으면 잇몸으로 때우는' 자
세로 단련된 군대가 바로 중국군이었다. 혹한의 추위부터 배고픔까지 견디
는 지구력을 자랑했던 중국군이다. 이런 군대를 바탕으로 마오쩌둥은 미군
의 핵무기 사용 위협에도 물러서지 않고 정면 돌파했던 것이다.

한국전쟁에서 죽어간 중국 인민해방군은 공식적으로 30만 명에 달한다. 그 외 군수 지원을 비롯하여 다양한 형태로 전쟁에서 사망한 인원은 90만 명으로 추정하고 있다. 그러나 국가는 국제 무대에서 패권적 지위를 회복했을지 몰라도 참전하여 죽은 병사들과 가족들의 아픔은 외면했다. 마오쩌둥은 무리한 참전 결정을 외고집으로 밀어붙였고, 그 결과 강대국 반열에 올랐지만 문화혁명으로 이어지는 원인을 제공했다. 마오쩌둥은 현대 중국을 빚어낸 지도자이면서 절대권력을 행사한 상반된 이미지로 남았다. 무엇보다 그는 비정한 정치적 결단으로 얼마나 많은 민중의 자식들이 전쟁터에서 허무하게 사라질 수 있는지를 똑똑히 보여 준 지도자였다.

미국에게는 한국전쟁이 잊고 싶은 기억이다. 미국이 낳은 전쟁영웅 맥아더는 한국전쟁에서 여러 차례 오판을 했다. 극동군사령관이었던 그의 오판은 미군 역사상 가장 처절한 고통을 선사했고, 수모에 가까운 패배를 맛보게 했다. 정치와 군부의 힘겨루기에서 대패한 그는 끝내 군복을 벗었다. 한국전쟁은 혁명 지도자 마오쩌둥을 확실한 지도자로 부각시켰고, 미국이 낳은 제2차 세계대전의 영웅 맥아더를 추락시켰다.

한국전쟁의 대표적 격전지는 낙동강지구나 춘천지구, 지평리 등의 지역도 있지만, 대규모 살육전은 대부분 비무장지대 일대에서 벌어졌다. 금성지구전투를 비롯하여 철의삼각지대의 백마고지, 티본능선, 오성산전투, 문등리 단장의능선, 도솔산 가칠봉전투, 펀치볼전투 등 무수한 전투가 이곳에서 펼쳐졌다. 철책선 순찰로를 걸으면서 이곳이 한국전쟁 때 격전지였음을 체감할 만한 구체적 흔적을 중동부전선에서 발견했다. 서부전선과 중부전선에서는 격전지의 흔적을 찾기 어려웠다. 다만 군인들의 증언을 통해 기억이 이어졌을 뿐이다. 중동부전선 철책선은 전쟁 당시 고지전을 펼친 곳이다.

1970년대 이후 인민군과 국군은 서로를 관찰하기 좋은 고지로 북방 한계선과 남방 한계선의 위치를 변화시켰다. 이 과정에서 한국전쟁 당시 참호와 교통호가 있던 위치 근처로 철책선이 변경되기도 했다. 그런 곳에서는 전쟁 당시의 흔적과 유물이 발견되기도 한다. 철책선 옆 수풀이나 흙더미가 드러난 토양층을 유심히 보면 전쟁 때 사용하던 탄피, 탄클립 등을 비롯하여 부서진 철모와 삭은 탄통, 녹슬어 부식된 유류통 등도 보인다. 가끔씩 불발탄으로 남아 있는 박격포탄이나 포탄 등이 발견되기도 한다.

적근산에서 백암산까지 이어지는 첩첩산중은 철책선과 경계부대의 주둔지 그리고 군사도로를 빼고는 사방으로 산림이지만 한때는 처절한 살육전의 현장이었다.

남파와 북파

       적근산을 지나 주파령 북쪽으로 펼쳐진 비무장지대를 걷는다. 이곳은 크게 보면 백암산 자락에 해당한다. 철책선 남쪽으로는 백암산을 중심으로 장대한 산줄기가 우람하게 솟아 있다. 철책선을 기준으로 북쪽은 철원이고, 남쪽은 화천인 백암산 북사면에 해당한다. 북쪽은 쌍용천을 따라 흘러 금성천으로 접어든다.

    금성천은 북한강 본류로 접어든다. 대자연의 넉넉한 품을 느끼며 가파른 비탈을 걸으니, 계단길이 힘든 줄도 모르게 동쪽으로 나아가게 된다. 비무장지대 안팎으로 펼쳐진 숲의 품은 남북의 대치마저 잠시나마 잊게 해줄 정도다. 이렇듯 사방으로 펼쳐진 비무장지대 산림은 몸도 마음도 청량하게 한다.

    화천 백암산 전방 철책선 순찰로 중 쌍용천이 가장 낮은 곳이었다. 그

이곳은 과거
'59. 7.18경 적 3명이
침투했던 지역입니다.

과거 침투사례
● 침투일시 : '68. 11.
● 침투경로 : 신탄리계곡 → 40초소 전방
● 침투방법 : 인계이용 은밀침투
● 전 과 : 5명 전원 사살

과거 침투사례
● 침투일시 : 1968. 07. 11
● 침투경로 : 162GP를 출발하여
낭랑도섬후 690고지 쪽단 능선을
거쳐 4/ 46 철조망으로 침투
● 침투방법 : 박현추 이용 침투
● 전 과 : 5명 사살

철책선 순찰로 곳곳에 세워진
적 침투 경고판. 침투한 적을
격퇴하고 조치한 현장임을 알
리고 있다.

Z5소초침투사건
일   시 : 67.8.5
       0220~0230
침투인원 : 수미상
작전결과 : 적도주
         아부상3
교   훈 : 공제산악소소
         위치로 노출
         무질광 소리
         봉황사격
         지근거리
         아유인실패

추동지역침투사건

일시 : 67년 6월 10일
       22 : 22 ~ 22 : 30

침투인원 : 3 명
작전결과 : 적사살 2 명
         아군전사 1 명
         부상자 2 명
교훈 : 지근거리유인
      경보기운영
      집중사격성공
      포상화랑 2 명

런데 쌍용천을 지나자마자 이제껏 보지 못한 비석 하나를 발견했다. 10미터 앞에서 볼 때까지도 비석이라고 생각했는데, 가까이에서 보니 비석이 아니라 경고판이었다. 과거 적의 침투를 알리는 경고판이었다.

서부전선에서 중부전선을 지나면서 간혹 보았던 '적 침투 경고판'과는 크기나 느낌이 달랐고, 유독 긴장감이 감돌았다. 대개 적 침투 경고판은 철책선 바로 옆에 붙이는데, 순찰 다니는 경계병들의 주의를 환기시키기 위해서다. 간혹 철책선 맞은편 순찰로에 작은 안내판처럼 세워져 있기도 했다. 대부분은 가로 50센티미터, 세로 70센티미터 정도의 크기였는데, 금성천 상류 추동 지역 경고판은 거의 비석 크기였다. 형태는 시멘트로 잘 발라 만들었지만, 조금 떨어져서 보면 거의 비석 같았다. '적이 침투한 곳', 우리 일행이 적 침투 안내판을 마주한 곳은 강원도 철원군 원남면 후동리 '추동' 지역이다. 이 안내판에서 언급하는 1967년 6월은 남과 북이 비무장지대에서 결전 전야를 방불케 하는 교전으로 날을 지새우던 시기였다.

철책선을 걸으면서 부대마다 과거 북한이 남파했던 소위 무장공비 혹은 무장간첩과의 교전 현장이었음을 알리는 안내판을 설치한 것을 볼 수 있었다. 철책선 바로 3~5미터 정도 뒤쪽에 작은 입간판 형태로 부대마다 디자인은 다르지만 대부분 나무판에 각목이나 철 막대기 형태의 지지대를 세워 제작했고, 내용은 대개 비슷했다. '적 침투 지역', '적 침투 사례' 등의 제목에 적이 침투한 날짜와 시간, 교전 상황, 적 사살 몇 명, 아군 피해 몇 명, 조치 결과와 교훈사항 등 압축적인 문구를 써 놓고 있었다.

충격적인 도발의 연속

　베트남전쟁으로 냉전이 고조되던 1966년부터 1969년까지 비무장지대에는 드러나지 않은 치열한 교전이 수없이 반복되었다. 소규모 전투라 할 정도였다. 상대의 경계 및 방어시설을 확인하고 염탐하는 수준을 넘어 치고 빠지는 공격이 주를 이뤘다. 군사분계선을 사이에 두고 수시로 경계 부대의 병력을 공격해 몇 명씩 죽이거나 심지어 일개 소대 규모에 해당하는 20여 명 이상을 몰살하고 돌아오는 경우도 있었다. 더욱이 공격을 받으면 그에 상응하는 보복전도 지루하게 이어졌다. 결전 전야와 같은 교전과 침투가 정점을 이룬 시기는 1968년이었다. 이때는 국제사회에 베트남 반전운동을 비롯하여 냉전이 새롭게 정착되던 시기였다. 한반도에서 냉전과 베트남전쟁으로 인한 긴장은 군사분계선을 사이에 두고 수없는 도발과 맞대응으로 나타났다. 정전협정 이후 남과 북 사이에 가장 긴장하며 대치하던 시절이었다.

　이 시기 가장 충격적인 도발은 1·21 사태다. 북한 124군 특수요원 30명이 연천 고랑포 인근 미군 경계 철책선을 돌파하여 청와대 코앞까지 내려온 사건이었다. 지금은 25사단 경계 지역이지만, 1968년 당시에는 서부전선 철책선 일부를 미군이 담당했다. 김신조를 비롯한 30명의 인민군 특수부대는 임진강을 건너 파주를 거쳐 북한산 세검정까지 내려왔다. 야간을 이용해 시간당 7~10킬로미터를 주파하는 속력으로 청와대 바로 위까지 내려온 것이다. 김신조를 제외하고는 한 명만 살아서 월북했고, 나머지는 전원 사살되었다. 하지만 이 사건이 국내외에 던져 준 충격은 엄청났다. 체포된 김신조가 "박정희 목 따러 왔다."라고 한 진술은 가히 충격 그 자체였다. 1·21 사태는 정전협정 이후 남과 북이 군사분계선을 넘어 도발하고 공격한 사례 중 모든 면에서 압도적이었다. 무엇보다 침투 인원부터 공격 목표까지 양적·질적으로 최고 수준의 도발이었다. 비록 냉전이었지만 상대 진영의 수도 한가운데에서 국가 원수를 공격 목표로 삼았다는 점에서 다른 도발과는 비교할 수도 없었다.

1968년 가을에도 충격적인 사건이 있었다. 울진·삼척지구 무장공비 침투 사건이다. 1·21 사태를 일으킨 같은 부대 인민군 124군 특수요원 130명이 1968년 11월 1일 동해안 경상북도 울진과 강원도 삼척 경계 지역으로 침투한 것이다. 이들은 선박을 이용해 해상 침투를 한 후, 약 2개월간 강원도 백두대간을 따라 게릴라전과도 같은 도발을 벌였다. 이 중 약 10여 명은 인제 12사단 경계 지역 철책선을 통과해 북으로 복귀한 것으로 전해진다.

1968년의 두 사건에 대해 여러 추측이 있었는데, 북한이 국제적인 반미투쟁의 전선을 넓히기 위해 도발했다는 설도 있었다. 베트남전쟁에 참전하고 있는 미군과 국군의 관심을 한반도로 돌리려고 침투했다는 시각이다. 한편으로는 북한 내부의 무모한 대남사업의 결과라는 시각도 있었다. 실제로 1969년 3월 북한 노동당 회의에서 1·21 사태와 울진·삼척 공비사건의 책임을 물어 당시 인민무력부장 김창봉과 대남사업총국장 허봉학 등을 좌경맹동주의 및 모험주의로 인한 대남 사업 실패라는 명목으로 숙청했다. 이 부분은 1972년 김일성과 이후락의 회담에서 김일성의 발언으로 인해 세상에 알려졌다.

남한에서는 북한의 남파 사례를 반공 교육과 체제 결속 차원에서 아주 자세히 소개했다. 반면 남한의 북파에 대해서는 2000년 초반까지 금기였다. 하지만 남한도 북한에 뒤지지 않을 정도의 침투와 도발을 했다. 북파 특수공작원들이 북한의 군사시설이나 인민군을 공격한 것 중 가장 대표적으로 알려진 것이, 1968년 10월 10일 화천 북방 금성천 일대에서 있었던 공격이었다. 이때는 북파 공작원들이 강원도 화천군 백암산 북방 지역인 철원군 원남면 후동리 일대 군사분계선을 넘어서 침투했다. 이들은 북한강 상류 지천인 금성천 일대에 있던 인민군 막사를 폭파하고 병사들을 공격해 몰살했다고 한다. 또한 작전을 마치고 귀환하던 중 북방 한계선 인근에서 인민군 병사 10여 명을 크레모어와 소총으로 사살하기도 했다. 이런 공격으로 인해 인민군도 비상이 걸리고, 군사분계선을 사이에 두고 GP를 비롯해 남과 북의 철책선은 종일 교전으로 접어들었다. 이날 교전은 남북이 총격으로 대응한 사건으로는 정전협정 체결 이후 가장 치열한 사건으로 기록된다. 포사격만 없었을 뿐 거의 전투나 다름없는 교전으로 번졌다고 한다. 당시 근무했던 장교들 중 이날의 교전을 기억하는 이들은 6·25 이후 최대 교전이었다고 증언한다. 당시 작전에 참여하고 살아서 귀환한 북파 공작원들 중 충무무공훈장을 받은 대원들도 있었다.

비무장지대 군사분계선을 오가며 특수임무를 수행하는 조직은 철저히 비밀리에 운영되었다. 북한은 주로 노동당과 인민군 정찰국에서 운영했다. 1·21 청와대 습격사건의 김신조 부대와 울진·삼척지구 무장공비 침투 사건 때 내려온 부대 등은 모두 124군 부대로, 대남 특수공작을 위해 만든 특수부대였다. 상상을 초월하는 특수훈련으로 일반 부대보다 월등한 전투력과 생존력을 갖춘 특수요원을 양성했으며, 이런 시스템은 남한의 북파요원들도 거의 비슷했다. 이들은 불과 4킬로미터에 불과한 비무장지대를 24~48시간가량에 걸쳐 주로 야간에 통과했다. 더구나 비무장지대에는 무수한 지뢰와 불발탄이 있기 때문에, 남과 북은 군사분계선을 기준으로 각자가 개척해 놓은 침투로를 이용했다.

북에서 남파하는 경우 주로 무장요원들과 공작원을 내려 보낸다. 비무장지대를 통과할 때 무장요원들은 별도의 안내요원 없이 스스로 길을 개척해 통과한다. 반면 공작원들은 대부분 침투 및 안내를 전문적으로 하는 별도의 특수요원들이 비무장지대 안내와 개척을 도맡는다. 남에서 북파하는 경우는 대부분 특수훈련을 거친 요원들이라 안내원은 필요 없었다. 침투 인원은 3인 내외의 소수가 많았다. 김신조 사건처럼 30명은 극히 예외적인 경우였다. 남이든 북이든 10명 전후의 침투도 매우 드물었다. 간혹 단독으로 침투하기도 했지만, 대개는 2~3인이 주를 이루었다. 남파요원과 북파요원 모두 군사분계선을 통과해 침투했는데 간혹 해상침투도 있었다. 하늘로 침투하는 것은 발각 위험 때문에 거의 시도하지 않았다. 작전을 마치고 귀환할 때는 주로 비무장지대를 통해 귀환했다고 한다.

비극적인 것은 남파요원이든 북파요원이든 군사분계선을 통과한 사람들은 다시 돌아오지 못하는 경우가 많았다는 사실이다. 침투 과정에서 지뢰를 밟거나, 발각당해 사살되는 경우가 대부분이었다. 무사히 작전을 마치고 귀환하는 경우는 10퍼센트 미만이었다고 한다. 현실에서는 영화나 드라마처럼 종횡무진 활약하다 복귀하는 경우는 거의 없었다.

1972년 이후부터 군사분계선을 오가는 공격과 도발이 줄어들었고, 1980년대 들어오면서 군사분계선을 넘나드는 특수부대는 크게 노동당 작전부와 인민군 총참모부 산하 정찰국 등으로 재편되었다. 남한은 1972년까지는 중앙정보부와 해군(UDU), 공군에서도 일부 북파부대를 운영했지만 주력 부대는 육군첩보부대(HID)였다. 육군은 속초와 철원 등지에서 훈련을 했으며, 해군은 인천에서 요원을 훈련시켜서 북으로 보냈다. 그러나 북방한계선을 넘어 북한 내부로 침투하는 경우는 1972년 이후에는 거의 사라진 듯하다.

　한편 비무장지대 내부의 정찰 활동은 1980년대 후반까지 이어진 것으로 보인다. 1980년대 철책선 경계부대 상황실에서 군복무를 한 여러 전역자들의 증언에 따르면 중동부전선에서 통문을 통과하는 병력들 중 경계작전 상황일지에 기록을 남기지 않고 통과시키는 경우가 있었다고 한다. 해당 부대든 상급 부대든 통문 통과 시 소속과 계급을 기록하지 않고 들어가는 경우는 거의 없으니 아마도 비무장지대를 정찰하는 특수요원들이었을 것이다. 이처럼 1980년대 이후부터 실질적인 북파는 거의 사라지고, 특수부대는 극히 제한적으로 운영하는 것으로 알려져 있다. 또 대북 첩보를 위한 요원 양성 및 운용은 국군정보사령부로 통폐합된 것으로 알려졌다.

역사에 유린된 북파 공작원들

　남파와 북파는 모두 명백한 정전협정 위반이다. 그래서 서로 쉬쉬하는 분위기가 많았다. 특히 1994년까지 진행된 판문점 군사정전 회담장에서는 서로의 침투만을 부각해 정전협정을 위반한 사례만 열거할 뿐, 각자의 침투 사실은 없었던 일로 덮어 두었다. 하지만 사태는 심각하다. 북한은 1950년부터 1999년까지 총 6,446명을 남파시켰다. 이 중 3,177명이 생포되었고, 1,644명이 사살되었으며, 나머지는 도주하거나 기타로 처리되었다. 남한은 1951년부터 1972년까지 총 7,726명을 북파시켰다. 작전 과정에서 사망자로 확인된 것이 300명이고, 이후 연락이 두절되어 생사를 알 수 없는 경우가 4,849명이었다. 나머지는 부상자 혹은 체포나 기타로 처리된 것으로 알려진다.

북파와 남파는 1970년까지 빈번했다. 이후 1972년 7·4 남북공동성명을 전후로 남과 북은 서로 간에 더 이상 소모적인 남파와 북파를 중지할 것에 합의했다. 이후부터는 계획적인 침투와 공격은 자제하는 분위기였다. 다만 비무장지대 안쪽 지역을 순찰하는 국군 수색대원이나 민정경찰 등과 인민군 민경대원 등이 실수 혹은 제한적 시위 목적으로 군사분계선 인근을 넘나드는 과정에서 서로의 경고 사격이 총격으로 연결된 경우는 간혹 있었다. 그러나 이런 교전도 1999년 이후에는 거의 없어졌다.

북한이 남파를 한 것은 남한에서 익히 알려진 사실이다. 내려와서 생포되거나 일망타진될 때마다 정부가 대대적으로 '북괴의 도발만행'이라며 선전한 덕분이다. 반면 남한에서 올라간 북파요원에 대해서는 철저히 비밀에 부쳤다. 거론하는 것 자체가 금기였으며, 그 과정에서 북파요원에 종사한 당사자와 가족들의 인권유린과 고통은 말할 수 없었다. 1953년부터 2002년까지 7천 명이 넘는 특수요원들이 북파되거나 관련 임무에 종사했지만 국가는 이들의 명예는 물론이고 보상도 외면했다. 정부로서는 숨기고 싶은 과거였기 때문이다. 북파에 관한 사항 자체가 정전협정을 위반한 것이기에, 공식적으로 공표하고 인정하기는 어려운 사안일 수 있다. 하지만 당사자와 가족들에게 보상할 수 있는 방법을 강구할 수 있었다. 그러나 국가는 사선을 오간 사람들과 그 가족들을 외면했다.

북파 공작원 문제는 체제의 우월성 측면에서도 뼈아픈 과거다. 남한은 정전협정 이후 수시로 비인간적인 북한 체제를 비난했다. 그런데 정작 국가를 위해 목숨을 내놓고 사선을 오간 사람들을 방치하고 외면했던 것이다. 이는 변명의 여지가 없는 치부다. 적어도 그것이 국가의 부름이었다면, 국가는 어떤 일이 있어도 그들을 책임져야 했다. 그래야만 국민들이 국가를 위해 충성할 것이다. 직접 북파요원을 양성해 사선으로 보낸 사람들은 대부분 현직 군인들이었다. 그러나 정부와 군 고위 당국자들은 누구도 이 문제의 해결을 위해 노력하지 않았다.

정부는 북파 공작원의 명예회복과 보상을 철저히 외면해 왔으나 국회와 언론이 적극적으로 문제를 제기하면서 상황이 변했다. 16대 국회에서 김성호 의원(민주당)이 북파 공작원 문제를 제기했다. 그는 북파 공작원들을 직접 만나 이들의 아픔을 기록하고 민원을 모아 대정부질의와 건의를 했다. 그 결과 최종적으로 법안까지 제출했고, 2001년부터는 신문과 방송 보도가 이어졌다. 한겨레신문과 MBC 등 언론에서도 북파 공작원 문제를 다루었다. 방송 보도는 음지에서 신음하던 북파 공작원과 가족들의 한과 아픔에 대한 실체적 진실을 드러내는 데 도움을 주었다. 이런 흐름 속에서 북파 공작원 문제의 가장 뼈아픈 사각지대 중 하나인 실미도 사건이 영화로 소개되었을 뿐만 아니라 북파 공작원에 관한 여러 이야기가 방송 보도와 다큐멘터리 등으로 이어졌다.

북한은 남한에서 보낸 북파요원들에 관한 사항을 철저히 함구하는 것으로 알려져 있다. 또 북파요원에 의해 주민이나 인민군이 피해를 입어도 언론을 통해 보도하거나 주민들에게 공표하지 않는 정책으로 일관했다. 남한이 침투해 북한이 공격당하는 상황 자체를 인민들에게 알리기 싫었던 것이다. 북한 체제의 특성상 '무적의 인민군이 철통같이 경계하여 적의 침투는 없다'라는 선전이 지배적이므로, 남쪽 특수요원들에게 경계가 뚫리거나 인민군이 공격받는 것을 알리면 체제 결집과 단속에 도움이 되지 않는다고 판단했을 것이다. 그러니 북한 내부에서는 전혀 공개하지 않고 오직 판문점 군사정전위 회담장에서 남한의 불법 침략 행위를 국제사회에 알리고 고발하는 데 열을 올렸다.

7·4 남북공동성명 이후 남과 북은 무장간첩을 보내지 않기로 합의했다. 냉전시절 남과 북의 이런 무리한 작전은 '애국'이라는 명분으로 수없이 반복됐다. 남북 모두 수십 년 동안 비정한 인간병기를 양산해 죽음의 길로 내몬 것이다. 북한은 '조국통일의 위업'으로, 남한은 '국가를 위한 일'로 포장해 냉전의 제일선으로 청년들을 동원했던 것이다.

고난의 7사단 8연대 지역

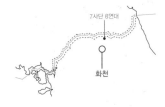

15사단 관할의 삼천봉을 지나면서 남방 한계선 철책선은 적근산 북쪽 사면과 작은 계곡 사이를 오르내리기를 반복한다. 15사단을 지나 7사단 지역으로 접어드니 철책선 앞뒤 모두가 산이다. 숲도 울창하고 계곡도 깊다. 한참을 걷다 보니 철책선 순찰로 바로 옆에 비석 하나가 무릎만 한 울타리 안에 세워져 있다. '고 육군대위 정경화 순직비'라고 쓰여 있다. 정경화 대위는 육사 27기로 임관한 뒤 7사단 5연대 3대대 맹호중대장으로 근무하던 1977년 6월 21일, 부하들을 이끌고 비무장지대 안쪽 지뢰 제거 작전을 수행하다가 순직했다. 작업 중이던 지뢰의 안전핀이 부러져 위험해지자 22명의 병사들을 먼저 대피시키고 스스로 지뢰를 안고 산화했다.

점심과 휴식을 위해 철책선 바로 옆에 위치한 5연대의 한 중대본부에

1977년 불의의 지뢰사고가 발생하자 부하를 살리기 위해 자신의 몸을 던졌던 육군 대위 고 정경화를 추모하는 비석
이다.

머물렀다가 우연히 솔선수범하는 지휘관을 만나게 되었다. 중대본부 건물 바깥 그늘에 걸터앉아 있었는데, 한쪽에서 총기와 탄약을 정비하는 장병들이 보였다. 비무장지대 안쪽 정찰을 마치고 나온 7사단 수색대원들이었다. 비무장지대에서 작전을 마치고 나온 장병들이라 가까이 다가갔다. 장병들 사이에서 중사나 상사로 보이는 간부 한 사람이 손수 총기와 장비를 정비하고, 병사들의 정비도 도와주고 있었다. 그런데 부사관인 줄 알았던 사람이 바로 7사단 수색대대 대대장이었다. 새벽부터 대원들을 이끌고 비무장지대 내부 수색로를 개척하는 지뢰 제거 작업을 진두지휘한 것이다. 최전방 비무장지대에 들어가서 부하들과 함께 뒹굴며 어려운 임무를 직접 수행하는 모습 때문에 초급장교로 오해했다. 그러나 그의 군복에는 분명히 수색대대 마크와 무궁화 둘인 중령 계급장이 붙어 있었다. 야전에서 대대장이 병사들과 함께 땀을 흘려 임무를 수행하는 경우는 드물다.

철책선 부대에서 중령인 대대장은 현장지휘관으로 가장 높은 계급이다. 군대를 다녀온 사람들은 안다. 야전부대에서 대대장은 병사들에게는 하늘 같은 존재다. 삼촌이나 큰형님처럼 쉽게 말을 걸 수 있는 존재가 아니다. 그런데 비무장지대에는 이런 지휘관들이 있었다. 철책선을 걸어 다니며 최전방에서 그런 분들을 제법 만났다. 우리 일행은 전방체험 같은 일회성 행사로 들어간 민간인이 아니었기에 군인들의 생활을 구체적으로 느낄 수 있었다.

5연대부터는 산림 지역이라 사방이 고요했다. 갈수록 산악 지대가 깊고 험난하게 펼쳐졌다. 쌍용천을 거쳐 칠성전망대를 지나자 8연대 지역으로 접어들었다. 7사단 8연대는 비무장지대 철책선이 펼쳐진 순찰로 중에서도 가장 험난한 작전 구역이다. 7사단 8연대 장병들에게는 선배들로부터 내려오는 풍문이 있다. 전생에 죄를 한 번 지으면 비무장지대 철책사단으로 배치되고, 두 번 지으면 7사단으로 배치되며, 세 번 지으면 8연대로 떨어진다는 것이다. 장교를 비롯한 간부들 사이에서는 '육군본부가 버린 자식'이라는 농담도 전해진다. 그만큼 7사단 8연대 지역은 지리적, 지형적인 근무 여건이 열악하다. 장교들 사이에도 제일 험준한 경계 섹터를 담당하고 있다고 알려질 정도다.

7사단 8연대 지역은 비탈의 길이와 경사도 등 모든 면에서 압권이다. 8연대 중 18소초 철책선 순찰로에는 1,600계단이 있다. 이곳은 철책선 경사가 가장 심해서 두 손과 두발로 계단을 짚어서 가야 할 정도라고 알려져 있다. 전체 전선 중에서 가장 험하고 힘겨운 곳이다. 이런 곳은 일반 군화를 신고 다니기에는 많이 힘겨웠다. 맘 같아서는 장병들에게 전투화 밑창에 사용할 수 있는 충격흡수용 고무패드나 무릎 보호대라도 주고 싶을 정도였다. 적어도 남한에서 이런 계단은 비무장지대 철책선뿐이다. 불편하고 힘겨운 곳을 걷고 있는 장병들의 노고가 안쓰러웠다.

서부전선도 그렇지만 중동부전선부터는 철책선 순찰로의 웬만한 비탈은 전부 계단으로 되어 있었다. 1970년대 후반부터 시작해 1980년대 말까지 전체 철책선 순찰로가 정비되었는데 주로 시멘트로 다져 만든 콘크리트 계단이었다. 2000년대 이후에는 철책선 정비나 보강공사를 건설회사가 담당하고 있다. 국방부가 발주하고 민간 토목건설회사가 민간 기술자들과 인부들을 동원해 시설 정비 공사를 하고 있었다. 하지만 1990년대 이전까지는 철책선을 지키는 장병들이 직접 삽과 곡괭이로 사면의 기반을 다지고, 장비와 자재를 운송해 공사를 실시했다. 그래서 GOP 철책선 순찰로는 병사들의 피와 눈물과 땀으로 일군 결정체란 말이 전해진다. 지금도 동부전선

철책선 순찰로 중에서 가장 경사가 급하다고 알려진 7사단의 8연 대 지역. 경사가 몹시 급하여 근무하는 장병들의 관절에 무리를 주 기도 한다.

철책선 순찰로 계단에는 당시 작업에 참여한 장병들이 장난 반 기념 반으로 시멘트에 음각하여 남긴 글귀를 심심치 않게 볼 수 있다. '1983년 병장 김유택', '1979년 10월 19일 상병 이상철' 등 계단이 시작되는 곳이나 끝나는 계단 수직면에 병사들의 이름과 계급, 남기고 싶은 글귀가 새겨져 있다. 시멘트를 타설하고 마르기 전에 써 놓은 것이다.

7사단 8연대는 사단으로 전입한 신참 소위들의 훈련 코스 중 가장 힘든 곳이라고 한다. 수색과 순찰을 돕는 군견도 8연대 철책선에 끌고 오면 힘들어서 주저앉는다는 이야기도 전해진다. 남한은 1980년대까지도 오지의 경우 전기가 들어오지 않은 곳이 있었다. 하지만 군부대의 경우 1970년대 초반에 대부분 전기가 들어왔다. 그런데 오지 중의 오지인 7사단 8연대 지역에는 1978년에 전기가 들어왔다고 한다. 비무장지대를 방어하는 부대들의 근무 조건은 지형적인 위치가 결정적이다. 근무하는 곳에 차량 접근이 가능한지 여부도 중요하지만 자연환경이 무엇보다 큰 변수다. 그런 측면에서 7사단 8연대는 최악의 근무 조건을 갖추고 있었다.

GOP 경계지역 중 가장 험난한 철책선

비무장지대를 방어하는 육군의 경계 작전은 11개 사단에 22개 연대가 담당하고 있다. 248킬로미터 비무장지대의 가장 험한 지형을 담당하는 7사단은 국군에서 유일하게 창군 당시 만들어진 연대들로 구성되어 있다. GOP 철책선을 담당하는 5연대, 8연대와 예비연대인 3연대가 모두 한국전쟁 이전에 만들어진 부대들이다. 7사단은 한국 전쟁이 한창이던 1950년 10

월, 1사단과 경쟁하듯 대동강을 넘어 평양으로 들어가 김일성대학에 태극기를 내걸었다고 한다. 중국군이 투입된 1950년 11월부터는 지금의 비무장지대 일대에서 대치하며 치열한 고지전을 담당했다. 1957년에는 박정희 대통령이 사단장으로 근무하기도 했다. 그래서 한때 5·16 군사쿠테타에 출동한 부대라는 오해도 샀다. 하지만 이곳은 지금도 서울에서 먼 거리이지만 당시에는 서울을 비롯한 사단사령부로 이동하는 데만 7시간 이상 걸리는 지역이었다. 7사단은 한국전쟁 때부터 줄곧 강원도에서 작전을 수행했기 때문에 쿠데타에 동원되기 어려운 최전방 부대였던 것이다.

비무장지대 철책선 경계부대들 중 7사단 이외에도 15사단, 21사단, 12사단, 22사단 등이 험난한 산악 지형에 걸쳐 있다. 이 중 가장 긴 철책선을 담당하는 곳은 양구의 21사단이며, 인제의 12사단 지역이 백두대간 남북으로 이어진다. 철원의 15사단은 임진강과 한강을 가르는 한북정맥 위 철책선을 지킨다. 비무장지대는 지형적 여건에 따라 의외로 외부인의 방문이 빈번하다. 서부전선의 1사단과 28사단, 중부전선의 6사단, 동부전선의 22사단과 12사단은 비교적 민간인의 방문이 잦은 편이다. 서부전선이 동부전선보다 상대적으로 민간인의 방문이 많다. 하지만 7사단 8연대처럼 접근이 어렵고 지형이 험한 곳에는 외부인들의 방문이 거의 없다. 미디어에 노출되는 순위는 파주 1사단 지역과 고성 22사단, 철원 6사단 지역 순이며, 그 외에는 비슷비슷하다.

파주 1사단 지역은 경의선, 도라산전망대, 땅굴 등이 있고 판문점을 비롯하여 비무장지대 안쪽에 위치한 대성동 마을까지 있어 국내외의 이목을 자주 받는다. 특히 미국 대통령 방한 시 단골 방문 지역이라 평소에도 외교사절이나 외국인들의 방문이 잦다. 최근에는 중국인들이 도라산전망대에

7사단 8연대 지역의 철책선 순찰로. 비무장지대 철책선을 방어하는 작전부대 중 가장 첩첩산중에 위치하고 있다.

자주 방문한다. 판문점은 비무장지대에서 유일하게 일반인이 들어갈 수 있는 곳이다. 외국인은 여권만 있으면 당일 방문이 가능하며, 한국인은 3개월 전 국정원에 접수해 허가를 받으면 들어갈 수 있다. 또한 판문점 북측 지역 역시 북한 비무장지대 중 유일하게 개방된 곳이다. 주로 중국, 러시아 등을 비롯한 구동구권 국가에서 많이 방문하며, 서유럽 사람들도 간혹 찾는다고 한다.

서부전선의 맨 서쪽 1사단이 민간인의 방문이 빈번한 지역이라면, 동부전선 맨 동쪽 고성 22사단 지역도 많은 관광객들이 찾는 곳이다. 동해선 철로와 통일전망대 등으로 한국인 관광객들이 가장 많이 찾는다. 금강산 관광이 중단되기 전에는 군사분계선을 육로로 넘어갈 수 있는 유일한 곳이기도 했다. 1사단과 22사단 다음으로 방문객이 많은 곳이 철원 6사단이다. 지리적 특성상 사시사철 안보와 관광 목적으로 민통선 이북을 거쳐 철책선 주변을 관광한다. 이 세 곳 이외에 25사단, 28사단, 5사단, 15사단 등에 비무장지대를 관찰할 수 있는 안보관광지가 있어 일반인들의 방문이 이어진다. 반면 비무장지대를 방어하는 부대 중 언론이나 외부인들의 방문이 적은 부대들이 3사단, 7사단, 21사단, 12사단 등이다. 이 부대들은 안보관광지로 개방된 전망대나 땅굴 등은 있지만 대도시에서 멀리 떨어져 있고 교통이 불편하기 때문에 민간인의 방문이 드물다. 그래서 경계 작전에 임하는 장병들은 고립무원의 산속에서 수도승처럼 말없이 북녘을 응시하고 있다.

사향노루와 산양이 뛰어노는
비무장지대

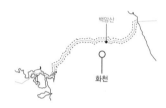

첩첩산중이다. 사방이 산림 지역으로
펼쳐진다. 산도 험하고 골도 깊다. 철책선을 중심으로 민통선과 비무장지대
일대는 산림으로 이어진다. 철책선 전방 비무장지대 내부는 산불의 영향으
로 새롭게 천이 과정에 접어든 숲이 보인다. 적근산을 지난 후부터 백암산
(해발 1179미터) 자락으로 이어지는 철책선은 계속해서 가파르다. 산악 지형
특유의 굽이굽이 길게 뻗은 능선과 사면이 펼쳐진다. 순찰로 역시 철책선을
따라 내리막길과 오르막길이 교차하며 길게 동쪽으로 뻗어간다. 낑낑거리
며 된비알을 걸어 오르면 한 고비 언덕에서 시원한 조망이 나타난다.

백암산을 중심으로 서쪽 적근산 지역과 동쪽 백석산 지역 모두 산악 지
형이 장대한 모습으로 펼쳐진다. 백두대간의 설악산, 오대산, 태백산, 지리
산 등지에서 보았던 장엄한 능선과 봉우리들이 비무장지대와 민통선을 중

심으로 동서로 펼쳐진다. 산불이 발생해도 깊은 골이 가로막고, 활엽수림이 버티고 있어 크게 번지지 않는다. 숲은 울창하고 거칠다. 골짜기를 흐르는 모든 계천들은 모두 금성천으로 흘러들어 마침내 북한강을 형성한다. 적근 산을 지나 백암산 자락을 걸으면 신갈나무를 비롯한 활엽수림과 금강소나 무 군락이 어우러진 숲이 형성돼 있다. 철책선에서 보이는 것은 오직 산림 뿐이다. 신갈나무, 갈참나무, 굴참나무, 물박달나무, 산벚나무, 고로쇠나무, 음나무, 가래나무, 귀종나무, 신나무, 당단풍나무 등 한반도 중부 산림 생태 계의 전형을 보여 준다.

백암산 일대의 경우, 민통선은 화천군 지역이고 DMZ는 철원 지역이 다. 남방 한계선 인근 지역부터 행정구역의 경계가 화천과 철원으로 나뉜 다. 철원은 중부전선 철원평야의 분위기와는 달리 깊은 골짜기와 산림을 자 랑한다. 민통선 지역은 백암산을 중심으로 서쪽 적근산 지역도, 북한강 건 너 동쪽 양구 백석산 지역도 켜켜이 산으로 둘러싸여 있다. 그런 까닭에 민 통선으로 들어와 활동을 하는 주민들은 거의 없다. 민통선 안에는 민가도 농지도 없다. 인간의 인위적인 손길은 철책선, 초소, 참호, 교통호, 벙커, 막 사와 관측소, 군사도로 등 오직 군사시설뿐이다.

백암산 산림 생태계는 지형의 영향이 크다. 골은 깊고 산비탈은 가파르 니 사람이 가까이 다가가기 어렵지만 숲 친구들에게는 편안한 쉼터다. 그래 서 철책선 순찰로는 야생동물이 즐비하다. 야생의 사파리처럼 다른 곳에선 볼 수 없는 희귀한 동물들을 만나게 된다. 대표적인 동물이 천연기념물 산 양이다. 7사단 8연대 37 소초부터 38 소초까지 철책선을 걷다 보면 한낮에 도 산양을 만날 수 있었다. 철책선을 사이에 두고 산양이 병사들을 물끄러 미 쳐다본다. 멸종 위기종인 산양은 국제적으로 한반도가 최남단 서식지다.

과거에는 우리나라 곳곳에 수천 마리 이상 서식했으나, 1970년대 이후 산업화로 인한 서식지 파괴와 밀렵 등으로 급격히 줄어들었다. 현재는 화천 백암산을 비롯하여 양구, 인제, 고성 등의 비무장지대에 200여 마리, 설악산과 울진·삼척에 각각 100여 마리가 사는 것이 전부다. 산양이 수시로 출몰하는 38 소초는 특히 북한강이 한눈에 보이는 조망점이다. 북한강 물줄기가 발아래로 힘차게 뻗어가는 듯하다. 산양은 본래 사방이 트인 바위 지대나 돌출 지대를 아주 좋아한다.

민통선의 야생동물

백암산에는 병사들의 또 다른 친구가 있다. 사라진 줄 알았는데 수십 년 만에 다시 나타난 사향노루다. 천연기념물인 사향노루는 동북아시아 일부에서만 서식하는 종이다. 1970년대 이후 남한에서 종적을 감춘 사향노루는 지난 30여 년간 국내에서 구체적인 보고가 없었다. 그래서 멸종된 것은 아닌가 싶어 낙담하기도 했다. 그런데 화천 백암산 민통선과 비무장지대에서 생생히 살아 있는 것을 목격하고는 놀랐다. 사향노루도 동아시아에서 주목하는 멸종 위기종이다. 유명한 가곡 〈비목〉 2절의 "궁노루 산울림 달빛 타고 흐르는 밤"에 나오는 '궁노루'가 바로 사향노루다. 예부터 진귀한 동물로 각광 받았는데, 불행히도 사향이라는 약재를 구하려는 인간의 탐욕으로 1960년대부터 급격히 감소했다. 그 결과 전국 어디에서도 찾아볼 수 없다가 2010년 백암산 비무장지대와 민통선에서 국립환경과학원의 생태조사용 무인카메라에 포착되었다. 특유의 가냘픈 몸매를 자랑하며 세간의 주목을 끌었다.

비무장지대에는 반달가슴곰도 살고 있다. 우리는 직접 목격하지 못했지만 군인들이 직접 목격했거나 군 관측 장비에 여러 차례 관찰되었다고 한다. 이런 사실은 철원부터 화천, 양구, 인제 등의 비무장지대를 탐사하면서 확인했으며, 여러 군인들로부터 자세한 정황을 들었다.

이처럼 철원, 화천, 양구, 인제, 고성 등의 비무장지대와 민통선에는 반달가슴곰, 사향노루, 산양, 수달, 담비, 하늘다람쥐, 삵 등 국내의 대표적인 희귀 포유동물들이 살고 있다. 백암산을 비롯하여 중동부전선과 동부전선의 비무장지대는 국내 제일의 야생동물 보고이며, 천연기념물과 멸종 위기종의 안정적인 서식지다. 인간의 간섭이 적은 것이 가장 결정적인 이유였다.

지난 1998년에는 백암산 남쪽 민통선 일대에서 호랑이가 발견되어 큰 소동이 있었다. 호랑이를 취재하기 위해 화천 민통선 일대로 방송사들이 들락거리기도 했다. 당시 환경부 비공개 최종보고서를 보면 그 소동의 주인공을 "표범으로 추정되는 중대형 고양잇과 동물로 추정"하고 있다.

비무장지대와 민통선에는 밀렵이 없다. 앞서도 언급한 바 있지만, 비무장지대 경계부대에는 언제부터인지 모르지만 '동물을 잡거나 해치면 부대에 사고가 난다'는 미신 같은 것이 이어져 온다. 이런 이유 때문일까, 비무장지대와 민통선에서는 야생동물들이 군인이나 군부대 차량을 만나도 피하거나 경계하지 않고 그저 물끄러미 쳐다보기만 한다. 이런 모습은 남한에서 비무장지대 일대가 유일한 것 같다. 비무장지대에서 사람과 동물들은 공존한다. 다른 지역에서는 야생동물들이 인간을 철저히 피해 다닌다. 백두대간도 국립공원도 야생동물에게는 힘겨운 마지막 피난처다.

반달가슴곰이 남한에서 살아갈 수 없는 이유도 인간의 탐욕과 이기심에

백암산 일대에 서식하는 천연기념물이자 멸종위기종인 산양. 비무장지대에는 사향노루, 수달, 하늘다람쥐 등 보호동물이 다수 서식하고 있다.

서 비롯되었다. 남한에서 반달가슴곰의 가장 대표적인 서식지였던 지리산만 하더라도, 밀렵과 등산으로 반달가슴곰이 살아가기 힘든 상황으로 내몰렸다. 곰이 살 수 없는 숲은 끝내 인간도 살 수 없다. 우리가 반달가슴곰을 보전하는 이유는 이 종이 남한의 자연 생태계의 깃대종이면서 경고등이기 때문이다. 비무장지대를 제외하고는 남한 어디에서도 동물들이 살아가기 힘들다. 백두대간이나 국립공원에서 고라니나 너구리조차 만나기 어렵다.

한반도에 멸종의 경고등이 울리고 있다. 야생 동식물을 비롯해 생물의 멸종 위기가 가속화되고 있다. 반달가슴곰과 사향노루, 산양이 사라진다는 것은 이들이 살아가는 숲이 사라진다는 것을 의미한다. 이는 인간에게도 직접적인 영향을 끼친다. 좋은 물과 공기를 가져다주는 공간이 사라지는 것이기 때문이다. 멸종 위기종의 현실은 그 종에만 국한되지 않으며, 눈에 당장 보이지 않을 뿐 인간의 삶에도 직결된 문제다.

오작교 건너 북한강으로

백암산 동쪽 자락으로 큰 하천이 흐르는데, 북한강이다. 비무장지대를 관통하는 물길 가운데 가장 큰 하천이며, 북한강을 지나면 동부전선이 본격적으로 시작된다. 비무장지대의 구획을 나눌 때 군사시설 보호구역이기 때문에 서부전선, 중부전선, 동부전선 등으로 나눈다. 하지만 정확한 기준이 있는 것은 아니다. 통상 파주·연천이 서부전선이고, 철원이 중부전선이며, 철원 근동면부터 화천까지는 중동부전선으로 부른다. 또 북한강부터 동부전선으로 나눌 수 있다.

7사단 지역에서 내려다본 북한강 물줄기와 오작교의 전경. 흘러
내려가는 물줄기는 평화의 댐과 만난다.

북한강은 오작교를 건너야 갈 수 있다. 서쪽인 백암산 지역은 화천의 7사단 경계구역이고, 동쪽인 백석산 지역은 양구인 21사단 지역이다. 오작교를 사이에 두고 두 사단의 경계 작전 구역이 나뉜다. 북한강을 건너는 다리 이름에 견우와 직녀 이야기가 얽힌 것은 무엇 때문이었을까? 남과 북을 견우와 직녀에 비유한 것일까, 아니면 7사단과 21사단을 비유한 것일까?

오작교 아래는 남한에서 가장 황쏘가리가 많은 서식지다. 팔뚝만 한 황쏘가리가 놀이공원 연못에 풀어놓은 비단잉어를 능가할 정도로 은은하면서도 화려한 모습을 드러낸다. 마치 동양화를 정갈하게 그려 놓은 것처럼, 여유 있게 물속을 이리저리 헤엄치는 모습을 언제든지 볼 수 있다.

북한강은 내금강의 깊은 계곡물을 모아 내려온다. 비무장지대부터 남방한계선이 지나는 오작교를 거쳐 '평화의 댐'까지 자연 하천의 원형을 남김없이 보여 준다. 인간의 손길이 미치지 않고, 개발의 흔적이 없는 대형 하천의 모습이다. 오작교를 남북으로 흐르는 북한강 본류는 강이 인간의 손길로부터 자유로웠던 시절의 모습을 있는 그대로 보여 준다. 특히 오작교 양쪽으로 산지를 따라 뻗어 올라가는 철책선 중간에서 바라보는 비무장지대 안쪽 북한강은 강의 원형이라 할 만하다.

북한강에는 천연기념물 수달이 민통선 전 지역에 걸쳐 광범위하게 서식하고 있다. 철원 지역의 한탄강과 김화 남대천을 비롯해 북한강 수계와 동해안 남강 수계까지 수달의 서식이 확인되고 있다. 비무장지대 일원 하천의 깨끗함과 생태적 우수성을 보여 주는 단면이다. 수달은 사람의 접근에 매우 민감해 도로나 관광시설이 들어오면 그곳을 버리고 떠난다. 인간들은 이런 수달의 처지에 아랑곳하지 않고 이 땅의 하천을 흉악스럽게도 파헤치고 오염시켰다. 그런 점에서 비무장지대 북한강 물줄기와 둔치는 조선민주주의

근대화 이전 한반도 자연 하천의 원형을 그대로 보여 주고 있는 비무장지대 안쪽의 북한강 전경. 개발되지 않은 100년 전 대형 하천의 모습을 그대로 보여 주고 있다. 산림 – 둔치 – 천변 – 물줄기의 형태가 고스란히 남아 있다.

인민공화국도 아니고 대한민국 민주공화국도 아닌 수달공화국이다. 비무장지대를 관통하는 하천 모든 곳에서 수달은 안정적인 생활을 하고 있다.

한반도 중부를 횡단하는 비무장지대 대부분의 하천은 북에서 발원하여 남으로 흐른다. 또한 백두대간의 분수령이 동쪽에 치우쳐 있어 황해로 흐르는 하천이 많고, 유역 면적이 넓으며 길이가 길다. 반면 동해로 흐르는 하천은 짧고 경사가 급하다. 한강 수계 하천에는 금성천, 쌍룡천, 북한강, 수입천, 인북천, 서화천이 있다. 한강 수계의 하천은 수도권 상수원의 역할을 오랫동안 해 왔으나 사람들의 관심에서는 멀어져 있었다. 동해안 수계는 남강이 있다. 이 중 남강의 지류인 사천천은 동에서 서로 흘러 남강에 합류하고, 남강은 서에서 동으로 U자형으로 흘러 동해로 빠진다. 비무장지대 하천과 계곡은 어디나 맑은 물이 흐른다. 낚시나 오염 행위도 없고, 하천 주변을 파헤치는 개발 행위도 없다. 그래서 비무장지대 일원의 하천, 계곡, 호수, 습지 등에는 민물고기가 엄청나게 많다. 한 세대가 흐르는 동안 사람의 출입이 없고, 일체의 개발 행위가 중지된 탓이다. 100년 전 근대화와 산업화 이전 하천의 원형이 비무장지대에 그대로 살아 있었다.

비무장지대를 사이에 두고

국군과 유엔군 그리고 인민군이 대치한 군사 활동과 생활양식은

국제사회에서도 관심의 대상이다.

남과 북 군인들의 생활상 자체가 향후 중요한 문화사적 가치를 지니며

인류학적 관점에서도 독특한 영역이 될 것이다.

남북 관계가 개선되면 비무장지대 철책선을 세계문화유산으로 등재하여

인류에게 영원히 교훈으로 남기는 노력이 필요하다.

3부

동부전선

― 고지가 마주한 전선

금강산 가는 길과 남북을 오간 사람들

                  비무장지대는 북한강을 지나면 양구 21사단 지역으로 접어든다. 오르고 또 올라야 한다. 북한강부터 삼각 OP까지는 약 1,200미터가량 고도가 높아지고 오름길이 사정없이 이어진다. 북한강변에서 해발 1,000미터 가까이에 펼쳐진 능선부까지 계속 오르막길이다. 백석산 일대도 온통 산이다. 능선은 더욱 크게 사방으로 뻗어간다. 그렇게 서너 시간 쉼 없이 철책선 순찰로 계단을 따라 오르고 또 오르니 완만한 능선이 동쪽으로 뻗어 있다. 백암산 북쪽 금성천 일대에는 벌거숭이처럼 황폐화된 산지뿐이었는데, 북한강 동쪽의 백석산 지역은 북쪽도 산림이 그윽하게 펼쳐진다. 백석산 비무장지대 북쪽 지역만 산림 황폐화가 없는 숲의 모습을 유지하고 있었다.

    백석산 북쪽에는 어은산이 있고 그 뒤로 금강산이 버티고 있다. 백석산도 금강산 자락이니, 드디어 금강산 코앞에 다가선 것이다. 한반도에 역사가 시작된 이래 가장 빼어난 풍광으로 기록된 곳이 금강산이다. 가는 길도 남달랐다. 자동차와 철도가 보급되기 이전에는 도보로 다녀야 했기 때문에 금강산 가는 길은 곳곳에 크고 작은 길이 나 있다. 주로 북한강 유역의 길이 많다. 철원 김화의 평강군 쪽으로 연결된 길도 있다. 금강산선 철길부터 시작해 주파령 금성천을 따라 들어가는 길이 있으며, 북한강 본류를 따라 걸어가는 길도 유명했다. 일제시대에는 북한강 북쪽으로 거슬러 올라가는 길을 많이 이용했다고 한다. 동부전선 비무장지대와 민통선 일대의 주요 고개는 대부분 금강산으로 연결된다고 보면 된다. 화천 주파령, 양구 서희령, 인제 고성재, 고성 심재령 등이 모두 금강산으로 들어가는 길들이다. 인제는 송어달을 비롯해 고성재와 심재령을 거쳐 비무장지대 바로 코앞에 있는 무산을 경유해 금강산으로 가는 대표적인 옛길이 있는 곳이다. 고성 남강을 거슬러 가는 길도 과거에는 인기가 있었다고 한다.

양구는 백석산과 가칠봉을 중심으로 내금강으로 들어가는 길들이 많았다. 양구 지역의 비무장지대는 백석산 북쪽에서 철책선이 동서로 이어지는데 중간중간 작은 하천이 흐르는 곳들이 바로 과거 금강산으로 가던 대표적인 길이다. 백석산에서 어은산까지 이어지는 능선 중간인 삼각고지를 지나면 철책선은 수입천을 향해 아래로 내려간다. 수입천도 과거 전쟁 이전까지는 금강산 가는 길이었다. 일행은 다시 동쪽 오르막으로 이어진 철책선을 따라 비지땀을 흘리며 걷고 또 걸었다. 1,000미터 조금 못 되는 능선이 한국전쟁의 대표 격전지였던 '단장의능선'이다. 협곡 같은 분위기의 양구 사태리 골짜기는 비포장도로가 비무장지대로 이어진다. 이곳이 금강산 가는 길로 유명했던 31번 국도다. 지금은 비무장지대가 되어 과거의 길은 잠자

양구의 금강산 가는 길. 길 양쪽은 지뢰지대다.

고 있다. 이 길은 한국전쟁과 정전으로 인해 개발이 멈춰 일제시대 국도의 모습을 그대로 갖추고 있다. 사태리 계곡을 거슬러 북으로 올라가면 금강산이 보인다. 사태리 동쪽 21사단 태백전망대에서 비무장지대를 보면 드넓은 능선과 계곡을 이리저리 휘어 감으며 북쪽으로 파노라마가 펼쳐진다. 이 장엄한 풍광의 한가운데가 내금강 가는 길이다.

금강산 찾아가는 옛길

사태리로 이어지는 31번 국도는 멧돼지가 나타나거나 고라니가 엉덩이를 실룩이며 놀다 가는 길이다. 지척에서 야생동물인 멧돼지와 고라니를 만날 수 있으니 자연과 인간이 공존했던 길의 모습을 그대로 보여 주는 셈이다. 31번 국도가 있는 지역은 온통 대인지뢰 구간이라 길이 난 곳을 빼고는 다닐 수 없다. 군인들도 보급로로 이어진 31번 국도 이외의 숲 속으로 일절 접근하지 않는다. 사태리에서 남쪽으로 흘러내린 물이 만나는 곳은 두타연이다. 일찍부터 비무장지대의 명소로 알려진 두타연은 천연기념물 열목어가 서식하는 장소로 알려져 있다. 두밀리에서 사태리로 이어지는 금강산 가는 길은 민통선과 비무장지대로 연결되는 길이라 곳곳에 군사시설이 즐비하다. 하지만 이것도 세월이 흐르니 아련한 향수까지 불러일으킨다. 시설물에는 예외 없이 ○○○ 사단장, ○○○ 부대장 등의 이름과 함께 완공 날짜가 표시돼 있다. 더불어 기념비석에 쓰인 구호도 1970년대의 분위기를 드러낸다.

31번 국도는 일제시대 부산에서 출발해 울산과 태백 등을 거쳐 양구로 이어진 길이다. 양구에서 금강산으로 연결되어 있다. 이 길은 내금강으로 들어가는 대표적인 길이었다. 부산에서 양구 민통선 초소까지는 전부 포장 도로가 되었고, 오직 민통선과 비무장지대만이 길의 폭이나 형태가 한국전 쟁 이전 모습을 간직하고 있다. 이 길 역시 비무장지대를 뺀 민통선 구간은 양구군에서 도로 포장을 준비 중이었다. 두타연을 지나 사태리 입구까지 포 장도로 공사를 위해 노반을 다지고 있었다. 그동안은 군에서 관리했기 때문 에 불편해도 그냥 비포장도로를 이용했다. 군부대에서 보급로나 전술도로 를 포장할 예산이 없었기 때문이다. 도로공화국인 대한민국 영토에서 국도 가 비포장도로인 곳은 민통선과 비무장지대뿐이다. 전국 어디에도 60여 년 전 국도의 모습은 남아 있지 않다. 그런 점에서 31번 국도는 자연을 훼손하 지 않는 방법으로 복원해 야생동물이 뛰어노는 옛길로 만들 필요가 있다. 그것이 한반도 자연 생태계의 횡축인 비무장지대를 보전하는 방법이기도 하다.

비무장지대에는 과거 전쟁 이전에 남쪽과 북쪽을 오가는 여러 길이 있 었다. 국도와 철도뿐만 아니라 그밖에 지역 주민들이 다니던 크고 작은 길 들이 곳곳에 있었다. 하지만 한국전쟁을 거치면서 그 길들은 더 이상 다니 지 않게 되었고 비무장지대 안쪽에 새로운 길들이 형성되었다. 비무장지대 경계작전에 활용하기 위해 국군과 인민군이 만든 길이다. 비무장지대의 길 은 용도와 목적이 오직 경계작전을 위한 것이다. 물리적인 형태로 보면 GP 로 이어지는 진출입로와 수색매복을 위한 정찰로 두가지로 나뉜다. GP 진 출입로는 차가 다니는 도로로, 비포장도로나 포장도로로 되어 있다. 군사분 계선 이남 비무장지대는 2005년까지 대부분 비포장도로였다. 그러나 2005 년 6월 연천 GP 사건 이후부터 GP 진입 도로를 콘크리트로 포장하기 시작했다. 콘크리트 포장도로는 주로 서부전선과 중부전선에서 볼 수 있다. 동부전선은 계속해서 포장도로를 확장하는 중이다.

정찰로는 걷는 길로 수색과 매복을 위한 길이다. 폭 1.5~2미터가량으로 등산로보다 훨씬 넓게 느껴진다. 길 곳곳에 작전에 필요한 표시와 안내가 되어 있다. 대부분 1960년대 이후 비무장지대 관할 부대의 수색대대에서 지뢰 제거 작전을 수행하면서 개척한 길이다. 지뢰 제거 작업은 사소한 부주의나 방심으로 발목이 절단되는 등의 중상을 입거나 심하면 사망에 이른다. 비무장지대의 수색정찰로 개척은 대부분 상사와 원사 등 부사관들이 주도한다. 현지 지형을 잘 알고 실제 경험도 많기 때문이다. 일부 중대장이나 대대장이 진두지휘하기도 하지만 작업에 직접 나서는 경우는 드물다.

비무장지대 안쪽에 펼쳐진 GP 진출입로와 정찰로는 생각보다 길고 촘촘했다. 다만 군사분계선 이북 지역은 실질적인 철책선을 남쪽으로 바짝 좁혀 수색정찰로만 존재할 뿐이다. 비무장지대로 출입하는 통로는 공식적으로 통문뿐이다. 각 사단마다 7~10개의 통문을 관리하고 있으며, 통문은 대부분 GP로 이어지는 길로 트럭 정도의 차량도 다닐 수 있는 폭 6~8미터 크기의 도로다. 주로 비포장도로가 많으며 2005년 530 GP 사건 이후 현대화 사업의 일환으로 포장을 실시했다.

민간인이 비무장지대로 들어갈 수 있는 길은 판문점, 대성동, 경의선, 동해선 등 4가지뿐이다. 경의선과 동해선은 북한 지역을 가기 위한 통행로로 이용할 때만 가능하다. 실질적으로 민간인이 비무장지대 안쪽을 방문하는 경우는 대개 판문점과 대성동을 방문할 때뿐이다. 둘 다 구 1번 국도로 알려진 2차선 아스콘 도로를 따라 들어간다. 대성동이 먼저 나오고 그다음 군사분계선에 판문점이 있다. 이 두 곳 외에는 어떤 곳도 출입이 허가되지 않는다.

1950년대에는 비무장지대를 넘나드는 것에 대한 법적 처벌 조항이 없었다. 군사분계선을 넘는 것이 법의 심판을 받기 시작한 것은 1960년대 초반부터였다. 5·16 군사쿠데타로 군사정권이 생겨나고 반공법이 강화되면서 비롯된 조치였다. 그때 '잠입 탈출죄'가 만들어졌고, 이후 이 조항이 국가보안법에 포함되었다.

민간인 중 개인적 결단으로 군사분계선을 넘어 북한을 다녀온 이는 재야인사인 김낙중 씨가 최초다. 그는 1955년 여름에 홀로 서부전선 파주 임진강을 건너서 월북했다. 당시 서울대학교 3학년에 재학 중이었는데 통일 방안을 북에 전달하기 위한 목적으로 넘어갔다. 그는 월북하여 우여곡절 끝에 평양까지 방문했으나 북한은 그를 '미제의 간첩'이란 혐의를 두고 남한으로 되돌려 보냈다.

1967년 이전에는 일부 지역 주민들이 고철 수집을 비롯하여 생활상의 이유로 넘나들기도 했다고 전해진다. 일부는 북한과 밀무역을 했다는 증언도 있다. 남북의 대치가 본격화되기 이전인 1950년대 말에는 동부전선 해안면에서 밤을 이용해 북한에 다녀오는 경우도 있었다고 한다. 1970년대부터는 간첩 활동이 아닌 개인의 신념에 따라 군사분계선을 넘어서 남북을 오간 사람들은 거의 없었다. 그러다 1989년 본격적으로 비무장지대 군사분계선을 넘어온 민간인이 있었다. 바로 임수경 씨다. 1989년 평양세계청년 축전에 전대협 대표로 참석하고 귀환한 것이다. 한국외국어대 4학년이었던 임수경 씨는 갈 때는 독일을 거쳐 북한으로 들어갔고, 그해 8월 15일 천주교 사제인 문규현 신부와 함께 판문점을 통해 남으로 내려오자마자 국가보안법 위반으로 투옥되었으며, 3년 동안 감옥 생활을 했다.

금강산으로 이어지는 양구 사태리 31번 국도 모습. 비포장도로로 남아 있는 국도는 흔치 않다.

임수경이 방북 후 판문점으로 귀환했던 1989년은 냉전의 종식기였다. 세계적으로 냉전의 기운이 사그라들고 있었지만, 남북 간은 여전히 긴장 상태였다. 그런 시절에 전 세계가 지켜보는 가운데 북한에 들어갔다가 다시 보란 듯이 비무장지대를 통과해 남으로 돌아온 임수경 씨와 문규현 신부는 이제껏 사람들의 관념 속에 남아 있던 이념의 금기를 깼다. 비무장지대 군사분계선을 넘어 돌아온 것 자체가 한반도에서 냉전의 장벽을 뒤흔드는 사건이었다.

700미터 거리의 철책선

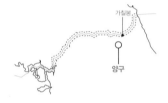

양구는 온통 산이다. 비무장지대 앞
뒤로 산이 둘러싸고 있다. 북한강 오작교부터 삼각고지까지 1,100미터 고
지를 넘었고, 단장의능선과 태백전망대도 넘었다. 철책선으로 이어진 마지
막 비탈을 오른다. 가칠봉(해발 1,242미터)이다. 비무장지대로 이어진 양구
에서 인제로 넘어가기 위해서는 반드시 넘어야 하는 봉우리다. 가칠봉은 사
태리 골짜기에서부터 끊임없이 올라가야 한다. 긴 호흡으로 설악산이나 지
리산 정상을 오르는 것처럼 쉼 없이 오르고 또 오르다 보면 가칠봉에 이르
게 된다. 가칠봉은 힘겹게 오를 만한 봉우리다. 실제로 군사분계선 이남 비
무장지대에서 가장 높은 봉우리이기 때문이다.

가칠봉은 동부전선의 거점이자 주요 고지답게 한국전쟁 때부터 격전지
로 손꼽혔다. 가칠봉의 군사적 중요성은 뒤쪽 민통선의 돌산령과 대우산이

전쟁 때 격전지였던 것만 봐도 입증된다. 한국전쟁의 최대 격전지 중 하나였던 가칠봉은 지금도 긴장감이 최고조에 달하는 곳이다. 국군과 인민군이 가장 가까이에서 경계근무를 서고 있기 때문이다. 서로 간의 이격 거리가 약 700미터 정도다. 군사분계선을 사이에 두고 국군의 가칠봉 고지와 맞은 편 인민군 고지가 코앞이다. 고성능 화기가 아닌 국군과 인민군이 보유하고 있는 K2 소총이나 AK 소총으로도 서로 공격 가능한 지역이다.

가칠봉에서는 고성능 망원경이 아니어도 맑은 날씨에는 북한 철책선과 초소가 선명하게 보인다. 망원경으로 관찰하면 인민군들이 반팔 속옷 차림으로 작업하는 모습, 담배 피우거나 초소 옆에 앉아서 쉬고 있는 모습, 심지어 초소에서 근무하는 인민군 초병이 졸고 있는 모습까지 보일 정도다. 1990년대 초반 가칠봉은 대북 심리전이 최절정에 이르던 곳이었다. 1992년에는 대북 심리전의 일환으로 1991년도에 만들어진 가칠봉 수영장에서 미스코리아 수영복 심사를 진행한 적도 있다.

남방 한계선과 북방 한계선은 1953년 7월 27일 정전협정 체결 당시보다 훨씬 가까워졌다. 정전협정 제1조 제1항은 '한 개의 군사분계선을 확정하고 쌍방이 이 선으로부터 각기 2킬로미터씩 후퇴함으로써 적대 군대 간에 한 개의 비무장지대를 설정한다.'라고 명시하고 있다. 군사분계선을 기준으로 남쪽으로 2킬로미터 아래가 남방 한계선이고, 북쪽으로 2킬로미터 위쪽이 북방 한계선이다. 이를 어기면 바로 정전협정을 위반했음을 뜻한다. 하지만 정전협정이 명시한 것과는 다르게 철책선이 서로 가까워진 것을 비무장지대 곳곳에서 확인할 수 있다. 먼저 가칠봉 인근 서희령 지역이 대표적이다. 강원도 양구군 해안면 이현리와 북한 금강군 서희리의 경계인 이곳은 남과 북의 철책 사이 거리가 880미터가량으로 상당히 가까워져 있다. 인민군이나 국군 모두에게 군사 목적상 상당히 중요한 곳임을 암시한다.

비무장지대 축소 현황은 서부전선 시작 지점부터 볼 수 있다. 도라산에서 동쪽으로 남방 한계선을 따라 1.4킬로미터 떨어진 지점은 북방 한계선과 불과 900미터 거리다. 이 지역이 북한으로 통하는 경의선과 인접해 있다는 특이점을 감안하더라도 매우 가까운 거리다. 그리고 서부전선 거의 모든 지역에서 남방 한계선과 북방 한계선의 철책은 정전협정에서 적시한 4킬로미터보다 훨씬 가깝게 위치해 있다. 백학산 일대가 가장 대표적인데, 경기도 파주시 군내면 방목리 백학산 일대의 남한과 북한 간의 철책선 거리가 1,979미터다. 도라산 근처에서는 866미터로 아주 가깝게 마주선 철책선을 확인할 수 있다.

임진강 본류가 흐르는 비무장지대도 남방 한계선과 북방 한계선 간의 거리는 2킬로미터가 채 되지 않는다. 경기도 연천군 중면 횡산리 일대의 임진강을 사이에 둔 철책선도 1,860미터 떨어져 있다. 연천군 왕징면 기곡리에서 고왕리 일대인 고왕산 서쪽 철책선 사이의 거리도 1,473미터로 상당히 가깝게 마주하고 있다. 연천군에 위치한 태풍전망대는 28사단 관할 지역으로 남한 전망대 중에서는 북한과 가장 가까운 거리에 위치해 있다. 비끼산 최고봉인 수리봉에 위치하고 있으며, 북한 GP와 1,600미터, 북방 한계선과는 1,900미터 떨어져 있다. 원래 GP였던 것이 1991년 전망대로 전환된 이래 현재에 이르고 있다.

남방 한계선 중부 지역인 철원은 평야지대가 많아 남방 한계선 인접 지역까지 경작이 이뤄지고 있는데, 민간인이 출입해 농사를 짓고 있는 지점과 북한 철책이 있는 북방 한계선까지의 거리가 2,100미터에 불과하다. 물론 북한 GP와의 거리는 더 가깝다. 2013년을 기준으로 남한의 민간인 통제구

1970년대와 1980년대 냉전을 거치면서 남과 북은 각각 관측이 용이한 지점을 확보하기 위해 조금씩 바짝 다가선 결과 남방 한계선과 북방 한계선이 좁혀졌다. 비무장지대 내부의 GP 간의 거리도 좁혀져서 가까운 곳에서 대치하게 되었다.

역이 줄어든 것만큼이나 비무장지대도 줄어들었다. 강원도 철원군 동송읍 강선리 일대도 1,012미터 거리로 남과 북 간에 아주 가깝게 마주하고 있다. 김화읍 감봉리 계웅산 일대는 1,541미터 거리로 2킬로미터가 채 되지 않는다. 철원군 근동면 방통리의 화강 일대 역시 1,671미터 거리로 매우 가깝다. 철원군 김화읍 성재산에서 서쪽으로 2,400미터 떨어진 유곡리 인근은 바로 앞까지 민간인들이 농사를 짓고 있는 지역인데 북방 한계선과는 2,100미터 거리다. 남방 한계선 코앞까지 농경지가 분포해 있는 중서부전선 비무장지대의 남과 북 간의 이격 거리는 평균 2킬로미터가 되지 않는 것으로 확인됐다.

단장의능선으로 유명한 강원도 양구군 방산면 사태리와 문등리 사이 철책선도 1,531미터가량으로 가까워졌다. 그리고 문등리 백석산 북쪽의 남과 북 철책선도 1,527미터 거리다. 어은산 남쪽인 문등리와 건솔리 삼각봉 일대 철책선도 1,955미터로 이격 거리가 줄어들었다. 강원도 고성군 현내면 고황봉 인근 지역은 북방 한계선과의 거리가 1,640미터가량이다. 지대가 그리 높지 않은 곳이지만 남과 북 간의 철책이 좁아졌다. 강원도 인제군 서화면 가전리 인북천 인근 철책선도 1,984미터가량으로 좁혀져 있다. 중동부전선과 마찬가지로 산악지대인 동부전선에서도 서로 가까워진 남방과 북방 한계선을 여실히 확인할 수 있다. 고황봉에서 철책을 따라 동쪽으로 1,000미터 떨어진 지점은 북방 한계선과 1,600미터가 떨어졌다. 지금은 막혀 있지만 바로 인근에 있는 남과 북을 연결한 동해선의 남방과 북방 한계선의 거리가 1,500미터라는 점을 고려하면 매우 가까운 거리다.

비무장지대 면적 축소는 군사 위협과 직결된다

비무장지대가 좁혀진 것은 1965년부터다. 북한군이 먼저 북방 한계선을 군사분계선에 좀 더 가깝게 밀고 내려왔다. 이에 대응하여 남한도 1979년부터 남방 한계선을 군사분계선에 좀 더 가까운 북쪽으로 밀고 올라갔다. 비무장지대에서 군사력을 바탕으로 경계 작전을 원활히 수행하겠다는 명목이었다. 더불어 군사분계선에 가까우면서 유리한 위치를 선점하겠다는 계산도 있었다. 이로 인해 1970년대 초반까지 남방 한계선과 북방 한계선은 상당히 조정되었다. 정전협정의 취지는 냉전을 거치면서 무색해졌다.

게다가 1986년에는 인민군이 북방 한계선을 대대적으로 재조정하는 작업을 벌이면서 248킬로미터 전역에 걸쳐 철책선을 고압선 형태로 개조했다. 이런 과정 속에서 북방 한계선이 군사분계선에 가까워졌고, 이로 인해 남방 한계선도 대응 차원에서 가까워지면서 실질적인 비무장지대는 축소되었다.

비무장지대의 총 면적은 992평방킬로미터에서 2013년에는 570평방킬로미터로 줄어들었다. 정전협정 당시보다 비무장지대의 약 3분의 1가량이 줄어든 것이다. 따라서 최근까지 통일부와 환경부 등 정부에서 비무장지대의 면적을 언급하는 문서나 보고서에 공간적 범위를 '길이 248킬로미터에 폭 4킬로미터'로 규정하고 있으나 이제 수정해야 한다. 실제 공간 범위와 엄연히 다르기 때문이다. 이러한 사실은 최전방 철책에서 근무한 군인이라면 누구나 아는 사실이다. 하지만 군인들을 제외한 일반인들은 이런 사실을 모르고 있다.

국군과 인민군이 더 가까운 거리에 마주하면서 GP 역시 위험해졌다.

성능 좋은 소총으로 얼마든지 살상을 가할 수 있기 때문이다. 철원군 유곡리 벌판의 국군 GP와 인민군 GP의 거리는 590미터에 불과하다. 소형화기의 사거리 안에 들어오기 때문에 매우 위험하다. 이런 곳은 사소한 실수로 확전될 수 있는 여지가 많다. 철원군 생창리 북방 GP도 이격 거리가 불과 640미터로 매우 짧아 사소한 실수나 오해가 충돌로 이어질 가능성이 매우 높은 곳이다.

　남북 간의 수많은 충돌이 GP에서 비롯되었다. GP는 물론이고 비무장지대 경계 철조망 주변 OP의 기본 임무 중 하나가 상대 GP의 일거수일투족을 관찰하는 일이다. 248킬로미터 모든 철책사단의 GP와 OP에서 관측장교가 고성능 망원경이나 관찰 장비로 북쪽을 감시한다. 인민군 GP를 비롯한 철책선 일대의 초소를 아주 꼼꼼히 살핀다.

　비무장지대의 평화 체제를 검토하는 과정에서 GP 철거가 거론되는 것도 이 때문이다. GP 철거는 남북 간의 신뢰 구축의 첫 단계인 군비 감축 측면에서도 중요하다. 그러기 위해서는 인내심을 갖고 북한을 설득해 GP 철거부터 실천하는 노력이 필요하다. 정확히는 GP에 근무하는 병사들을 철책선 바깥으로 빼는 것이다. 이 부분은 국군보다 인민군의 거부감이 더 크다. 북한은 선군정치 국가인 만큼 GP 철거 논의가 쉽지는 않을 것이다. 하지만 GP는 비무장지대 내부에서 벌어진 양측 간의 수많은 도발과 교전의 온상이므로 평화협정이 체결되기 전까지 반드시 지속적으로 이 문제를 언급해야 한다.

　GP 철거는 서로 간의 적대감을 해소하기 위해서도 실천해야 할 으뜸 과제다. 경우에 따라서는 인민군과 국군 모두 반대할 수도 있다. 그럴 경우 GP의 기능과 운용을 대폭 축소해 정전협정의 처음 원칙대로 조정해야 한다. 그것이 정전협정 이후 지금까지 GP와 그 주변에서 죽은 병사들에 대한 살아 있는 자들의 도리가 아닐까? 비무장지대에서는 사소한 실수가 전쟁의 문턱까지 갈 수 있는 가능성이 항상 도사리고 있다. 군사분계선에서 국군과 인민군의 대결을 줄이는 것이 한반도 평화의 핵심과제다.

25

백두대간과 솔나리

　　　　　　　　　가칠봉을 지나면서부터 서희령까지
계속 내리막길이다. 철책선 순찰로에 수많은 야생화가 펼쳐진다. 이미 가칠
봉을 넘을 때부터 야생화는 천지였다. 절정은 가칠봉에서 서희령으로 이어
지는 내리막 철책선 순찰로와 교통호 주변이다. 특히 으뜸을 자랑하는 풀꽃
이 있다. 바로 솔나리 군락이다. 철책선 주변 교통호를 따라서 코스모스가
늘어선 것처럼 솔나리가 피어 있었다. 아기 주먹만 한 꽃봉오리를 자랑하는
솔나리는 환경부 지정 멸종위기식물이다. 또한 전 세계에서 한반도에서만
서식하는 한국 특산종이다. 백두대간에서 간혹 솔나리 군락을 만나기도 하
지만, 동부전선 철책선에서 지천으로 만난 것은 의외였다. 비무장지대가 국
제적 생태보고라는 표현이 과하다는 시각도 있지만, 이처럼 솔나리를 무더
기로 볼 수 있는 곳은 적어도 남한 땅에서는 비무장지대 언저리뿐인 듯하다.

무더기로 피어난 솔나리는 왜 저토록 처연히 고개를 숙이고 있는지. 활짝 피어난 솔나리는 전쟁 때 죽어 간 병사들의 원혼끼리 서로 보듬어 용서한 후에 그 자리에 피어난 것처럼 처연하다. 솔나리의 환한 모습이 오히려 전쟁의 안타까운 역사를 반추시키는 듯했다. 솔나리 군락이 펼쳐진 서희령 일대의 순찰로에는 지금도 곳곳에 탄피, 탄클립 등을 비롯해 전쟁 때 사용하던 온갖 탄약과 군수물자 들이 녹슨 채로 발견된다. 전쟁 당시 치열한 격전지였음을 보여 주는 흔적이다.

가칠봉에서 서희령을 거쳐 을지전망대까지 이어지는 철책선에는 북쪽의 비무장지대 경관과 함께 남쪽도 대단한 풍광이 펼쳐진다. 강원도 양구군 해안면의 해안분지다. 철책선을 포함하여 해안면 전체가 분지를 둘러싸고 있다. 철책선에서 시원스레 탁 트인 경관이 빼어나다. 해안분지는 한반도에서도 드물게 자연이 빚어낸 지질의 역사를 보여 준다. 국내에 분지 지형은 많지만 양구의 해안분지처럼 이렇게 산줄기의 능선들이 둘러쳐 원형을 이루고 그 중심점이 움푹 들어간 분지 지형의 전형적인 모습을 보여 주는 곳은 드물다.

해안면은 아직도 면소재지 전체가 민통선에 포함되어 있다. 해안면의 북쪽 지역을 둘러싸고 있는 산지의 능선은 철책선이 이어져 있다. 과거 정전협정이 체결될 당시에는 해안면의 3분의 1 이상이 비무장지대에 포함되었다. 하지만 1970년대 이후 분지의 경계가 철책선으로 바뀌면서 지금의 면소재지로 변했다. 면 전체가 민통선 이북이지만 군 당국의 배려로 출입은 자유롭다. 다른 민통선처럼 영농인 출입허가증이나 외지인의 사전 출입조치 같은 것은 필요 없다.

을지전망대부터는 철책선이 동쪽으로 끝없이 펼쳐진 듯 동부전선의 정

비무장지대를 대표하는 식물 중의 하나인 솔나리. 한국 특산종으로 동부전선의 곳곳에 서식한다. 주요 보호대상식물인
솔나리는 21사단 가칠봉과 서희령 사이에 남한 최대의 군락지가 있다.

동부전선의 양구, 인제 등 백두대간에 가까워질수록 철책선 주변에는 곳곳에 자생식물의 낙원이 펼쳐져 있다.

점인 백두대간을 향하고 있다. 오르고 내리는 철책선이 장대하다. 화천 7사단의 첩첩산중이나, 양구 21사단의 웅장한 모습과는 또 다르다. 그저 온통 산뿐이어서 어디가 어딘지 분간하기 어렵다. 하지만 자세히 살펴보면 백두대간이 설악산을 지나 금강산을 향해 힘차게 뻗어가는 것을 찾을 수 있다. 드디어 백두대간을 마주하게 된 것이다. 금강산과 설악산 사이 비무장지대 한가운데를 지나가는 백두대간이 언뜻언뜻 보인다.

서희령을 지나면서 12사단 경계작전 지역으로 접어든다. 동부전선을 상징하는 대표적인 부대가 양구의 21사단, 인제의 12사단, 고성의 22사단이다. 이 중 12사단 지역은 철책선의 경사가 심하고 사방으로 산만 보이는 곳이다. 우리도 서희령을 지나고 12사단 구역으로 들어오면서 계속해서 백두대간을 의식했다. 지도를 유심히 살피면서 한 걸음 한 걸음 옮겼다. 인북천을 건너면서는 지도를 더 자주 살폈다.

비무장지대 탐사를 준비하면서 애로사항 중의 하나가 지도였다. 국립지리원에서 발행한 공식 국가지도에는 비무장지대 일원에 대한 표기가 제대로 되어 있지 않았다. 국방부에서 발행한 군사지도를 사용할 수도 없다. 그래서 위성지도와 국내에 공개된 구소련의 군사지도, 그리고 국토부의 수자원 관리지도 등을 종합하여 별도의 지도를 만들어 사용했다. 이리저리 조합하여 자체적으로 준비한 지도치고는 쓸 만했다. 나름 정확했기에 탐사에 별 어려움은 없었다. 우리는 준비한 비무장지대 탐사지도에 미리 주요 하천과 산줄기를 정확히 표시했다. 그래서 인제의 인북천을 지나면서부터 지도에 표시된 백두대간의 정점인 마루금이 점점 더 다가오자 설렘을 감출 수 없었다. 한반도의 정점인 백두대간과 비무장지대가 만나는 곳을 알고 간 첫 번째 사람들이었을 것이다. 인북천 이후 계속되는 오르막을 걷다가 완만한 능선 같은 곳이 나왔다. 임진강 하구에서 출발해 비무장지대 철책선을 따라서 파주, 연천, 철원, 화천, 양구 등을 거쳐서 걷고 또 걸어 마침내 인제의 백두대간을 마주한 것이다.

백두대간 마루금 한가운데에 도착하자 감회가 남달랐다. 북한강 수계와 동해안 남강 수계를 나누어 주는 분수계인 백두대간 정점 위로 비무장지대 철책선이 지나가는 곳에 도착한 것이다. 이곳이 바로 정부가 국토의 자연환경 보전을 위해 설정한 생태계 종축인 백두대간과 횡축인 비무장지대가 만나는 곳이었다. 장병들도 이곳이 백두대간과 비무장지대가 만나는 곳이라는 사실은 모르고 있었다.

민통선 이북지역은 모든 행정행위가 오직 국방부의 군사시설보호구역에만 적용된다. 그래서 환경 관련 행정 법규나 제도 등은 크게 의식하지 않는 분위기다. 그래서 백두대간을 의식할 필요도 없었던 것이다. 백두대간은 지난 2004년에 국회에서 '백두대간보호에 관한 특별법'이 통과되었다. 그래서 684킬로미터에 달하는 한반도 남단의 주요 산줄기가 백두대간보호구역으로 지정되었다. 그때부터 산림청과 환경부는 백두대간을 국토에서 가장 중요한 생태계와 생물 다양성의 거점으로 보호하기 시작했다. 지리산부터 덕유산, 속리산, 월악산, 소백산, 오대산, 설악산 등 한국을 대표하는 7개의 국립공원을 망라하고 있다. 북쪽은 향로봉까지만 백두대간보호법의 적용을 받는다.

국립공원이나 생태경관보전지역, 산림유전자원보호구역 등 국가가 자연과 산림을 지키고 보전하기 위해 규제지역으로 설정한 곳 중에서도 백두대간은 가장 강력하게 보호를 받는 곳으로 지정되어 있다. 백두대간보호구역처럼 수백 킬로미터 이상을 보호구역으로 지정한 사례는 국제사회에서

양구에서 인제로 이어지는 비무장지대의 철책선은 높은 산악지형 사이를 오르내린다.

도 드문 일이었다.

12사단이 경계작전을 담당하는 비무장지대 철책선 중에는 백두대간 주능선인 마루금과 겹치는 곳이 약 3킬로미터 이상 된다. 한반도 생태축인 백두대간의 산줄기와 철책선이 하나로 이어지는 곳이다.

철책선과 백두대간이 교차하는 곳으로부터 후방 약 7~8킬로미터 남쪽에 위치한 백두대간 향로봉에는 백두대간에 관한 여러 가지 표시가 있다. 백두대간을 종주하는 산악인이나 언론도 주로 향로봉에 와서 '더 이상 북으로 갈 수 없는 백두대간'을 이야기하곤 했다. 그래서 민통선 지역인 향로봉에 주둔하는 부대원들은 대부분 자신들의 부대가 백두대간에 자리 잡고 있음을 알고 있다.

한반도에서 백두대간은 공식적으로 지리산에서 향로봉까지만 가치와 의미를 인정받고 있다. 북한은 백두대간의 개념에 대해서는 지난 2000년 초반 남한보다 먼저 지리학에서 공식화했다. '백두대산줄기'라는 표현을 사용하여 백두산에서 지리산까지 산줄기의 실체를 인정했다. 그러나 백두대간에 대한 별다른 행정 조치는 없었다. 그러니 정부 차원에서 백두대간의 실체를 인정하고 본격적으로 관리한 것은 남한이 먼저다. 국토 생태계를 종축과 횡축으로 바라보고 관리하는 인식은 상당히 선진적인 개념이다. 통일 시대 국토관리의 근간이 바로 백두대간과 비무장지대라 할 수 있다. 그 한가운데 심장과도 같은 곳이 12사단 단결고지부터 '송어달'을 지나서 삼재령 바로 언저리까지다. 북한강 최상류와 인제의 인북천 골짜기, 고성 남강 최상류 골짜기 사이에 있는 능선이다.

백두대간은 역사적으로 1,000년이 넘는 지리인식체계의 성과다. 일찍이 신라 말 도선국사가 "이 땅은 백두에서 지리까지 줄기로 이어져 있다."라고 언급한 이래, 계승 발전되어 온 조상들의 땅에 대한 탁월한 철학이자 과학적 인식이었다.

백두대간의 실체는 조선시대 〈산경표〉라는 조선산지 분류표에 체계적으로 나와 있다. 족보책과 흡사한 구성체계를 가지고 있는데, 중국이나 일본에도 없었던 조선의 독보적인 산지 인식체계였다. 이 조선 산경체계의 정점이 백두대간이다. 그리고 이 체계를 온전히 지도로 표현한 것이 대동여지도다. 대동여지도는 한 장짜리 전도와 함께 22쇄 영인본이 있는데 이 상세한 판형의 대동여지도에는 우리나라 산줄기가 세밀하게 표현되어 있다.

지도나 활자의 수준을 놓고 볼 때 조선은 문화민족이었다. 영·정조 중흥기를 시대발전의 동력으로 삼아 중세 봉건사회에 매몰되지 않았다면, 일제의 식민지도 겪지 않았을 것이다. 그 통한의 세월로 인해 민족의 전통과 문화가 역사 속에 묻힌 것이 한두 가지가 아니다. 그 대표적 사례 중의 하나가 백두대간을 비롯한 전통의 지리인식체계다. 일제의 식민지 지배로 우리가 몰랐던 백두대간이 1990년대 이후 한반도 남쪽에서 부활했고, 마침내 2004년에 백두대간권역을 정부가 특별법으로 보호하기 시작한 것이다.

백두대간과 비무장지대가 만나는 인제와 고성의 경계지역에는 일제에 의해 왜곡된 백두대간의 처지처럼, 일제의 수탈 현장이 있었다. 인제와 고성의 경계인 고성재부터 삼재령까지 백두대간 산줄기 일대는 과거 금강소나무의 원시림이 있던 곳이었다. 지름 2미터에 높이 30미터에 달하는 금강소나무 한 그루를 베고 그 밑둥에서 벌목 작업했던 인부 10명이 점심을 먹었다는 일화가 전해지는 엄청난 크기의 나무들이 즐비했던 곳이다. 이런 나무들을 일제가 죄다 베어 간 것이다. 일제는 1910년 조선을 침탈하고 식민지로 점령한 이후 곧바로 금강산 자락인 고성 남강 일대의 원시림을 경성

백두대간이 지나가는 동부전선 비무장지대의 전경. 울창한 산림지대 사이에 철책선이 자리 잡고 있다.

제국대학 연습림으로 설정했다. 그러고 나서 산림자원 수탈에 본격적으로 돌입했다. 인제군 서화면 서화리와 고성군 수동면 일대 지역에서 광범위한 산림 벌채 사업을 통해 상당한 규모의 천연림을 베어 갔다. 말이 연습림이지 대학이라는 이름을 빌려서 근대적인 벌목을 통해 본격적으로 산림자원을 약탈했던 것이다. 일제는 조선의 광물자원뿐만 아니라 원시림이었던 산림자원까지 마구잡이로 베어서 일본 현지로 실어 갔다. 백두대간 지역 중 태백산 일대부터 금강산 너머 추가령 구조곡까지 동쪽으로 이어진 하천을 따라서 흘러가면 곧바로 동해바다와 연결된다. 그래서 바다로 운송이 편리한 곳에 위치한 원시림을 집중적으로 수탈해 갔다. 일제는 식민지의 절정이었던 1920년대 후반부터 1940년대 초반까지 조선 전역의 울창한 산림 중 원시림에 해당하는 지역을 골라서 본격적인 산림 벌채를 실시했다. 주로 백두대간을 따라서 금강산 자락부터 백두대간과 낙동정맥이 갈라지는 낙동강 상류의 경북 봉화, 울진, 강원 삼척 일대까지 나무를 베어 냈다. 금강산 바로 아래쪽인 고성재와 삼재령 일대의 백두대간 지역은 이렇듯 식민지 수탈의 안타까운 역사가 배어 있다.

　백두대간을 넘고부터 철책선은 북한강 수계에서 동해안 수계로 접어들었다. 백두대간의 주능선이 지나면서부터 비무장지대의 모든 계곡과 하천은 동해안으로 접어든다. 동남쪽의 향로봉에서 뻗어 나온 산세가 장엄함을 간직하고 있다. 단결 OP를 지나 한참을 걷고 나니 고성 남강이 보인다. 발아래 골짜기인 듯했는데 강줄기가 유유히 흐르고 있었다. 남강은 비무장지대의 군사분계선을 따라 흐른다. 이런 하천은 비무장지대의 14개 가량 하천 중에서도 파주의 사천강과 고성 남강뿐이다. 상류의 계곡도 대부분 민통선이나 비무장지대에 자리 잡고 있다. 그래서인지 남한에서는 거의 알려지지 않은 하천이다. 이런 이유로 아마도 비무장지대를 지나거나 관통하는 하천 중에 가장 자연 그대로의 모습을 간직하며 흐르고 있지 않을까 싶다. 남강은 금강산 속 깊은 곳에서 발원하여 고성의 비무장지대와 민통선 이북 지역의 골짜기에서 샘솟은 맑은 물을 품어 마침내 동해안으로 접어든다. 남강은 금강산과 남방 한계선 바로 뒤에 있는 향로봉과 사천리 계곡, 오소동 계곡, 고진동 계곡 등을 젖줄로 하고 있다. 이들 계곡에서 맑은 일급수가 내려와서 남강을 빚어 놓은 것이다.

비무장지대 철책선이 12사단 지역을 벗어나기 전 마지막 골짜기를 만났다. 사천리 계곡이다. 이곳은 동부전선에서 가장 깊은 골짜기인데 병사들이 근무를 서고 있다. 사천리중대다. 12사단 민통선입구 평촌 검문소에서 사천리중대까지 군용차량으로도 1시간이나 걸린다. 사천리 계곡은 깨끗한 물줄기가 흐르고 있었다. 그런데 자세히 보니 전쟁의 흔적이 숨죽이듯 박혀 있었다. 상류 골짜기에서 떠내려 온 불발탄이었다. 사천리 계곡뿐만 아니라 동부전선 철책선 주변의 깊은 골짜기에는 여름철 폭우가 쏟아지고 나면 간간히 불발탄이 떠내려 온다고 한다. 설악산에서 금강산으로 이어지는 백두대간 산줄기 사이로 맑은 물이 흐르는 계곡에는 아직도 전쟁의 기억을 간직한 쇠붙이가 말없이 자리하고 있다.

비무장지대 군대 생활 이야기

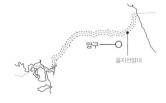

　　　　　　　　　　　　인제의 비무장지대는 을지전망대부
터 시원시원하게 뻗어 간다. 철책선의 오르내림도 크다. 백두대간을 지나가
는 지역답게 철책선은 능선을 타고 이어지는 곳이 많다. 가히 동부전선의
절정이라 할 만하다. 인제 12사단 경계작전 지역은 민통선 검문소부터 철
책선까지의 거리가 길어 보통 군용차량으로 1시간 정도 걸린다. 또한 백두
대간에 걸쳐 있어 민통선의 면적도 넓은 편이다.

　　12사단 철책선 동쪽 경계작전 구역에 가면 내리막과 오르막이 상당히
가파른 곳이 있다. 사천리 계곡 양편 협곡을 따라 철책선이 이어진다. 이렇
게 길게 소초와 소초 사이로 이어진 계단이 4,000개라 한다. 이 4,000계단
이 끝나는 곳에 12사단 마지막 소초인 27소초가 있다. 소초는 소대급 주둔
지다. 그런데 이곳은 차량이 들어오지 못하는 곳이다. 1990년 이후 비무장

12사단 맨 동쪽 끝 철책선 중대원 중 1개 소대원들은 아직도 식량을 비롯한 모든 생활필수품과 군수품을 차량이 아닌 몸으로 져 나르고 있다. 백두대간의 험한 지형 탓에 차가 다닐 수 없는 곳에 소초가 위치하기 때문이다.

지대 철책선 소초 중 차가 들어오지 못하는 곳은 세 곳뿐인데, 인제 12사단의 27소초와 양구 21사단의 문등리 일대 소초, 고성 22사단 고진동 소초로 모두 동부전선에 있다. 전기는 들어오지만 차가 들어올 진입로가 없다. 그런데 21사단 소초는 장병 생활관 개선공사를 위해 진입 도로를 개설하면서 차가 다닐 수 있게 되었다. 문등리는 길이 뚫렸지만 사천리와 고진동 소초는 차가 다닐 수 있는 도로의 건설이 불가능해 보인다. 이 두 곳은 워낙 경사가 급하고 산세가 험해 난공불락이다. 자칫 공사에 나섰다 산사태로 이어질 위험이 매우 높다.

12사단 27소초는 모든 보급을 걸어서 해결해야 한다. 쌀과 부식 등의 식량을 비롯해 장병들의 생활필수품을 옮기기 위해 사천리 계곡에서 소초 가까운 능선까지 부식추진용 케이블카를 운용하고 있다. 난방과 온수를 위한 유류는 헬기를 이용해 공급받는다. 우리가 방문한 날도 장병들은 두부, 채소 등 부식을 케이블카에서 몇 백 미터 떨어진 취사장까지 등짐으로 나르고 있었다. 무거운 짐을 나르는 병사들의 모습이 안쓰러웠다. 차가 못 다니면 생활하는 데 상당히 불편할 것이다. 27소초 병사들은 처음 군대에 올 때 이런 상황은 예상도 하지 않았을 것이다. 군대는 몸으로 때워야 한다지만 식량과 생필품을 등짐을 져 해결하는 곳은 거의 없다. 27소초는 생활도 불편하지만, 휴가 갈 때도 손해가 막심하다. 다른 병사들에 비해 하루 이상을 그냥 날리는 셈이다. 걸어서 나갔다가 들어와야 하니 이동에 시간을 많이 쓸 수밖에 없다.

차가 들어오지 못하는 곳은 식수를 해결하는 것도 쉽지 않다. 전기모터로 물을 끌어올리면 되지 않겠나 싶지만 겨울철에 얼기 쉽고, 끌어올리려면 상당한 수압을 유지해야 한다. 현실에선 그게 쉽지 않다. 그뿐 아니라 사천리 소초와 고진동 소초는 잠잘 공간이 좁아 다닥다닥 붙어서 잔다. 대부분의 철책선 부대들은 생활관 개선사업으로 내무반에 개인 침대가 보급되었지만 두 소초는 우리가 방문했을 때는 아직 이런 호사를 누리지 못하고 있었다.

철책선 경계부대의 생활관은 대부분 철책선 바로 뒤에 있었다. 가급적이면 철책선 순찰로에서 50미터 이내에 위치한다. 비상 상황이 발생하면 즉각 대비하기 위해서다. 그런데 철책선은 대부분 높은 봉우리나 능선 또는 깊은 골짜기를 파고들어 있어 병사들이 넉넉히 생활할 수 있는 막사 등의 주거 공간을 확보하기가 쉽지 않았다. 생활관은 그저 쪽잠을 잘 정도의 비좁은 공간이었다.

정전 이후 50년 이상 이어져 온 이런 현실에 2004년부터 변화가 생겼다. 철책선의 군 장병 생활관이 정부 국방정책의 중요한 과제로 설정되어 전면적으로 개선하는 사업이 시작된 것이다. 이 대목에서 노무현 대통령을 빼놓을 수 없다. 2002년 12월, 대통령 당선자 신분으로 자신이 근무했던 동부전선 22사단 철책선의 건봉산 OP의 벙커를 방문했다. 그런데 당시 방문 현장에서 장병들의 막사와 생활관이 자신이 근무했던 30년 전과 달라지지 않았음을 알고 내심 충격을 받았다고 한다. 그래서 장병들의 생활관을 개선하라고 지시했다. 군 생활관 개선 사업은 2004년부터 추진해 2006년에 완결되었다. 남한의 대통령 중 현역 병사로 군대 생활을 한 것은 고 노무현 대통령이 유일하다. 박정희, 전두환, 노태우 등 장군들도 있었지만 이들은 직업군인 출신이었다.

남과 북의 군대 생활

비무장지대에서 군대 생활을 할 경우 크게 철책선 경계·GP 투입·수색 정찰의 세 가지 형태로 근무가 나뉜다. 이 중 철책선 경계 근무는 비무장지대 경계선인 남방 한계선 바로 바깥 쪽에서 비무장지대 안쪽을 바라보며 침투하는 적을 감시하는 임무다. 나머지 GP 투입과 수색 정찰은 비무장지대 안쪽으로 들어가는 임무다. 먼저 철책선 근무는 소위 GOP 라인에서 근무하는 경우다. 수적으로도 제일 많으며 가장 일반적인 형태다. 10개월 동안 근무하며, 1개 사단 안에서 다시 2개 연대가 비무장지대의 좌와 우를 담당한다. 해당 연대 안에서 3개 대대가 순번제로 돌아가면서 철책선 경계를 맡고 있다. 2010년 전후까지 1개 대대의 철책선 경계작전 기간은 1년이었으나 2014년에는 10개월로 줄었다. 1개 대대가 철책선에 들어오면 10개월간 철책선을 지키기 위한 경계작전을 수행한다.

GP 투입은 GOP 철책선을 담당하는 연대 수색중대에서 파견 형식으로 들어가는 근무 형태다. 한 번 들어가면 약 3개월간 고립무원의 GP 속에서 살아야 한다. 철책선 10개월 근무보다 더 어렵게 느끼는 병사들도 있다고 한다. 고립된 공간에서 3개월 동안 갇혀 있어야 하기 때문이다. 아울러 항상 인민군과 가까운 거리에 노출되어 있다는 긴장감도 있다.

마지막 형태는 비무장지대 안쪽으로 들어가서 활동하는 수색 정찰이다. 주로 밤에 들어가서 아침에 나오거나, 아침에 들어가서 몇 시간 정찰하고 나오는 방식으로 근무한다. 사단 수색대에서 돌아가면서 소대나 분대 단위로 투입된다. 수색 정찰은 철책선이나 GP처럼 장기간 머무르는 것은 아니지만, 비무장지대 안에 들어가 이동하며 매복과 수색을 하는 임무다. 개

이제는 박물관이나 과거의 기록에서만 찾아볼 수 있는 구형 내무반. 2004년까지 비무장지대 대부분의 내무반은 이런 모습이었다.

척된 길로만 이동하지만 지뢰와 불발탄 등에 직접적으로 노출되어 있는 경우라 위험도는 가장 높은 편이다.

국군 GP 근무자는 사단에서 차출된 일반 병사들이다. 반면 북한은 민경대대라는 특수부대원들을 투입시킨다. 국군은 1990년대 이후부터 전방 사단에서 주로 건장하고 똑똑한 병사들을 선별해 비무장지대 내부 근무에 투입한다. 이들은 수색중대로 배치받아 GP 근무를 하고 수색대대에 배치되어 비무장지대 내부의 수색정찰 근무를 하는 막중한 임무를 맡는다. 반면 인민군은 조금 다르다. 가장 성분이 좋고 부모의 '빽'이 든든한 자제들이 주로 민경대대로 온다고 한다. 북한에서 비무장지대 복무 경력은 당원으로 가입할 수 있는 주요한 통로가 되고, 좋은 대학으로 진학할 수 있는 발판이 되기도 한다. 나아가 평양에서 생활하거나 좋은 직장을 얻을 수 있는 기회가 마련된다고 한다.

하지만 인민군의 군대 생활은 기본이 10년이다. 북한에서는 조국을 위해 그 정도는 당연한 것으로 받아들인다고 하지만 그래도 안타까운 현실이다. 청춘의 중요한 시간을 온통 군대에서 보낸다는 것은 남한의 관점으로는 이해하기 어렵다. 심지어 인민군은 10년간의 군대 생활 동안 공식적인 휴가도 없다고 한다. 북한을 남한 시각에서 해석하는 것에 무리가 있어도 보편적 정서에서는 이해하기 어려운 면이 종종 있다. 게다가 인민군은 생활도 열악하다. 군수물자 보급이 열악한 것은 물론이고, 가장 기본적인 식량 공급도 원활하지 않다. 비무장지대에서는 인민군들이 직접 텃밭을 일구고, 농사를 지어 웬만한 부식을 해결한다. 좋게 말하면 전원생활이지만, 바닥까지 드러난 북한 경제의 현실이 최전방이라고 예외는 아닌 것이다.

북한 체제는 쉽게 무너지지 않고 있다. 인권이 없고 경제는 바닥이며 재해 재난이 빈번한 독재 국가인데도 아직까지 지속되고 있다. 체제를 떠받드는 충성도가 높은 집단이 존재하기 때문이다. 이들은 주로 당이나 군대, 국가 기관 등에 종사한다. 자신의 체제에 대한 신념이 있고 국가에 대한 사명감도 뒤지지 않는다. 이런 집단을 조직적·이념적으로 결속시키는 데 있어 군대 생활이 제법 큰 역할을 하는 것으로 보인다. 비무장지대에서 근무하는 인민군들처럼 북한 체제를 옹호하고 사수하는 기반이 없었다면 북한은 1990년대 중반에 무너졌을지도 모른다.

개선되는 군대 생활

1990년대 초반까지 남한에서는 다양한 방법으로 군대에 가지 않은 사람들이 많았다. 특히 돈과 뒷배가 있는 권력층과 기득권층에서는 유난히 군대를 기피하는 경우가 많았다. 그러나 1994년 문민정부 출범 후 군 병역 비리가 사회문제로 대두되면서 분위기는 달라지기 시작했다. 특히 김대중 정부 이후 대통령 선거부터 장관급 인사청문회까지 당사자 또는 자식들의 군 병역 문제가 핵심 쟁점이 되었다. 이 과정에서 국민들 사이에 병역 의무에 관한 사회적 합의가 확고히 정착되었다.

국군은 내외부의 요구와 압력으로 점차 변화하는 군대의 모습을 보이고 있다. 반면 인민군은 변화하지 못하고 전근대적인 군대로 남아 있다. 군기는 국군 병사들이 훨씬 센 것으로 보인다. 인민군 병사들은 낮에도 초소 앞에서 졸기가 다반사다. 초소 앞 그늘에 앉아 담배를 피우거나 늘어져 있는 모습을 심심치 않게 볼 수 있다. 과거에는 어떠했는지 몰라도, 1990년대 이후에는 이런 모습이 일상이 된 듯하다. 더구나 철책선 경계부대에서도 음주문화가 일반화된 것으로 알려져 있다. 반면 국군은 엄격한 규율 속에서 경계근무를 선다. 1980년대까지는 비무장지대에서 음주가 빈번했는데 지금은 엄격하게 금지하고 있다. 병사들은 항상 소총과 실탄, 수류탄 등을 휴대하기 때문에 복장부터 근무 태도까지 철저하게 규율에 따라 움직인다. 인민군처럼 낮에 초소 주변에 누워 있거나 군복을 제멋대로 걸치고 있는 모습은 상상하기 어렵다. 다만 만성적인 수면 부족 때문에 조는 경우는 빈번하다고 한다. 실제 1990년대 이후 철책선에서 근무한 전역자들 대부분이 수면 부족의 고충을 호소한다. 그래서 지휘관이 밤마다 작전 지역을 직접 순찰하는 문화가 보편화되어 있다. 최전방에 근무하는 병사들의 마음가짐이 '적의 어떠한 도발도 허용하지 않고, 물 샐 틈 없는 철통경계로 최전방을 지킨다'는 신념만 있는 것은 아니다. 대부분의 병사들은 싫든 좋든 국방의 의무 때문에 자신의 의지와 상관없이 철책선으로 온 것이다.

한편 철책선은 여전히 남성들만의 공간이다. 일부 전망대나 땅굴 등 안보관광지가 있는 곳이라면 몰라도 여성을 만날 일은 거의 없다. 여성들이 병영 체험이나 철책선 안보 현실 견학 정도로 부대에 오면 미리 행사에 맞는 각본을 짜둔다. 하지만 그런 모습은 군의 일상이 아니다. 철책선은 군대에 대한 기본적인 이해가 없는 여성이 생활하기에는 정서적·문화적으로 쉽지 않은 곳이다. 비무장지대 철책선 지역의 분위기 자체가 마초적이기 때문이다. 근무와 생활은 오로지 일관된 하나의 목적에만 집중되어 있다. 즉 적의 침입을 초기에 발견하여 신속히 조치하는 것이다. 이렇게 60년 이상 흘러 왔다. 여성들이 병사들의 일상에 녹아드는 것 자체가 불가능하다. 여성들도 군대에서 나름의 역할을 넓혀 가고 있기는 하지만 비무장지대 철책선과 GP는 아직까지 여군이 소대장이나 중대장을 맡은 경우는 없었다. 후방 지역에는 소대장이나 중대장이 있지만, 철책선 부대에는 드물다.

국군과 인민군은 해방 이후 창군할 때만 하더라도 보잘것없는 수준이었다. 군의 인적 구성도 체계가 없었고 무기나 장비 등도 빈약했다. 그러나 양쪽의 군대는 한국전쟁을 거치면서 달라졌다. 국군은 미국으로부터, 인민군은 소련과 중국으로부터 전폭적인 지원을 받으며 막강한 군대로 거듭났다. 둘 다 수십만이 넘는 병력을 지닌 대군으로 성장한 것이다.

군대가 존재해야 하는 첫 번째 이유가 바로 비무장지대를 지키는 것이다. 그 결과 국군은 육군 중심의 기형적인 군대로 성장했다. 해군과 공군을 중시하는 국제사회의 흐름과는 다른 군대 구조를 가지게 된 것이다. 국군에는 '육방부'란 말이 있다. 국방부에 육군, 해군, 공군이 있는데, 육군이 모든 주도권을 쥐고 있다는 것을 비유한 표현이다. 인민군도 육·해·공군이 있지만 모든 군의 권한과 비중은 육군에 집중되어 있다.

하늘의 군사분계선

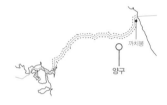

　　　　　　　　　　　고진동 계곡부터는 고성 지역이다. 강원도 최북단인 고성은 남한에서 위도상 가장 북쪽에 위치한 지역이다. 한국전쟁 때 미군과 국군이 가장 북쪽으로 밀고 들어간 결과다. 고성은 22사단 구역인데 이 부대는 고성 지역 비무장지대 경계와 해안 경계 등 두 가지 임무를 수행한다. 건봉산을 넘어 다시 길게 내려가는 철책선이 끝없이 이어지는데, 이 지역이 오소동 계곡이다. 계곡이지만 골짜기를 흐르는 물줄기는 풍부하다. 고진동과 오소동의 계곡물은 모두 남강으로 흘러들어 동해안으로 빠진다. 오소동에서 다시 비탈을 따라 긴 오르막길이 이어진다. 숨이 턱까지 차오른 채로 두 시간 이상 정신없이 오르니 시원한 조망이 나타난다. 큰까치봉이다. 드디어 동해안이 눈앞에 나타났다. 서부전선 임진강에서 시작한 비무장지대는 동부전선 동해안 바다에서 끝난다. 동해안이 나타나니

248킬로미터 비무장지대도 막바지를 향해 간다.

22사단 지역은 동부전선 맨 끝에 있다. 고진동에서 건봉산을 거쳐 오소 동까지는 백두대간 줄기의 영향을 직접 받아서인지 산세가 험난하고 능선과 계곡이 켜켜이 쌓여 있다. 그러다 큰까치봉을 지나면서부터 동해안이 보이기 시작한다. 첩첩산중이라는 느낌보다 능선이 녹지를 뽐내듯 시원하게 펼쳐진다. 북서쪽으로 비무장지대, 남동쪽으로 고성 동해안 지역이다. 큰까치봉부터 작은까치봉으로 이어지는 철책선 사이에 하늘을 향해 표지판이 띄엄띄엄 세워져 있다. 붉은 바탕에 흰색의 세 자리 숫자로 그려진 월경 방지판이다. 철책선 바로 뒤쪽에 설치된 월경 방지판은 248킬로미터에 걸쳐 100~300미터가량의 거리를 두고 800~1,000개가량 설치되어 있다. 비행물체가 북한 영공으로 넘어가는 것을 방지하기 위한 경고판이다. 높이는 2미터가량이고 가로 3미터, 세로 2미터 크기다. 철책선 순찰로에서도 지형에 따라 육안으로 관찰되는 경우가 있다. 중동부전선 산지로 이동할 때도 간혹 눈에 띈다.

월경 방지판은 주로 헬기를 비롯한 저고도 항공기가 비무장지대로 접근하는 것을 막기 위해 설치한 일종의 항공 통제 표지판이다. 해발 3,000미터 이상의 높은 고도로 이동하는 전투기나 일반 비행기는 일부러 저고도로 날아가지 않는 이상 월경 방지판이 보이지 않아 경고 효과가 없다. 그러나 헬기는 보통 2,000미터 이상의 고도로 날지 않고 지표면에서 500~1,000미터를 넘지 않는 저고도로 이동한다. 그래서 날씨가 흐리고 시야가 불안정한 날은 방향을 잘못 설정할 수도 있다. 특히 산악 지형 골짜기로 접어들면 항로를 잃고 헤매기 십상이다. 그래서 비무장지대 철책선 바로 뒤에 헬기나 저고도 비행기를 대상으로 한 월경 방지판을 설치해 혹시라도 넘어가는 일

비무장지대 철책선을 따라서 세워져 있는 항공기 월경 방지판. 주로 헬리콥터 등 저공 비행을 하는 비행물체가 북한으로 넘어가지 못하도록 경고하는 목적으로 세워져 있다.

이 없도록 통제하는 것이다.

　비무장지대는 하늘도 경계가 삼엄하다. 비행 구역에도 철책선처럼 접근 금지선이 있으며, 이 선을 넘으면 곧바로 대응 사격을 하게 되어 있다. 비무장지대를 경계하고 방어하는 전방 사단이나 군단 등의 군용 헬기들도 철책선 근처까지 비행하면 경고가 울린다. 1차 경고는 조명탄이다. 그래도 비행 통제구역 바깥으로 나가지 않으면 곧바로 사격한다.

사실 남방 한계선에 있는 월경 방지판 근처로 접근 가능한 것은 오직 군용 헬기뿐이다. 민간 헬기뿐만 아니라 공공기관의 헬기들도 민통선부터는 출입 금지다. 어떤 비행 물체도 예외가 없다. 공군과 육군 항공 작전사령부가 관리하는 출입금지 공역이 있으며, 이 근처로 헬기나 비행기가 들어가면 오산의 공군 방공통제소의 레이더에 탐지되어 곧바로 무선 연락이 날아온다. 공군 통합관제 상황실과 해당 육군 군단 상황실로부터 비행 금지구역으로 들어왔으니 나가라는 교신이 전달된다. 그래서 민통선 이북 지역으로는 사전에 허가된 군작전 헬기 이외에 어떤 비행물체도 월경 방지판까지 들어갈 수 없다.

철책선 근처까지 국군 헬기가 오는 경우도 많지 않다. 주로 사단장이나 군단장 등의 지휘관 및 국방부·합동참모본부·군사령부 등의 장성급 간부들이 현지 방문을 할 때 헬기로 온다. 국군의 철책선 경계작전 부대에 소속된 장교나 병사가 헬기를 타는 경우는 거의 없다. 다만 병사들도 두 가지 예외적인 경우에만 헬기를 탈 수 있다. 첫째는 지뢰 등 사고로 긴급하게 국군 병원으로 후송하는 경우다. 지뢰 사고는 대부분 생명이 위독한 치명상을 입게 된다. 그래서 신속하게 군병원 응급실로 옮기기 위해 헬기를 투입한다. 최근에는 줄었지만 1990년대까지는 가끔 있었다. 둘째는 북한의 침투요원을 잡은 경우 고향으로 갈 때 포상으로 군 당국에서 헬기를 제공해 고향집에서 가장 가까운 착륙 지점에 내려주는 경우다. 일종의 홍보성 행사지만 병사들에게는 그림의 떡이다. 그러나 1990년대 중반 이후 이런 이벤트는 더 이상 열리지 않고 있다.

북으로 넘어간 미군 헬기들

군 헬기 조종사들도 비무장지대 근처까지 들어갈 때는 상당히 긴장한다. 특히 동부전선에서는 긴장의 고삐를 바짝 조인다. 철원군 김화읍에서, 근동면 삼천봉 OP를 거쳐 고성군 동해안까지 중동부전선은 첩첩산중이라 헬기가 들어가서 조금만 정신을 놓으면 길을 잃고 헤매기 십상이다. 헬기는 자동차처럼 조종사가 직접 계기를 보면서 이륙부터 착륙까지 지형을 살피며 고도와 방향을 수동으로 조작하며 비행한다.

비무장지대에서 헬기가 항로를 잘못 들어가 북으로 넘어간 사례도 있었다. 미군 헬기였는데, 실수로 군사분계선을 넘어 격추당했다. 국군 헬기가 넘어간 적은 없지만 미군 헬기는 조종사들의 실수나 착시로 북한 지역으로 들어간 적이 두 번 있었다. 두 번 다 동부전선의 고성 쪽에서 길을 잃고 북한 지역으로 넘어간 사건이었다.

1977년 7월 14일 미군의 대표적인 대형 수송 헬기 CH47 시누크 헬기가 동부전선 북한 지역으로 넘어갔다. 고성군 삼포리 지역 근처에서 대공포 사격에 놀라 불시착했고, 인민군들이 미군 헬기 조종사에게 조사에 응하라고 요구했으나 불응하며 이륙했다. 그러자 인민군은 날아가는 헬기를 대공포로 격추했다. 이 과정에서 미군 조종사 글렌 슈앙케 준위는 부상당했고, 나머지 승무원 3명은 사망했다. 북한은 사건 발생 4일 만에 신속히 살아남은 슈앙케 준위와 죽은 승무원들의 유해를 판문점을 거쳐 유엔군사령부로 송환했다. 또 1994년 12월 17일에는 미군 OH58 정찰 헬기가 백두대간 향로봉 근처에서 고성 지역 군사분계선을 넘어갔다. 북한 지역인 강원도 금강군 이포리에 불시착했는데, 군사분계선에서 북쪽으로 5킬로미터나 들어간 곳이었다. 추락한 헬기는 춘천의 미군 헬기부대인 캠프 페이지 소속으로 동부전선 지역을 정찰하다 실수로 월경을 한 것이다. 당시 철책선을 지키던 국군 병사가 월경 방지판으로 날아오는 헬기를 보고 조명탄을 쏘며 경고를 했으나 미군 헬기는 계속 북상했다. 군사분계선을 넘어간 헬기는 인민군 2사단 지역에서 대공포에 맞고 추락했다. 북한은 신속하게 평양방송과 중앙방송을 통해 "미군 헬기가 동부전선 군사분계선을 넘어 강원도 금강군 이포리 상공 안으로 불법 침입, 인민군 병사들이 격추했다."라고 보도했다.

이 사건들은 전형적인 지형 착시로 인한 오판이었다. 당시 미군 헬기를 타고 있던 두 조종사는 모두 한국에 온 지 한 달밖에 안 되어 비무장지대는 물론이고, 산악 지형에 익숙하지 않았다. 또 사건이 발생한 그 시점에는 눈이 1미터 이상 쌓여 있어 군사분계선의 경계를 쉽게 알아보지 못했다. 다만 사고는 미국 정부의 신속한 대응으로 조기에 수습되었다. 1994년의 경우 게리 럭 주한 미군 사령관이 북한에 사과 입장을 전달했고, 아울러 미국 대통령의 특사 자격으로 허바드 미 국무부 부차관보가 평양을 방문했다. 북한과 협상을 통해 사건 발생 약 2주일 만에 사망자의 시신은 판문점을 거쳐 송환되었다. 미군 헬기가 실수로 월북한 경우, 유엔군사령부와 미국 정부는 신속하게 송환에 나서 북한과 직접 협상 채널을 만들기 위해 적극 노력했다. 북한도 의도적 침투가 아닌 것으로 판단했는지 협상에 적극적이었다. 북한은 이런 사건을 적극적으로 해결하며 인도주의적 이미지를 부각시켰다. 자신들의 체면도 살리고, 미국과의 직접 협상이라는 실리도 챙겼다.

한국의 산지는 첩첩산중으로 골이 깊은 능선과 봉우리가 오밀조밀하다. 이런 지형 경관에 익숙하지 않은 조종사가 주의를 집중해 지도를 꼼꼼히 살펴보지 않으면 얼마든지 방향이나 위치를 잘못 잡을 수 있다. 특히 동

비무장지대의 철책선은 248킬로미터 지상에만 있는 것이 아니라
하늘과 땅속, 심지어 국군과 인민군의 뇌리와 가슴속 그리고 한반
도 7,000만 모든 구성원의 마음속에도 남아 있다.

부전선은 민통선 지역부터 온통 산이다. 그래서 비무장지대 근처로 와도 월경 방지판이 잘 보이지 않는다. GOP 철책선 라인과 군 생활관 등 군사시설을 살피지 않으면 어디가 어딘지 모르게 된다. 이런 경우 비무장지대로 들어가서 순식간에 군사분계선을 넘게 되는 것이다.

하늘에도 자유는 없다

미군은 1970년대 이후 비무장지대와 철책선 경계 임무에서 빠졌다. 유일하게 남아 있는 곳은 서부전선 파주 판문점 지역뿐이다. 그러나 하늘에서는 활발히 정찰과 감시 활동을 전개하고 있으며, 냉전 시절부터 북한 구석구석을 살폈다. 첩보 위성부터 고도 정찰기와 헬기까지 하늘에서 접근 가능한 모든 수단이 동원되었다. 미군은 헬기를 작전의 주요한 운송 및 이동 수단으로 사용한다. 그래서 동두천, 파주, 춘천 등지에서 비무장지대와 민통선 일대까지 헬기로 이동하며 작전을 수행한다. 판문점을 관리하는 유엔군사령부는 자신들 소속의 헬기를 보유하지 않고 필요시 주한 미군의 헬기를 지원받는다.

지난 1992년까지는 군사정전위 회담을 하기 위해 서울 용산 유엔군사령부와 미8군에서 판문점까지 헬기로 오갔다. 군사정전위 당국자로 참여한 유엔군사령부 소속 장성들과 장교, 특별고문 등은 용산 미8군 헬기장에서 판문점까지 이동했다고 한다. 비무장지대를 헬기로 오간 것은 이 경우가 거의 유일했다.

흥미로운 것은 용산 주한 미군의 헬기장이다. 헬기 3대 정도가 착륙할 수 있는 이 작은 헬기장이 한국 현대사의 긴박한 현장이었다. 비무장지대에서 도발과 침투, 귀순 등 여러 긴박한 상황이 발생하면 유엔군사령부와 주한 미군사령부는 용산 미군 헬기장에서 비무장지대까지 직접 오갔다. 전쟁으로 성큼 다가선 상황이나 남북 또는 북미 간 긴장이 형성될 때는 언제나 용산 헬기장이 분주했다. 2010년 이후에는 국방부 합동참모본부 근처 헬기장으로 이전했다.

하늘에서 본 비무장지대는 철원평야만큼이나 서부전선 사천강 습지가 드넓다. 연천은 철책선 뒤쪽의 무분별한 농지 개간으로 산림 황폐화에 가까울 정도로 숲의 훼손이 심한 상태다. 철원은 역시 철원이다. 구글 위성으로 보는 것과는 차원이 달라 철원평야가 얼마나 드넓은지를 한눈에 파악할 수 있다. 동부전선은 화천부터 참나무숲과 소나무숲이 울창한 것을 확인할 수 있었다. 적근산부터 보이는 울창한 산림은 백두대간과 견줄 정도다. 북한강을 중심으로 서쪽의 화천과 동쪽의 양구도 산림이 아주 울창하고 생태적으로 안정된 모습을 갖추고 있음을 확인할 수 있다. 하늘에서 본 동부전선 비무장지대는 산림 이외에는 군 생활관을 비롯한 주둔지와 군사도로만이 인공적인 시설이었다.

비무장지대는 하늘에도 있다. 정전협정을 체결할 때 영공에 대한 언급은 없었다. 하지만 남과 북은 정전협정 이후 군사분계선과 남방 한계선, 북방 한계선을 기준으로 민통선까지 일체의 비행 물체가 오가는 것을 금지했다. 전쟁을 일시 중단한 정전 체제에서 남과 북이 대치하고 있기 때문에 비무장지대와 같은 경계지는 육상에만 있는 것이 아니다. 정전협정이 평화협정으로 대체될 때까지 하늘에 자유는 없다.

비무장지대와 세계유산

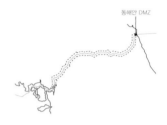

　　　　　　　　　　　　동해안으로 접어들면서 비무장지대
는 끝난다. 248킬로미터는 차디찬 철조망으로 연결되어 있다. 큰까치봉을
지나면서부터 철책선은 능선을 따라 용이 뻗쳐가는 듯한 기세로 이어진다.
화천, 양구, 인제 등의 첩첩산중에서는 철책선이 구불구불하게 보였다. 그
런데 능선 위에 철책이 펼쳐진 모습은 국경이 길게 이어진 듯한 느낌마저
자아낸다. 비무장지대는 국경이 아니지만 지구촌 그 어떤 국경보다 더 서로
를 외면하고 적대시하는 경계다. 남과 북은 정치적 수사로 항상 민족과 통
일을 이야기한다. 그러나 비무장지대의 현실은 '우리가 과연 서로 같은 민
족인가?' 하는 의문을 던지게 한다. 우리는 하나의 민족이기 때문에 비무장
지대를 국경으로 규정할 수는 없을 것이다. 그러나 국경이 아닌 일시적인
경계선이라고 하기엔 정전의 역사가 너무 잔인하고 비정했다.

한반도 비무장지대의 철책선은 전 세계 국경 중 가장 삼엄하다. 철책선의 경계 수준을 비롯해 비무장지대 바로 뒤에 배치된 군사력도 세계 최고 수준이다. 병력과 무기의 밀집도 등도 역시 으뜸이다. 20세기 이래 지구촌에서 대립하는 국경지대의 경계선 중 이토록 치밀하고 촘촘하게 대치한 곳은 찾아보기 어렵다. 정전협정을 체결하고 군사분계선을 설치해 남방 한계선과 북방 한계선을 확정할 때만 하더라도 약간의 숨통은 있었다.

철책선은 1960년대 중반까지 나무 기둥에 가시철조망 형태의 목책이었던 것이 남북관계 악화로 인해 군사적 긴장이 높아지고 냉전이 격화되면서 철책으로 바뀌었다. 철책선에 대한 명칭도 남방 한계선, 방책선, 철책선, GOP 순찰로 등의 군사용어로 굳어 갔다. 철책선은 공식적으로 248킬로미터, 폭 1.5미터가량의 이동로로 조성되어 있다.

전체 철책선의 약 95퍼센트 이상은 항상 지뢰 지대를 한쪽에 두고 걸어야 하는 상태로 철책선 안쪽의 비무장지대와 바깥 민통선 지역 대부분이 미확인 지뢰 지대 혹은 계획 지뢰 지대다. 철책선 지역은 전체적으로 비무장지대를 관찰하기 좋은 라인에 걸쳐 있으며 야간 경계등이 세워져 있다. 경계등은 비무장지대 북쪽 방향을 비추고 있다. 도시의 가로등과 비슷한 크기와 모양이다. 국군의 이중 철책선이나 인민군의 고압 철책선도 그렇지만, 야간 경계등은 지구촌에서 유례가 없는 시설이다. 전 세계 어느 국경지대에도 야간에 전등 또는 전광등을 248킬로미터에 걸쳐 설치한 사례는 없을 것이다. 1953년 7월 27일 체결된 정전협정문을 살펴보니 야간 경계등의 설치가 정전협정의 내용은 아닌 것으로 보인다.

비무장지대 철책선 순찰로는 산림과 하천, 습지 등 다양한 자연환경 속에 이어져 있다. 그래서 소위 '트레일 코스'로는 국제적으로 손색이 없다.

냉전의 마지막 유산이자, 지구촌에서 가장 긴장이 드높은 한반도
비무장지대 철책선. 남북관계가 개선되면 세계문화유산으로 등재
할 만한 가치가 있다.

남북 관계가 풀리고 국방부가 전향적으로 검토한다면 국제적 수준의 생태 문화탐방로가 될 것이다. 비무장지대를 걷는 길이 열릴 수만 있다면 아프리카의 세렝게티나 뉴질랜드 밀포드 트레일 이상으로 각광받는 탐방로로 자리매김할 수도 있을 것이다.

지구촌에서 '길'을 세계문화유산으로 등재한 곳은 두 곳이다. 스페인의 산티아고와 일본의 쿠마노고도 등으로, 종교적 차원에서 형성된 순례길이자 역사의 길이다. 산티아고와 쿠마노고도가 근대 이전의 길이라면 비무장지대 철책선 순찰로는 근대와 현대로 이어지는 냉전을 증언하는 길이다. 그런 측면에서 보면 남방 한계선의 철책선만으로도 세계문화유산으로 등재하는 것은 어렵지 않아 보인다. 비무장지대의 미래는 남과 북, 국제사회가 함께 고민하고 협력해야 한다.

비무장지대 철책선 순찰로의 전 지역을 다 걸으려면 최소 50일 이상 걸릴 것이다. 비무장지대의 총 거리는 248킬로미터다. 이 거리는 지도 상의 거리라 실제 지형은 약 400킬로미터는 될 듯하다. 더구나 끊임없이 오르내리는 산악 지형으로 이어져 평지처럼 단순하지 않다.

철책선은 냉전의 현장이자 유산

20세기 지구는 미국을 중심으로 한 서방 진영과 소련과 중국을 중심으로 한 동구 사회주의 진영으로 나뉘어 대립한 냉전시대를 겪었다. 지구촌 대부분의 나라들은 냉전시대에 한쪽을 선택해야만 했다. 그러다 1990년을 전후하여 소련과 동구 사회주의가 붕괴하면서 동서 간의 냉전은 해체되었고, 냉전의 상징이었던 독일의 베를린 장벽도 사라졌다. 또한 경계지대의 군사시설도 철거했다. 그래서 냉전의 현장이었던 유럽에는 냉전의 유산이 별로 남아 있지 않다. 기껏해야 군사박물관이나 전쟁기념관에 무기와 군사 장비 정도가 남아 있을 뿐이다. 지구상에 남아 있는 냉전의 흔적은 한반도의 허리에 있는 비무장지대가 유일하다.

비무장지대는 생태적 가치와 냉전의 마지막 현장이라는 가치를 지니고 있다. 특히 냉전의 유산이라는 관점에서 남방 한계선과 북방 한계선 등의 철책선은 가장 상징적인 유산이고 그다음이 GP, 셋째가 미확인 지뢰 지대, 넷째가 각종 군사시설이 될 것이다.

비무장지대를 사이에 두고 국군과 유엔군 그리고 인민군이 대치한 군사 활동과 생활양식은 국제사회에서도 관심의 대상이다. 남과 북 군인들의 생활상 자체가 향후 중요한 문화사적 가치를 지니며, 인류학적 관점에서도 독특한 영역이 될 것이다. 남북 관계가 개선되면 비무장지대 철책선을 세계문화유산으로 등재하여 인류에게 영원히 교훈으로 남기는 노력이 필요하다.

비무장지대를 세계문화유산으로 등재하는 것에 대해 북한은 냉소적이다. 민족 분단의 상징인 비무장지대와 철조망을 세계문화유산으로 등록한다는 것 자체가 국제적인 수치라며 일축하고 있다. 하지만 상황에 따라 얼마든지 돌아설 여지는 있다. 북한도 외국 관광객들이나 방문자들에게 판문점을 대표적인 관광지로 개방하고 있다. 북한의 입장에서 관광 수입이 충분하고 군부를 달랠 수 있는 명분이 제시되면 여건 변화는 가능할 것이다.

평화협정이 체결된다 하더라도 지금의 비무장지대는 그대로 유지될 가능성이 매우 높다. 남과 북의 경제적 격차가 워낙 크기 때문이다. 만약 비무

동부전선의 마지막 정점인 큰까치봉 일대의 비무장지대 남방 한계선의 풍경.

장지대의 철책선을 제거할 경우 북한 주민들이 남한으로 대량 탈북하는 상황은 불가피할 것이다. 북한에서 내려온 이탈 주민들에 대한 남한의 포용과 수용 여부도 문제가 된다. 이를 위한 현실적인 대안은 비무장지대 철책선을 그대로 유지하는 것이다. 미국과 멕시코 국경의 역사를 되돌아보면 이런 가정이 현실적이다. 평화협정이 체결된 이후 남과 북의 경제적 격차가 해소되고, 서로 간의 정서적 동질성과 유대가 형성될 때까지 철책선의 유지는 불가피해 보인다. 남북이 활발한 교류와 협력을 통해 상호 존중하며 통일을 준비하는 것이 철책선을 사라지게 하는 실질적인 대책이다. 철책선은 서로의 마음속에 남아 있는 증오와 적대가 해소되어야 이 땅에서 사라질 것이다.

참고문헌

단행본

- 유영구, 《남북을 오고간 사람들》 도서출판 글, 1993
- 김응교, 《조국》(상, 하), 풀빛, 1993
- K.S. 티마야, 《판문점 일기》, 라윤도 옮김, 소나무, 1993
- 함광복, 《DMZ는 국경이 아니다》, 문학동네, 1995
- 와다 하루키, 《한국전쟁》, 서동만 옮김, 창작과비평사, 1999
- 이문항, 《JSA – 판문점 1953~1994》, 소화, 2001
- 함광복, 《할아버지, 연어를 따라오면 한국입니다》, EASTWARD, 2002
- 이흥환 편, 《미국 비밀 문서로 본 한국 현대사 35장면》, 삼인, 2002
- 셀리그 해리슨, 《코리안 엔드게임》, 이흥동 외 옮김, 삼인, 2003
- 주성일, 《DMZ의 봄 – 비무장지대 인민군 병사의 수기》, 시대정신, 2004
- 박태균, 《한국전쟁 – 끝나지 않은 전쟁, 끝나야 할 전쟁》, 책과함께, 2005
- 함광복, 《한국 DMZ, 그 자연사적 탐방》, 집문당, 2005
- 김성호, 《우리가 지운 얼굴》, 한겨레출판사, 2006
- 정병준, 《한국전쟁 – 38선 충돌과 전쟁의 형성》, 돌베개, 2006
- 이해용, 《DMZ 이야기 – 지구촌 땅끝 마을 비무장지대 답사기》, 눈빛, 2008
- 데이비드 핼버스탬, 《콜디스트 윈터 – 한국전쟁의 감추어진 역사》, 정윤미 외 옮김, 살림, 2009
- 김연철, 《냉전의 추억 – 선을 넘어 길을 만들다》, 후마니타스, 2009
- 정욱식, 《핵의 세계사 – 스탈린 대 트루먼, 박정희 대 김일성, 아인슈타인에서 김정은까지》, 아카이브, 2012

- 왕수정, 《한국전쟁-한국전쟁에 대해 중국이 말하지 않았던 것들》, 황선영 외 옮김, 글항아리, 2013
- 박은진 외, 《DMZ가 말을 걸다-평화와 생태의 상징, DMZ의 모든 것》, 위즈덤하우스, 2013
- 돈 오버도퍼·로버트 칼린, 《두 개의 한국-한국 현대사 비록》, 이종길 외 옮김, 길산, 2014

보고서 및 논문

- 산림청 임업연구원, 〈비무장지대 및 인접지역의 산림생태계 조사 종합보고서〉, 2000
- 한국환경정책평가연구원, 〈비무장지대 및 인접지역 자연환경의 효율적 관리방안에 관한 연구〉, 2002
- 환경부, 〈비무장지대 일원 생태조사결과 종합보고서〉, 2003
- 환경부, 〈DMZ 일원의 생태계 보전을 위한 토지이용실태 및 합리적 토지관리방안에 관한 연구〉, 2004
- 한국산지보전협회, 〈비무장지대(민통선 지역) 생태보전과 지속가능한 개발 방안 연구〉, 2005
- 북부지방산림청, 〈민통선 이북지역 산림생태 조사〉, 2006
- 임종환, 〈DMZ 일원의 자연자원 현황과 보전방향〉, 2006
- 환경부, 〈비무장지대 일원 보호지역 지정을 위한 연구〉, 2007
- 윤성일·계명찬·이흥식, 〈DMZ 및 군사접경지역의 포유류상〉, Korean J. Environ. Biol. 25(3): 215-222, 2007
- 녹색연합, 〈비무장지대 일원 환경실태보고서-DMZ 155마일을 걷다〉, 2008
- 환경부, 〈비무장지대 일원 보호지역(습지, 생태·경관 등) 관리범위 설정을 위한 연구〉, 2008
- 한국DMZ평화포럼, 〈국제심포지엄-최후의 녹색 갈라파고스, 한국의 DMZ〉, 2009
- 한국환경정책평가연구원·녹색연합, 〈DMZ 평화생태공원 연구〉, 환경부, 2009
- 유엔군사령부, 〈한반도 정전에 관한 군사정전위 회의록(1차-460차)〉, 1953. 7~1992. 5

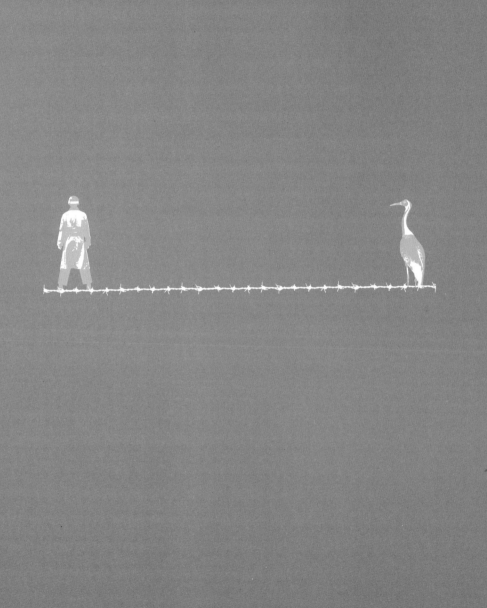

지구상의 마지막 비무장지대를 걷다

— 민간인 최초, DMZ 248km 탐사의 기록

지은이 | 서재철

초판 1쇄 발행일 2015년 7월 20일

발행인 | 김학원
경영인 | 이상용
편집주간 | 위원석 황서현
기획 | 문성환 박상경 임은선 최윤영 조은실 조은화 전두현 최인영 이혜인 정다이 이보람
디자인 | 김태형 유주현 임동렬 구현석 최영철 박인규
마케팅 | 이한주 김창규 이선희 이정인 이정원
저자·독자서비스 | 조다영 채한을(humanist@humanistbooks.com)
스캔·출력 | 이희수 com.
용지 | 화인페이퍼
인쇄 | 청아문화사
제본 | 정민문화사

발행처 | (주) 휴머니스트 출판그룹
출판등록 | 제313-2007-000007호(2007년 1월 5일)
주소 | (121-869) 서울시 마포구 동교로23길 76(연남동)
전화 | 02-335-4422 팩스 | 02-334-3427
홈페이지 | www.humanistbooks.com

ⓒ 서재철, 2015

ISBN 978-89-5862-897-2 03300

* 이 도서의 국립중앙도서관 출판시도서목록(CIP)은 e-CIP홈페이지(http://www.nl.go.kr/ecip)와 국가자료
공동목록시스템(http://www.nl.go.kr/kolisnet)에서 이용하실 수 있습니다.(CIP제어번호: CIP2015018668)

만든 사람들

편집주간 | 황서현
기획 | 박상경(psk2001@humanistbooks.com) 전두현 정다이
편집 | 송성희 이영란
디자인 | 민진기디자인
사진 | 서재철